高压年代

如何帮助孩子在大学渡过难关、顺利成人

THE STRESSED YEARS OF THEIR LIVES

Helping Your Kid Survive and Thrive During Their College Years

［美］B. 珍妮特·希布斯（B. Janet Hibbs） 著
安东尼·罗斯坦（Anthony Rostain）

成丽苹 译

上海社会科学院出版社
SHANGHAI ACADEMY OF SOCIAL SCIENCES PRESS

如何寻求可靠的心理健康服务？
扫码免费领取 15 条专业有效的心理援助热线

目录 Contents

PART 1
压力与修复力

1. 当今年轻人世界里的隐忧　　02
   连尖子生也有压力 / "惊人"的数据 / 高压之年：大学有何作为？ / 起伏不定的青春 / 焦虑时代的亲职教育

2. 出发之前：社会情绪准备　　32
   责任心：对自己的行为负责 / 自我管理 / 人际技能 / 自控力 / 坚毅 / 风险管理 / 自我接纳 / 开放心态、勇于求助

3. 欢迎来到大学：克服心态障碍，走向成功　　53
   障碍一：融入——你得交朋友 / 障碍二：害怕做不到 / 障碍三：情绪问题

4. 孩子出现问题，前方将会是什么？　　74
   挑选医生 / 我们忽略了什么？ / 精神疾病耻感 / "调理"米琪、追溯家族疾病史 / 育儿挑战：家庭里的安全空间 / 准备改头换面了吗？ / 孩子出现问题，家长需要帮助 / 父母的情绪反应 / 艰难抉择：上不上大学？

5. 如何计划以及如何贯彻执行　　107
   了解大脑的指挥中心

PART 2

危机与康复

6. 天生冒险：青少年期大脑   *122*

天然为刺激而生 / 上瘾物质滥用 / 面对后果

7. 焦虑和抑郁   *153*

是焦虑情绪还是焦虑障碍？/ 大学第一年——当完美还不够好 / 是伤心还是抑郁症？/ 哈里的故事：从"田径新星"到"中度抑郁"

8. 危机护理   *183*

帮助儿子重新走上"正轨"的母亲 / 自杀风险 / 留意预警信号 / 危机渐强

9. 适应回巢子女   *216*

只要有一个孩子过得不好，父母就过不好 / 三人成众：居家患者与母亲的矛盾，以及父母之间的矛盾 / 情绪表露将决定孩子是复原还是复发 / 育儿中的"金发姑娘困境" / 家长自身的精神健康 / 那个"好"孩子 / 从忧虑到希望 / 自我关照 / 接纳 / 设定新目标

10. 从康复到再出发　　244

名为保护的陷阱 / 名为家庭迁就的陷阱 / 亲子协定 / 烦躁、气盛：抑郁的征兆 / 从崩溃到突破 / 康复：你的、我的、我们的

11. 重撒安全网　　276

为所有人编织安全网 / 如何结绳成网？ / 一个工作组可以改变一种文化定势吗？ / 校园咨询 / 当孩子需要在校内寻求咨询 / 全心全意，积极心灵 / 在落地之前及时接住他们 / "行了，大伙儿——派对散场了！" / 怀抱希望，面对未来

附　录　　299
注　释　　312
致　谢　　327

PART 1

压力与修复力

OF STRESS and RESILIENCE

1

当今年轻人世界里的隐忧

> 学术上的才能,几乎无法为人生起起落落带来的动荡——或者机遇——提供任何准备。
>
> ——丹尼尔·戈尔曼《情商》

在大型公立中学毕业典礼上,卡森以学生代表身份做了开场致辞,与此同时,他还获得了学校的英语奖及一所顶级大学的优秀奖学金(部分减免)。他很自豪也如释重负,他的努力终于有了回报。如果没拿到奖学金,他就只能在州立大学走读部就读。现在他被名校录取,父母也慷慨地提出要帮他还学生贷款。

然而,当卡森坐在大一英语课堂里,盯着自己论文上那个大大的红色评级"D"时,父母的希望、自己的梦想仿佛都受到了嘲弄。课堂时间一晃而过,他发现自己不知怎么就上到了大学图书馆八楼,俯瞰着一楼的大厅。他察觉到自己脑子里正在思考着,要是就这么跳下去会砸到什么——是玻璃封装的档案陈列台,还是那摆着许多教师新近出版物的光可鉴人的长桌子?这时,一个同学的身影从他思绪中飘过。那是他法语班上的一个女生,这学期开学才一个月就自杀了。她身上有着绝佳的幽默感,卡森一直不明白她为什么会自杀,她似乎一切都很顺遂,这令人悲哀而奇怪。但此刻，卡森觉得自己的奖学金要泡汤了，未来就要毁了，惶惶之中的他，突然间感受到了那个女生的绝望。

一阵眩晕，迫使他从图书馆的天台上退下。他瘫坐在地，机械地按下大学热线电话速拨号码。一名值守学生接听了电话，并成功地让卡森保持通话，直到他平静下来，同意前往学校的免预约咨询服务中心。就这样，卡森扛过了这次可怕的瞬间冲动。幸运的是，他的自信心危机并不是严重抑郁症或躁郁症带来的。这次短暂惊恐发作之后，他进行了心理治疗，最终提升了韧性，有了更强的能力去忍受挫折和逆境。

那天下午挽救卡森的，不仅仅是那阵眩晕和无精神疾病的基础，还有很多情绪管理技巧的加持。与家人朋友感情牢固、有求助的意愿，也都是让他走下天台、拨出电话的原因。他的家庭环境，培养了他困难时求助所需要的非认知技巧。他的父母总是表扬他的努力而不是结果；他们也总是默默地关注和支持他的兴趣爱好。卡森犯错时，他们就会打趣说："唯有人是蛮美的（没有人是完美的）。"有问题时父母会跟他讨论，但不会给他现成答案。所以他的情绪是有底气的，足以压过瞬间的绝望。头脑冷静下来之后，他想起自己以前也曾面对过一个"D"，是在高中微积分的考试里。一开始他也慌乱："我在学校的排名要往下掉了。"在他告诉父母之后，他们鼓励他去跟老师谈谈。就是这种情绪上的韧性和面对逆境的底气，在学习遭遇挫败的时候拯救了他。我们坚信，每一个学生都能学到这些技巧，只是时间早晚的问题。

然而遗憾的是，很多学生并没有这么幸运，他们没有做好充分的准备，就遭遇了盛行于大学校园的精神健康问题。当代和下一代大学生必须提升成熟度，以更高的社会情绪智慧装备自己。大学生活如同坐过山车，做好充分准备，才能减少脱轨风险。

当大学生们如履薄冰的时候，家长们又是怎样一番光景呢？像"大学将会是你人生中最好的时光"这种怀旧箴言，人们是再也听不到了，只听到无数家长为孩子即将崩溃的人生忧心忡忡。尽管家长们已经倾尽全力去教育、托举其天资聪颖的子女，却依旧无奈地看到，孩子开始出现脚步踉跄、要摔跟头的样子，比如焦虑、抑郁、情绪波动等。

作为青春期后期精神病学和家庭心理学领域的资深专家，本书两位作者长期致力于指导家庭度过这段时光，对家长授之以渔，使他们能够帮助自己曾经自信的孩子，保持或者重获对时间、学业甚至基本饮食起居的规划能力。不过，家庭在情感和认知上提供的隐形内在支撑一旦撤去，许多大学生都是措手不及的。

罗斯坦博士是宾夕法尼亚大学佩雷尔曼医学院的精神医学和儿科学教授、学生心理健康事务校长教务长特派工作组组长之一，他近距离观察到大学校园精神疾病患病率急速增加，并为此深感忧虑。在全国各地的高校里，精神健康问题已呈蔓延之势，求助的学生数量直线上升。罗斯坦对于年轻人面临的风险、挑战、复杂系统问题等十分了解，决心以帮助这些学生及家长寻找解决之道为己任。希布斯博士作为家庭心理学家、大学教师、临床督导，在指导家长和学生度过困难危机方面也有着数十年的经验。

同时，由于自身也是家长，我们都深切体会过那种锥心的焦虑——引发它的是媒体大量报道的各种校园危险事件：捉弄新人、纵酒暴饮、吸毒、性侵，以及更为隐秘的，对于"不能融入""不能成功"的绝望。这些风险比比皆是，一旦引发情绪障碍或者精神疾病，对于学生和家长的冲击都是巨大的。

希布斯博士就亲身体验过这种感觉。她的儿子詹森曾因抑郁症而不得不从大学病休。詹森那次痛苦至深的危机，让希布斯博士即便身为业内专家亦如履薄冰，她曾苦苦寻求答案，也因此更加深刻地了解到了家长和大学生在面对大学生活时需要进行大量准备工作，包括知识、技能。在詹森接受罗斯坦博士的治疗并康复之后，我们决定共同写作《高压年代：如何帮助孩子在大学渡过难关、顺利成人》一书，为家长们提供方案、攻略，以及勇气，来帮助子女面对精神健康问题或危机——

无论是事前预防、事中应对，还是事后康复。通过书中同龄人的真实案例，本书能够给予大学生希望和支持。我们感谢詹森和其他许多大学生、家长、教育工作者，感谢他们慷慨地允许我们在这本书里分享他们的故事。[1]

无论当今和未来的文化如何迅速变迁，我们都乐观地认为，今天的父母手中掌握着比过去更好的工具，可以为子女搭建一座坚固持久的情感脚手架。为帮助你评估这座脚手架的稳定程度，我们将展示如何强化一些关键能力，即修复力、执行功能以及独立生活的健康习惯，这些都是年轻人应对未来挑战的制胜法宝。尽管各样人生有各种曲折，但我们相信，家长和学生在阅读本书中的细致讨论、总结的技巧与经验后都能受益。

希望我们的经验和见解可以造福从今往后的几代人。

连尖子生也有压力

卡森的故事，除了惶恐与韧性，还让我们看到了一个代际现实。我们每一个人，在人生的某个时间点，都会像卡森那样感觉失望甚至崩溃。可是在上一代的大学里，没人会觉得仅仅一次得低分就要完蛋。那时候人生成功的定义，也并不是只有从高中到完美大学再到高薪职业笔直一条道，连一个趔趄都不能打。

可是眼看着，现实似乎已经逐渐发展成了这样。现在的年轻人一想到成年，眼前就是一幅竞争日趋激烈、机会越来越少的图景。《纽约时报》最近感叹道："大学文凭正在贬值成新的高中文凭。尽管花费高昂，却已经成为找到一份一般性工作的最新最低要求。"[2]

在这么大的成功压力之下，无怪乎当今的年轻人要和成年人一起竞争"美国压力最大人群"头衔了。[3] 年轻组甚至还可能领先一筹：根据美国心理学会最近的调查，青少年比成年人感受到的压力更高，哪怕是暑期。该调查显示，这种压力致使 1/3 的青少年感到无法承受、抑郁、疲倦。[4] 而且这压力没有很快会缓解的迹象：34% 的受访青少年预计未来一年中自己的压力值还会继续上升。[5]

那么两组人应对压力的情况怎么样呢？成绩都不好：青少年组和成年组都没能在管理压力上做到位。大多数都沉迷于不健康的行为：要么不吃饭，要么"暴食抗压"；远远没有做到充足锻炼、充足睡眠。[6] 到了大学阶段，压力很容易就会催化出精神疾病诊断，导致自残风险增加。

家长于是发出困惑与惊慌之声："怎么回事，现在孩子的压力怎么这么大？一个孩子要多久才能长大？"我们常常听到家长们用各种不同的说法表达出同一种哀叹："我们已经无计可施了。我们一直在努力，给孩子创造一切机会让他成功，绝对比我们在他那么大的时候条件好得多——究竟是哪里出了问题？"

从千禧一代①开始，直到 Z 世代②（也称为 i 世代）[7]，面对迅速变幻的政治经济图景，学生们以不断地奋斗来抵御未来的不确定性，承受了非常真实的压力。他们的压力来自全天候唾手可得的互联网、社交媒体的压力，以及随之而来的各种攀比标尺——有社交上的，有学习上的。正如一位麻省理工的教授所指出的，平均绩点分、梦想的大学、奖学金、名企暑期实习岗位，以及毕业后的起薪，都是意义和使命的虚幻替代品。[8] 年轻人的大脑已经在疲于应付各种成长任务、各种不确定性，包括但不限于建立自我身份、发展友谊、尝试亲密关系、孵化未来的事业……加上当代的各种压力，可能就超载了。

家长也是压力重重。父母对子女的保护欲可能造成过度育儿，反而

---

① 千禧一代，指出生于 20 世纪八九十年代，在跨入 21 世纪（即 2000 年）以后达到成年年龄的一代人。

② Z 世代，指 1995~2009 年间出生的一代人。

阻碍了子女获得成功起航所必需的管理情绪技能。这些方方面面的压力，在大学时代及紧随其后的一段时间达到顶峰，因为在大学这个大熔炉里，很多压力诱发的情绪问题初显端倪。大学压力源与出现精神健康问题，这两个现象形成一个互相喂养的闭环，使得两边的压力都越来越大。

我们先来分析一下大学精神健康方面的数据，再看看当今青少年在长大成人的过程中所面临的独特压力环境。在了解这些之后我们才能认识到，那些确保学生在大学及以后的日子里茁壮成长的必备素质，家长该如何教给孩子，学生又该怎样学到手。

"惊人"的数据

近些年来，对于在学习高压之下大学生各种压力反应的报道层出不穷，抗抑郁药的使用、心理问题、处方药滥用等数据都在上升。《高等教育纪事报》指出："近十年来，焦虑症和抑郁症发病率飙升。"[9] 大学生寻求咨询比例的上升速度，高达平均招生人数上涨速度的五倍。

根据美国大学健康协会最新年度调查结果，1/4 的大学生在过去一年中被诊断为焦虑症，或因焦虑症接受治疗。[10] 这个比例，几乎等同于过去 12 个月中声称曾因感冒或流感影响学业的人数。[11] 还有沉默的数百万人既没有去诊断，也没有去治疗。另一项大型调查揭开了大学校园问题的冰山一角：一半以上的大学生自述在上一学年经历过严重的焦虑；1/3 的大学生认为抑郁严重影响了他们的学习成绩。[12] 这些数字还算少的；感觉"绝望""被压垮"的只会更多。然而出现这些状况的学生中，只有 1/4 做了咨询，[13] 而且即使在这一部分进行了咨询的学生中，也有很多过早地放弃了治疗。[14]

以下两个清单总结了这一惊人的趋势。

大学校园里心理健康方面的问题 [15]
- 焦虑是最常见的大学生心理健康问题。
- 近 1/3 的大学生认为自己在过去一年中曾因抑郁而无法正常生活。
- 大学生心理健康问题，如抑郁、焦虑、进食障碍等，与低平均绩点（GPA）和高辍学率具有相关性。
- 超过 80% 的大学生感觉过去一年中的各种任务让他们无法承受，45% 对此感到绝望。
- 少数群体学生寻求治疗的可能性更小。

心理健康问题可能造成致命后果
- 自杀是大学生死亡的第二大原因，平均每年有 1100 名大学生因自杀身亡。
- 67% 的大学生产生自杀念头之后首先告诉的是朋友。
- 超过一半的大学生有过自杀念头，1/10 的大学生认真考虑过实施自杀。有自杀念头的大学生中，半数从未寻求过咨询或治疗。
- 死于自杀的大学生中，80%~90% 没有接受大学咨询中心的帮助。

这些数字为何如此之高？一个关键因素是，大多数的精神障碍在 14~26 岁之间发病，[16] 而这十来年很可能是人一生中最为动荡不安的阶段。另外大学里的学业和社交要求很容易放大情绪和学习上的问题——这些问题在童年期或许并不突出，于是被忽略或成功控制；或者被当作"青春期暂时现象"而轻易放过。

于是一些障碍往往就在大学前夕及大学阶段开始出现。最容易患上进食障碍的是年轻女性；而纵酒和物质滥用最厉害的是年轻男性。常见的还有焦虑、抑郁以及心理学家所说的"执行功能方面的问题"——无人监管时缺乏自我管理能力，而这种自我管理是良好判断力、条理性、自控力的基础。一方面，大学年龄段本来就具有心理和社交上格外脆弱的特征;另一方面,大学生此时离开家庭独自生活,还要适应竞争激烈的学习环境,压力陡增。无怪乎如此多的精神障碍核心症状出现在人生这一脆弱阶段。

艾米莉亚的故事可以为这些数据做一个直观注解。卡尔太太向罗斯坦博士打来求助电话,在语音信箱留下了一条紧急留言。艾米莉亚已经有将近24小时没有回妈妈的电话和信息,这很反常。

罗斯坦博士联系上卡尔太太的时候,她已经没有那么惊慌了,可还是很担心。她刚刚跟艾米莉亚通过话,得知其室友刚刚从寝室搬走。艾米莉亚语气中透着对妈妈"查岗"的不耐烦,但她始终说自己"还行"。

两周后,大学打电话给卡尔太太,通知她过来将艾米莉亚接回家。她门门挂科,这学期已经没得救了。

艾米莉亚的起航失败不是孤例,很多大学新生都经历过相似的挫折。艾米莉亚缺乏离开家庭独自生活所必需的执行能力和技巧,无法应付各种学业、社交、情感上的要求。上大学前,艾米莉亚从未试过独立管理自己,哪怕这意味着面对交不出作业、考试不及格。卡尔太太一直在不计一切代价帮助女儿成功,似乎只要女儿搞砸一次,天就会塌下来。进了大学,艾米莉亚根本不敢开口求助,她觉得太丢脸,太羞耻,太焦虑,压力太大。所以我们要回到那个困扰了很多家长的难题:帮助孩子到什么程度会开始起反作用?正常育儿和过度育儿的分界线在哪里?不过卡尔太太首先想知道的是:大学给了学生什么帮助?她很愤怒,艾米莉亚的学校在此之前根本没有给她任何提醒,"直到亡羊补牢的机会都没有了"才通知她。

高压之年:大学有何作为?

自20世纪末起,大学生精神健康问题开始呈现急速上升之势。到

21世纪初，精神健康工作组如雨后春笋般出现在全国各地的大学校园。高校受形势所迫，不得不额外增加各种服务，包括学习辅导和心理咨询，哪怕很多学校条件还并不成熟。过去的6年中，全国范围内寻求校内咨询的大学生数量增长了30%。[17]据估计，现有大学生中，约半数在整个大学时代至少会寻求一次心理服务。欧柏林学院前校长、佩斯大学现任校长马尔文·克里斯洛夫说："我不知道（这种趋势）是否与我们为人父母的方式相关，也不知道是否与媒体或者无所不在的电子产品相关。我只能说，我所知道的每一所大学都在加大精神健康方面的投入。"[18]在学生求助量迅猛增长的情况下，高校也大大加强了其支持力度。好消息是求助量的增长反映了一些正面趋势：

1. 招生面在放宽，一些过去无法获得大学教育机会的年轻才子如今得以进入高校。其中包括低收入家庭子女、家族中首代上大学的成员、已有精神病症的青少年，以及因社交、情绪、学习困难等原因需要调整教学安排的学生。
2. 对于大学精神健康需求和服务的意识在增强。
3. 对于精神疾病的耻感在降低。

过去10年中，各高校花费数百万美元来增加咨询服务人员，并关注自杀预防、风险控制、危机评估、受困学生识别和治疗等问题。除了传统的一对一当面咨询外，大学还开拓了远程心理/精神咨询、团体咨询、心理健康应用程序等服务。

这些潮流汇聚在一起，开启了一派鼓励求助、广泛施援的校园新气象。学校不断向学生宣传各种各样的学生支持服务和心理健康服务，它们都是学生需要帮助时可以快速获取的。现在推荐学生去治疗的教职人员多起来了，自己主动寻求治疗的学生也更多了，这很大程度上要归功于拓展咨询服务的努力。很多大学，尤其是那些能达到每1000~1500名学生配置一名全职咨询师的学校，都在向国际咨询服务协会推荐的认证标准迈进。

然而挑战仍然存在。许多咨询室和精神健康中心对这样史无前例的服务需求量尚未做好准备。在 1/3 的大学，等待治疗需要长时间排队；大学辍学生中，有一半从未利用过心理健康服务。[19] 艾米莉亚就是其中一员。她曾经需要帮助，但从未寻求帮助。她也没有签署过 HIPAA 和 FERPA 保密豁免书，因此校方无权将她的状况告知卡尔太太。在后面的章节中，我们将深入探讨这一问题。

虽然尽了最大努力，但学校增配人员的速度还是赶不上需求增长速度。于是大学越来越多地将求助的目光投向家长，希望他们能提前帮助学生做好迎接大学挑战的准备。这份准备首先需要了解"压力与困境"的构成要素，其次需要家长和学生共同努力，提升实现真正独立所必需的社会情绪成熟度。

精神健康与压力

尽管"压力"一词已成为一个有点用滥的说法，但长期以来，压力这种现象本身一直被认为是精神疾病的强力先兆。人在短时间内对潜在威胁或强烈应激情绪做出反应是正常的，然而，神经科学和社会科学方面的新发现，揭示了慢性压力的长期有害后果。当大脑的"警报系统"开启时间过长，人就会产生焦虑和适应不良的反应，从而导致各种精神障碍。

如今，精神健康方面的问题就如同普通感冒一样常见。跟感冒相同的还有，因情绪问题或者精神障碍导致的病情也有轻有重，时间有长有短。至成年早期，几乎每个人都会经历一次情绪问题。[20] 任何时候都有约 20% 的人正在经历某种精神健康问题，尽管旁人可能看不出来。其中一些发作时间很短，以至于患者都不会去寻求治疗。同样的道理，家长也可能会将情绪波动这样的"感冒"症状归因于青春期烦恼，或者忽视焦虑症与抑郁症偷偷潜入的迹象。如果抑郁或者焦虑症状在未经察觉的情况下来袭，我们往往是"等它过去"，就像我们对待感冒一样。有时候这没问题，但大多数时候却是行不通的。精神健康问题如果未经诊断和治疗，往往就会恶化成一种疾病状态，下一次发作时症状只会更加严重。例如，19岁时出现酒精使用障碍的人，有一半到了25岁依然深受其扰。[21]

尽管精神疾病如此普遍又如此寻常，然而它们的来袭往往还是让大学生及家长措手不及。[22] 精神疾病未经诊断和治疗不足的概率之高，大致能解释精神健康问题何以成为导致大学生辍学的第一原因。

感冒不挑性别，而精神疾病则不同。年轻女性和男性易产生的精神健康问题，种类存在差异，主要症状也有区别。由于大脑结构运作不同，女性更易患压力相关病症。[23] 下表总结了近期对美国青少年和初成年人患此类病症的一些研究结果。

压力相关病症的终身发病率（按性别分类）

病症	女性（%）	男性（%）
惊恐	6.2	3.1
广泛性焦虑	7.1	4.2
各类焦虑症	36.4	25.4
创伤后应激障碍	9.7	3.6
重度抑郁	20.2	13.2
各类情感障碍	24.4	17.5
酒精滥用	7.5	19.6
毒品滥用	4.8	11.6
偏头痛	18.2	6.5
失眠	12.9	6.2
肠易激综合征	14.5	7.7

引自：D.A.Bangasser and R.J.Valentino, 2014 [24]。

临床医生指出了许多造成压力的因素：经济上的忧虑，学费上涨，在学业和社交攀比中不断升高的自我标杆，竞争的白热化，乃至让青少年无法从失败中学习成长的"直升飞机父母"现象或曰过度育儿倾向。但是，到底是什么造就了这段格外挑战的时光？

有些事并不新鲜

历史学家史蒂文·明茨宽慰我们说，担忧"美国人的童年被毁"是一个周期性现象，每当经济形势紧张或者社会急剧变迁时就会出现。实际上，父母心影响着焦虑驱动的变革，这种现象在美国历史的早期便已存在。[25] 清教徒前往"新世界"寻求的宗教自由，就脱胎于他们想要拯救"旧世界"中"恐将堕落腐化之后代"这样一个焦灼的道德执念。[26] 在今天这个社会与经济格局剧变的"新世界"中，面对无处不在的互联网、社交媒体的压力、愈演愈烈的全球竞争，焦虑的家长们同样试图"拯救"其子女，逃离屏幕的诱惑、铁饭碗的消失，乃至想象中被机器人夺走岗位的未来。

无论是在殖民时代还是在当代，育儿方式总在保护控制和促进儿童独立性之间来回拉锯。在匮乏年代——如美国西部拓荒时代，以及在政治经济稳定的年代鼓励青少年儿童自主自立的做法受到推崇。"二战"后数十年的美国家庭生活中，父母过着工作安稳、收入上升、家庭结构比较固定的日子，在这种国内局势相对安全的年代，孩子会被给予更多的自由空间。相反，在社会剧变的时代，家长施加保护、增强控制的做法就会大行其道——巧得很，过去40年正是如此。[27]

自20世纪80年代开始的40年，社会与经济剧烈动荡，导致人们再度开始恐慌孩子的安全和幸福。[28] 婴儿潮一代和X世代的自由放养式童年不复存在；取而代之的，首先是牛奶纸盒上印上了关于儿童绑架的警示，次第而来的是哥伦拜恩校园枪击案、2001年的9·11恐怖袭击事件以及2008年的全球经济大衰退。家长们的反应是加强控制、窄化成功定义，以严密保护取代孩子的自主自立。保护措施五花八门：家长替孩子安排玩伴、花生酱不得进入学校、课堂上出现不适内容预警提示……如今，"成功父母"意味着对孩子"管控到位"，从稚龄起便精雕细琢，面面俱到。

明茨认为，这种对孩子的担忧卷土重来，其实反映了成年人的生活动荡不安，以及家长因此而背负的重重压力。透过历史的滤镜去看问题，或许可以让家长略感宽慰：他们对孩子幸福的周期性恐慌，实在不是什么新鲜事。让我们面对现实：在美国父母陷入焦虑之前，成长的麻烦属性便早已存在。亚里士多德写道："让醉汉躁动的是酒，让年轻人躁动是天性。"两千年后，莎士比亚在《冬天的故事》里安排无名牧羊人哀叹道："我希望16岁和23岁之间并没有别的年龄，否则这整段时间里就让青春在睡梦中度过去吧。"

而现下，家长们在时光的怀旧效应中得了选择性遗忘症，将自己的大学时代理想化为"无忧无虑"，便奇怪子女为何不能过上自己当年那种太平日子。然而，明茨提醒我们，代际变化的本质就在于，家长既不能复制自己的过去，也不能预测孩子的未来。未来是不确定的，当下是未有先例的，因此当今的年轻人承受着独一无二的压力。

但有些事是前所未有的

> "为了我的儿子将来可以当农民，儿子的儿子可以当诗人，我现在必须当一名战士。"
>
> ——约翰·亚当斯

这句话包含着经典的美国父母梦——一代胜一代，出自美国总统约翰·亚当斯1780年写给妻子艾比盖尔的信。[29] 时至今日，怀揣同一个梦想的家长们，仿佛子女面前还是只有三个选择：上大学、参军、打一份最低时薪工（＝失败）。

这种一叶障目的观念，究竟是从什么时候、打哪儿冒出来的？

在"二战"后的一段时期，通向好日子的道路还没有那么狭窄，绝不需要什么名牌大学做通行证，甚至连大学文凭都不需要。当时的普遍观念是，念完高中就去工作完全没问题，如果工作需要，或者有志于此，再去上大学也不迟。直到1980年代，四年本科才在美国全国范围内成为刚需。

不过在此之前数十年，随着1944年《退伍军人权利法案》的颁发，向着"全民大学教育"的转变就已经逐渐开始了。从1940年到1950年，美国高等院校授予的学位数量翻了一番；而1945年美国人学士或以上学位持有率为4.6%，半个世纪后上升到25%。[30]20世纪中叶的成年人越来越多地拿到大学学位，于是他们将同样的——甚至更高的——梦想传到子女身上。

民权运动进一步推动了全民大学教育运动，其重点落在教育机会平等上。1983年的总统报告《国家处在危险之中：教育改革势在必行》[31]引发了联邦及各州对职业教育的抛弃。其后果让人始料不及：人们开始不切实际地期待按部就班的求学道路；高等教育年限拉长；技术职业被边缘化；子女对父母的经济依赖时间延长，以及更严重的——迟迟不能完全成年。[32]

与此同时，自动化和全球化加速了美国制造业与贸易领域高薪低技能工作岗位的流失。当这些以及其他通往中产阶级的道路变窄，读完四年本科就成了自立成人的基本条件。如今教育已经成为制度性压力的代名词，过度偏重学术考察，使初中至大学青少年身上的负担越来越沉重。[33]

体制压力

过去，人们觉得只要孩子在学习，在增长见识，在探索使命，那就够了；而现在，当家长越来越焦虑子女面临的白热化竞争，"拼"变成了常态。压力，成了父母的荣誉勋章，成了有没有为孩子上大学提供充分准备的考验标准。以下这些压力想必家长们都不陌生：跟别的家长一比较，总觉得自己做得不够；发现自家五岁小孩的玩伴正在学中文，顿时觉得自己就是个懒鬼爹妈；孩子的履历没能填满各种课外活动，不禁陷入自责……

与此同时，高中学生被鼓励担起大学先修课程（AP）的沉重负担，引发睡眠不足、焦虑、抑郁等问题。[34] 这种为成功不惜一切代价的做法，反过来又让很多学生忍不住将错误等同于灾难。现在我们逐渐认识到：那些已被广泛认可的教育基准——标准化考试、高中尖子班、渐成必需的名校文凭——所有这些推着孩子拼一个成功未来的做法，往往是会损害情感发育的。教授、儿科医生斯图亚特·斯莱文认为：

> 我的个人感受是，我们正在拿整整一代美国孩子做一场史无前例的大型社会实验，而青少年精神健康遭受负面影响的证据多到令人崩溃。更让人揪心的是，青春期的精神疾病史会导致成年后更易罹患精神疾病。再一想到并无任何证据证明这种教育方法真能带来更好的教育成果，就简直寝食难安了。[35]

全国的教育工作者、就业咨询师、招生官都在对此进行关注。在全国各地高压锅般的高中，期中、期末考试正在被取消。周末家庭作业正在逐渐废止。大学先修课程的数量正在封顶，上午开始上课的时间也推迟了。（虽说许多学生缺觉是熬夜上网的缘故，但推迟第一堂课开始时间确证了缺觉与青少年抑郁之间的相关性。）[36] 高中和大学都在实施创意方案来改变成绩评定标准，从而对抗摧毁青少年心理健康的过度完美主义文化。

仔细研究这些趋势之后，就可以很容易看到，目光短浅地关注学业成就，会导致学生强烈恐惧失败、学业落后甚至只是自以为落后时就会产生深深的羞耻感。这种"破坏性完美主义"扭曲了自我价值，让年轻人根本无法忍受个人缺陷、承担合理风险、面对成熟之路上不可避免的失败。极其严重的是，它削弱了学生在需要时寻求帮助的意愿。

打造自我人设

我们的社会存在一种镀金文化，也在推动着竞争之风向低龄渗透。在某些圈层，有专门的幼儿园对接"优质"中小学，而这些中小学又用精美册子来宣传自己的毕业生上了"优质"大学。那怎么定义"优质"大学呢？这就要靠真实或调控的稀缺招生名额来彰显。学生身边还簇拥着大队人马：备考辅导、简历文书顾问，随时准备帮他们修补一切缺陷，提供一切优势。随着大学名气越来越等同于"由此通往优质生活"，竞争也日趋白热化。悲哀的是，我们甚至还会通过打造社交人设，来给自己贴金。

为了构造、呈现一个拿得出手的媒体伪自我，青少年倍感压力。在这样一个年纪，人人都盯着自己社交媒体上的点赞量、浏览量，很多青少年都觉得，为了融入，就必须无限呈现自信和人缘。这些流行社交媒体带动了发"秀幸福"帖的风潮，传播了"错失恐惧症"。[37]

举个例子，咨询过我们的一个大二学生，就让她的父母感到很困惑。她发在Facebook上的帖子都是一派轻松愉快；可同时她给父母发来的短信却是焦虑爆棚。父母问她怎么这么大反差，她说："不想朋友觉得我扫兴。"她跟很多学生一样，都执着于"印象管理"——刻意筛选信息，塑造朋友（和他人）对自己的印象。在这个被媒体包围的时代，经历情绪挫折或精神障碍会使许多人感到无能与孤立，自我价值感降低，绝望感加剧。内心生活与自我暴露之间的差异越来越大。

这种现象在几起大学自杀事件中凸显出来，令人扼腕。最近媒体广泛报道的宾夕法尼亚大学新生自杀事件，就暴露了这种分裂的双面人生：内心的一片混乱，与网上帖子里投射出的虚假快乐，形成强烈的对比。"在麦迪逊离世前的那一整个学期，她在 Instagram 上发表的图片都是积极向上的，配的文字都在暗示她在宾大过得如鱼得水，可事实恰恰相反。"[38]

人设打造，与其他许多压力源一起，推动了青少年精神健康问题的增发。智能手机和移动网络的兴起，深切改变了年轻人的生活方式、睡眠模式、学习环境。网络世界充斥着源源不断的刺激、干扰、享乐、痴迷、欲罢不能，乃至上瘾，这些将年轻人彻底淹没。我们知道，社交媒体吸引青少年日夜在线的魔力，同样也加剧了他们被冷落被遗忘的感受，往往使其用户感觉更不快乐。[39] 学业与社交，哪一个都不敢丝毫松懈，这种双重压力造成的代价是高昂的，青少年及初成年者中压力相关疾病数量猛增，就是一个明证。

起伏不定的青春

除开这些压力，还有一个事实：成年期延迟到来，成为一个新的发展阶段，这在工业化国家已经是被接受的正常现象。正如童年直到 19 世纪晚期才被认定为一个专门的发展阶段（青春期是直到 1940 年代才被认定），推迟的成年期，这一新的人生阶段，也需要一个新的术语来界定。心理学家杰弗里·阿奈特在广泛的跨国研究基础上，提出了"成年初显期"这个说法，用于定义青春期末期到二十多岁的阶段。这一时期的人，逐渐脱离父母走向独立，却还没有完全承担起成年人的角色。认可人的这一新发展阶段的意义是重大的,因为传统的成年标志——通过稳定的工作获得经济独立、固定住所、结婚生子——不再是20多岁时必然发生的事情。[40] 到了21世纪之初,工业化国家青年的人生经历已迥异于从前。[41]

千禧一代与其后的Z世代,他们的成年之路比过去任何世代都走得更漫长,也更艰难。阿奈特提醒家长:"现在的三十岁,只相当于过去的二十岁。"[42] 在2008年的经济衰退之前,很多家长都会鼓励即将上大学的孩子去追求对自己而言充满意义的事业。怀揣这样一份远大理想的大学生,往往不知不觉中就拖延了经济独立的步伐,而父母眼瞅着孩子似乎总也飞不出门,难免心下惴惴不安。于是,千禧一代常被扣上自私、懒惰、拖拉的帽子。但这顶帽子扣得既不宽容、也不公平。

自2008年的经济衰退以来,家长和青少年的耳边就一直充斥着关于收入不平等、经济不明朗、就业市场固化的媒体报道。如今的漫长成年路不过反映了某些新的现实,其中最重要的就是工资薪水并未随着生活成本水涨船高。这让初成年人实现独立生活或达到那些"传统成年标志"变得压力重重乃至几无可能,因为所有传统成年标志都是基于经济独立的。很多持怀疑论的年轻人认为"大学就是一场骗局";他们质疑:"为什么要为了一纸文凭花这么多钱?连一份薪水体面的工作都不能保证。要是房租和学贷占到收入的60%~75%,你就根本买不起房子,更别提装修(哪怕一间房)和看牙医了。"

这些初成年人知道,为了获得一份哪怕好一点点的工作,他们都将不得不努力竞争,而那些顶级工作和专业型职业就更不用说了。往往就是这种找份好工作赚大钱的压力,以及在大学里只要失败一次、整个人生就会完蛋的感觉,将学生逼上了绝路,或者绝路边缘,比如我们前面说到的卡森。

在这个"美丽新世界",一边是家长庇护时间延长,一边是成年世界的压力下沉到越来越低的年龄,[43] 那就无怪乎到达完全独立的标准里程碑需要更多年头了。现在，大学生不仅需要更长时间才能毕业（过去的标准是四年，现在六年成了新的标准），而且更频繁地换专业、转校、退学或者重新入学。

这种代际变化，还造成了回巢子女现象的抬头。自有据可查的历史以来（美国普查数据最早只能追溯到 1880 年），从未有过像现在这么多 18~34 岁之间的成年子女与父母一起住在家里。[44] 由于工资水平难以提高、学生贷款如山压顶，父母往往不得不给予子女经济资助。因此，阿奈特指出，作为青年人，这个阶段的人生体验包含着一种"夹缝感"，既不是青春期，又不是成年期。

这种状况的积极面在哪里？不知各位是否还记得"代沟"这回事。婴儿潮一代的口号曾经是"不要相信任何一个 30 岁以上的人"；X 世代，又称"钥匙儿童"，特点是不信不服权威——结果他们都既惊且喜地发现，自己跟自己的青少年、成年子女成了最好的朋友。[45] 这种更加亲密的关系，让今天的家长可以为他们的子女提供远超离家生活所能给予的真切情感支持和联结。[46] 然而，成年初显期这个全新发展阶段，也给家长带来了危险。

家长投入的危险

养育一个孩子的巨大投入，加剧了家长的竞争危机感。毕竟我们不像海龟，把蛋产在沙滩后就悠然游走，存活几个算几个。相反，我们投入漫长岁月去抚育一个孩子，远远不止于曾经认定的青春期末期——而且，我们刚刚也讨论过，即便是青春期这个阶段，也在稳步拉长。

现代家长背着沉重的养育负担：孩子的身心健康、社交、漫长而昂贵的教育，押上一切只为搏一个未来的成功，还要为孩子遇挫回巢准备好后方堡垒。好消息是，对于回巢的耻感已经在逐渐消散。父母往往乐意为孩子搭台铺路，好帮助他们走向完全独立。不管孩子多大，我们都会以深厚的爱、高度的奉献、饱满的热情，竭尽所能保护他们，有时直到大学毕业后多年。

然而，当家长从关心走到过度投入，危险就来了。现实是不仅年轻人压力增大，家长也认为，这种感觉是完全互通的。家长同时应付的要求太多，时间和资源又太少。很多家庭的结构跟家长过去的成长环境相比，已经发生了巨大的变化。根据皮尤研究中心的调查，21世纪的美国家庭不再具有"一种主流家庭形式"。[47] 双亲家庭比例在下降，单亲家庭和继亲家庭在上升。很多家庭是父母双双工作，因为学龄前儿童母亲外出工作的数量比以前增加了。[48]

当父母超负荷工作、忙到焦头烂额，或者焦虑孩子将来能不能过得比自己好（还记得约翰·亚当斯的话吗？）时，他们可能会无意识地把这种压力传递给孩子，因为如今育儿也成了一件充满压力、需要力争上游的工作。我们与孩子感受着同样的压力，要做对每一件事、要确保他们成功、要把他们的失败当作我们的失败来承担。我们忘了，在1970年代之前，"育儿（parenting）"这个词既不常用，也不具有强行规定"应该如何为人父母"的内涵。请听听普利策奖获得者玛丽莲·罗宾逊如何描述她在1950年代的童年：

> ……他们是大人，我们是小孩，你懂我的意思吧？差不多就是两种生物。不过要是他们看见我们在做什么——比如画画或者别的什么事——他们就会找来我们需要的东西，然后默默地支持我们做下去。让我觉得非常自在的一件事情是，只要我踏踏实实地过日子，我父母就会感到同样幸福。我身上没有压力。[49]

罗宾逊的父母对她的需求是敏锐的。他们注意到了她的兴趣并默默提供支持，并不奢求什么结果。在今天，发展心理学家将这种取向定义为"心盛（flourishing）"，其对立面为狭隘的、以结果驱动的成功模式。教育专家们说，15到22岁之间的某些关键发展变化，有赖于父母推动孩子自主、自控、自省，并提升他们在广阔世界里维持健康关系和社群参与的能力。[50] 心盛囊括了这些发展目标，允许一个孩子去追求其自身的需要、消遣，甚至古怪的爱好。

在健康的亲子关系中，家长对孩子保持与其年龄相称的期望，推动孩子渐渐承担起对自己和他人的责任；再配上温暖、关爱、支持，便是完美。好父母的基本标准没有变，但是时代变了。

古怪爱好和自主游戏都已成过去，现在取而代之的是屏幕时间、规划好的体育活动以及用来填充简历的各种课外活动。与此同时，家长越来越不指望孩子提供力所能及的帮助，即传统的——做家务。学习、练琴、参加社区服务……已经忙不过来了，家长通常不忍心再给他们分配家庭任务，似乎这些任务只是浪费时间，对孩子没什么用处。家长看重的东西变了，只顾推着孩子在学业上一路拼杀。可这也侵蚀了传统的家长权威，让他们越来越难以给孩子设边界、提要求。[51]

这种对成就的过度强调，可能导致学生误解何为独立自给。如果年轻人身上的学业压力没有通过日常非刺激性、非目标导向活动的内在平衡去抵消，就会形成一个有害的循环。这种非刺激性、非目标导向活动，跟正常的家长角色一起，都曾是过去童年的一部分；但如今对于很多人来说，这些都已不告而别。

我们忘了做家务对孩子有好处，还有那些不能用来吹嘘的兴趣爱好也是。压力之下的当代孩子和家长，往往高估了力争上游的价值，而低估了简单粗重枯燥的工作对于成功的作用。这会造成什么样的潜在后果呢？年轻人会觉得那些单调的工作没意思，配不上自己，于是不屑于去做。但如果孩子长到青春期都从没学过，那么在做一些不那么愉快的家务，乃至将来做一份不那么有趣的工作时，又怎样管理自己的烦恼沮丧？他们将如何获得那份可以接受低分而不是退课的"坚毅（grit）"，那份可以跌倒重来而不是放弃的自律,那份可以看到完美会阻碍完成的见解?他们又将如何学会断掉互联网,以健康睡眠为先,对派对狂朋友说不?

对于两代人来说,这意味着痛苦的来源不仅在我们周围,也在我们自身以及彼此之间。所以,值得花时间关注这种双向强化动态。家长如果记住独立生活需要做出很多小小的牺牲,同时也给孩子创造机会去体验这样的牺牲,他们将能更好地帮助孩子去平衡生活中的种种压力。作为榜样,家长既可以将孩子从无休无止的奋斗中解放出来,同时又可以保护孩子免受焦虑、无聊、失望之苦,这些都是前方路上必然遭遇的,无论是大学生涯还是整个人生。

的确,当今世界或许有更多竞争,更少宽容,但如果这个判断使个人成功的定义变得狭隘,放大了无谓的紧张,导致人们在追求目标的路上失去平衡,那么便很容易走入破坏性完美主义的歧途。这种"赢家通吃、输者一无所有"的思维,也会夺走年轻人的创造力,泯灭其关怀他人的善意。千万不要忘了,通往幸福成功人生的路径多种多样,不止一条。如果家长懂得将自己的焦虑与孩子的个人选择脱钩,就能提升孩子的自主性和幸福指数。

焦虑时代的亲职教育

"你的任务就是目送他们离开。"

——安娜·弗洛伊德

家长在孩子年幼时提供保护、安全感的根本目标,正是为了让他们在青春期和成年初期可以去冒险,或者说,去迎接每一代人所面临的新世界的挑战。他们小的时候,我们给予保护,首先是为了孩子的生存,接着就是为了"目送他们离开"。

如此雄辩的代际逻辑,却在父母察觉孩子周遭存在某种威胁时被动摇。此时家长本能地试图对自己羽翼未丰的孩子施加更多控制。这种保护欲是与生俱来的,可能唤起它的,有以下三个因素:[52]

1. 感觉到某种危险,可能威胁孩子的健康、安全或生存。
2. 启动了父母的"战或逃"反应。
3. 家长投入多少。

当今世界的第一"危险"已不同于数百年前的生存危机,然而亿万年来人类历经猛兽、战争、瘟疫、饥荒的演化史,已经把我们训练得认为潜在风险必将有损子女未来,并据此做出反应。当前那些有形的风险已经渐渐变少,取而代之的是现代复杂的社会、全球化的经济、迅捷的通讯手段带来的各种变化。但我们的大脑依旧不能分辨真实与想象的生存威胁,于是我们就处于一种几乎时刻准备"战或逃"的自动状态。这些因素反映出一个严峻的现实:我们在一种长期焦虑的状态下养育子女。

而大学时代,正是学生经历重大的变化和面临发展任务,最终迈向成年的阶段。在孩子离家上大学前后这个关键时期,家长想要更紧地抓住他们,固然情有可原;但此时此刻,也正是年轻人心理发育的正常进程,在驱使着他们离开。

帮助不是框住

意识到这个难题之后,大学管理者开始在迎新活动中加入"家长劝离"环节,试图帮助家长顺利告别,安抚他们放手时的忐忑。[53]然而,媒体报道大学生活的各种惊悚标题,当然还有我们刚刚说的各种压力,使得这些安抚难免欠缺说服力。据《高等教育内参》报告,仅在 8~9 月间的连续四周里,全美就至少有八名大学新生死于校园。其中几个死于酒精中毒和派对相关事故,其他则是自杀——这也是大学生校内死亡原因的前两位。[54]

出于纯粹的抚育本能,很多家长对于这些危险的反应是,试图彻底将它们铲除。有些甚至极端到每天专门安排孩子的高中和大学生活。的确,任何一位焦虑的家长,都不难对以下这位母亲的心情感同身受:女儿作为新生刚入校,母亲便耳闻了迎新周那些惯常的疯狂派对,于是索性在距离学校两街区的地方租了套公寓,专门盯着女儿的动向。这不过是众多类似例子中的一个:家长出发点是好的,只不过,她把害怕女儿遇到危险,当成了女儿真的有危险。

家长千万记住:尽管存在那些惊悚的新闻标题,学生真正遇到危险的概率还是非常低的。没错,大学确实给年轻人带来了很多高风险情境,也给了他们大量的机会做出糊涂决定;但成年后的生活难道就没有这些吗?只要家长在孩子青少年时期为他们充分提供大学生活所需要的准备,那么大学时代就不一定存在天然危险。另外家长还需要分辨清楚:"帮助孩子和框住孩子的分界线在哪里?"

还记得全心投入为女儿高中保驾护航的卡尔太太吗?她就是过度奉献、过度养育的例子。卡尔太太担心女儿没条理的毛病会搞砸上大学的机会,于是不敢放手让她从自己的错误中学习。在艾米莉亚上高中的那几年,卡尔太太充当了起床闹钟、外挂记忆存储设备以及任务提醒器。卡尔太太越努力,艾米莉亚掌握这些必备生活技能的机会就越少,最终导致大学第一学期失败,不得不退学回家。

对直升机父母的批评、对年轻一代成为"优秀绵羊"[55]的普遍恐慌推动着钟摆,现在开始让它向促进孩子独立的方向摆去。在这股风潮中,家长可以通过避免3个常见陷阱,抵御破坏性完美主义对孩子的冲击:[56]

1. 过度准备。对孩子学业准备的强调，一不小心就会过头。但你真的希望以这样的遗憾收场吗？——紧逼孩子学五年西班牙语，孩子在意分数胜过学习？

2. 过度养育。分不清什么是保护，什么是包办。诚然，"保护"通常带有正面含义，但它对孩子心理发育的影响并不总是有利的。如果你曾经"帮助"过十几岁的孩子写报告，或者对孩子的任务插手太多，那么你对过度养育一定不陌生。

3. 过度投入。当家长一心"想要最好"，便难以觉察到自己的深层动机，这时第三个风险就出现了。你一直渴望成为芭蕾舞者、职业运动员，若孩子有望代替你实现，那是多么诱人的机会；或者，由于你的牺牲，孩子可以从事你不能从事的科研事业，当上你没能当上的画家、音乐家；又或者，那只是你曾经错失、仍然抱憾的学位……难道这些不都是想要为了孩子好吗？你这么辛苦地逼他们出色，他们将来不该感谢你吗？[57]

现在，知道了这些陷阱，家长们又该如何避开它们，为孩子真正搭建一个起飞的平台呢？

准备

我们要面对现实：当孩子们离开家庭的怀抱，前方等待着他们的是一个"美丽新世界"①。如前所述，青年人的舞台已经彻底转换布景：经济全球化，互联网全面渗透文化与生活方式，智能手机和其他移动设备广泛普及，社交媒体成为放大镜、哈哈镜。在我们这个时代，不难理解

---

① 《美丽新世界》是英国作家阿道司·赫胥黎于1931年创作的反乌托邦科幻小说，描述了一个科技发达却泯灭人性的未来世界。

家长为什么倾向于控制和保护（即"抓牢"），不愿意放手让孩子独立。然而，在人生的这一时段，本就充满各种高风险场景，存在很多心理健康难题，这也是大学请求家长帮新生做准备的原因，而"抓牢"这种做法，反而限制了学生的准备空间。

家长该怎么做？他们可以通过认知和非认知两方面的准备来推动孩子成熟自主。认知准备（通过成绩等显示）就是学业成功——这是必要条件。但是，我们往往过度强调认知能力，却忽略掉非认知能力，尽管大学（乃至整个人生）成功的最佳预测因子是社会情绪准备，或者说是传统的生活技能和成熟。

社交准备

如果家长可以摒弃狭隘的成功定义，就能为孩子迈向身心健康成年期的正确目标开拓多种渠道：发展克服障碍的能力、应对压力、蓬勃向上。家长要克制住干预社交（并妨碍其社交能力）的冲动。如果没机会练习社交技巧，大学生可能会遇到跟萨尔一样的问题。

萨尔上大二。他向妈妈抱怨说，他的室友乔伊躲在他们合住的校外公寓里抽大麻。萨尔反对使用大麻，却不反对未够年龄饮酒，还为此弄了个假身份证。萨尔妈妈给乔伊妈妈发了两封邮件，后来又打电话让她管管。乔伊妈妈礼貌却坚决地拒绝了，说让两个孩子自己解决问题。当然，最终他们还是自己解决了。这个故事告诉我们什么呢？如果家长能看到，代替孩子解决社交矛盾将如何阻碍他们自治，或许就能战胜自己基于担心而这样做的冲动了。

情绪准备

以直线思维去"准备"，就会过度关注智性技能和学业成就。对于孩子的先修课程（AP）成绩、标准化考试分数，家长们往往记得很牢，有时甚至忍不住夸口炫耀（别否认，说的就是你）；但把成功、成绩等同于自我价值的做法，必将造成孩子的"空心身份"。进了大学，当要求和压力水涨船高、成绩却不复辉煌的时候，自尊便会塌陷："我高中平均绩点 4.0，如今到了大学却只有 2.75，我该怎样面对自己的人生？"

一个年轻人怎样才算是真正为大学及以后的人生做好了准备呢？只有当成功不必用昙花一现的分数或者"点赞"来定义，而是人生兴趣、不懈努力、宝贵人格（"我是个努力的人；我是个有团队精神的人；我是个有爱心、有价值的人——哪怕在我失败的时候"）的副产品时，他们才算是在情绪上做好了准备。

如果直到孩子上大学，非认知能力都一直被基本忽略，那可能是因为这些能力实在太难量化：孩子品格中有几分"坚韧""坚毅""生活自理能力"，家长怎么能说得准，家务和家庭责任的确可以培养能力、耐力、自立等品质，不过同时专家们也越来越强调培养孩子自我觉察能力的重要性。[58] 自我觉察能力包括：辨别自己和他人情绪的能力——给同情和宽容打下基础，以面对每个人都不免遭遇的错误和失败；调节自身情绪和行为的能力——提升应对技能，使人三思而后行而非冲动行事，面对别人的极力怂恿也能做出明智的选择。这些非认知能力，越来越被看作为大学生活做好准备的关键，也是妥善应对所有问题或压力的一个必备条件。这些能力，让年轻人可以沉着坚定地面对生活中不可避免的失望和失败，必要时有足够的韧性为自己寻求帮助。

家长如何培养孩子的情绪智商呢？可以鼓励他们承认并面对自己的孤独、抑郁这些不良情绪。要让他们认识到，掩饰精神上的痛苦是一把双刃剑：不仅压制了求治的动力，而且还会引发一系列相关现象的蔓延，如饮酒、物质使用不当/物质滥用、饮食失调、冒险性行为、自杀行为等。根据共计 60 年的临床实践，我们两位作者认为，家长若能提前让孩子了解各种情绪障碍并做好准备，那么大学生将能把握最大的成功机会。

对孩子进行情绪准备方面的训练，也是平抑家长此阶段焦虑值爆棚的一个方便法门。让自己（以及孩子）为有效应对前方可能出现的各种精神健康问题做好准备，这不仅仅具有远见，而且能带来力量。即便是修复力很强的年轻人，也会遇到压力大的情况，有时还会超负荷，比如家人去世或离婚、与恋人痛苦分手、遭遇性侵创伤这样一些重大损失（loss），或者大考失利、时时害怕不能融入、不能成功这样一些更寻常的折磨。如果家长知道自己和孩子都为这些难以避免的波折做好了准备，将会大大有助于平复那种焦虑。

救兵来了

这本书的出发点就是：支持家长培养子女在大学及以后的生活中必备的社交、情绪、生活自理能力。鉴于大学精神健康方面的棘手事件越来越高发，本书既是一本警世寓言，又是一本生存指南。我们将大学阶段可能出现的精神疾病迹象提示给你，但同时也将应对问题的资源和方法交到你和孩子手里。我们将分享一些大学生和家长一起攻克精神健康难题的故事，并让他们现身说法。

作为家庭系统疗法（一种临床治疗体系，将个人放在家庭的社会情绪环境中看待）的实践者，我们认为家长是初成年人发展的重要伙伴。我们认为积极倾听、坦诚沟通、实事求是解决家庭矛盾的态度，推崇高度的精神健康意识。

上述最后一点，将会驱散阻碍青少年寻求咨询的社会污名。精神健康方面的偏见依然随处可见且根深蒂固。这种不经大脑的想法，将求助等同于"虚弱、疯狂，或者破碎"。去除了这种污名，精神健康行业的神圣三元素——预防、早发现、有效干预，才能发挥效用，将长期的病患引向康复。

《高压年代：如何帮助孩子在大学渡过难关、顺利成人》将这三元素整理成两部分来阐述。第一部分主要阐述如何做好准备和尽早识别绊脚石。准备就绪与否，不能通过测验来检查，但我们将会给出一些重要对话，帮助家长和孩子判断目前的强项与弱项。我们将展示如何突破心态障碍，实现自我接纳，并加强修复力。家长可以帮助减少耻感，了解问题发生时该持何种预期。

第二部分将带你来到幕后，近距离观察遇到精神健康问题的大学生和家人的生活状态，他们遇到的问题有的较普遍，有些很棘手。家长和学生都需要了解正常情绪波动与典型临床障碍之间的区别。

我们将调动来自三个不同领域（科研文献；我们对学生、家长、高中校长、高校学生精神健康工作者的访谈；我们数十年帮助年轻人成功"跃入超空间"的临床经验）的知识，来帮助你区分大学时代的烦心事与真正的精神健康危机。我们将讨论并总结应对不良的表现、情绪动荡的症状，以及真正精神疾患或物质使用障碍的标志。万一真的发生精神健康危机，我们将向你明确指出，如何直接参与，以加速孩子的康复过程。

很多学生会比较顺利地度过大学生活，但挑战是所有学生都会面临的。高要求的环境、缺乏准备的情绪、未达标的成熟度、未诊断或未治疗的障碍，或者不愿求助，可能会让一些大学生开局不顺，而少数人则可能彻底崩盘，随后打道回府，以图重整旗鼓、蓄势待发。我们将检视可以通过哪些必要的支持，让学生克服障碍，避免辍学；同时我们还将讲述一些大学生的案例，他们暂时偏离预期轨道、需要比较深切的精神治疗。第二部分的最后，将展现从家庭到大学的这场接力赛，看大学管理者如何与家长齐心协力，保障学生的安全和情绪健康，帮助他们走向成功。

《高压年代：如何帮助孩子在大学渡过难关、顺利成人》提供了一条路线图，指引你在家长过度插手和学生无边自由之间找到一条中庸之道。二十上下的年轻人都渴望自己掌握人生，因此我们不吝多说几句"路线细节"，好让家长心中有数：你必须让这个年龄段的孩子自己做选择——哪怕是不靠谱的选择！你必须认识到，他们会做你看不惯或者不赞成的事情。你也必须接受：他们会犯错误并承受后果。尽管当今流行二手和虚拟体验，但让年轻人通过直接感受来获取人生经验依然无比重要。

真正的独立是一个历经多年的大工程，因此两代人都要准备好，在蜿蜒曲折的成年之路上必然会有磕磕碰碰。必要时，双方都要有勇气开口求助和接受帮助。

最后，我们向家长和大学生发出挑战，也是邀请：请评估自己对精神健康这件事是否依然存在某种误解，因为偏见是治疗的敌人。对于这件事，我们有一个来之不易的认识：大学时代许多看似无法战胜的困难，其实都是常见、可预测、可解决的。因此请家长和大学生务必扭转观念，将精神健康视为大学规划与体验中不可或缺的一部分。

你们已经用了很多年来养育子女，帮助他们做好准备，踏上令人兴奋的独立之旅。无论孩子目前正整装待发，还是需要路线纠偏，又或是已经回巢充电，我们都充满信心：家长和年轻人共同努力，可以做到将前方岁月中潜伏的精神健康危机风险降到最低。那些压力重重的岁月，其实可以成为你们双方人生中最好的日子。我们非常乐意指引你们顺利度过这段时期。总之，你们不是孤军奋战，救兵来了。

2

出发之前：社会情绪准备

> 去参加学生社团。预约教授的办公时间。感觉低落时找个人聊聊。还有，千万不要喝太多。
>
> ——乔纳森·齐默曼[1]

欢迎你来到典型的大学迎新会：30分钟的音乐剧，展示大学里的各种应该和不应该。节目或许很欢乐，但内容只触及了未来岁月里各种真相的皮毛，论有效性，远不如启动一系列对话，讨论什么是"准备就绪"。

大学前，"准备"大多围绕着以进大学为目标的学习准备。前面我们已经说过，学习只是衡量学生是否为大学做好准备的一个小因素，而且非常具体。然而，除了那些容易获取的标尺（如 GPA、SAT、ACT 分数），以及精心展示的课外活动集锦，哪些因素最能预示大学生涯的成功？答案跟人生成功的预测指数一致，即社会情绪成熟度和修复力。离家生活，本身就意味着自律性和情绪、经济准备已经到位。的确，"成熟"的概念模糊，难以测量，但它依然是学生能否成功适应大学生活最可靠的指标之一。

本章我们将讨论社会情绪成熟的八个关键要素，同时列举一些可能的对话方式——为了帮助高中生更好地为大学生活的复杂要求做好准备，或者帮助已挣扎其中的大学生减轻压力，这样的对话是很有必要的。如今的家长，拼命追赶许多年轻人的文化新潮流，尤其是那些数字革命带来的新事物。即便如此，让焦虑的家长跟青少年子女对话还是很难，不如他们谈论子女那么容易。而孩子这边，也可能关闭信号，拒绝交流。在此，我们将介绍如何促成亲子间展开一些难度较大的对话，去讨论实现自主生活所需要的情绪责任。

你可能会思忖："我那快上大学的孩子，能在多大程度上展示自己的能力，证明自己已经成熟了？"为了帮助你回答这个问题，我们建议在高二的时候，找一个合适的机会，自然而然地从一个最基本的问题问起："你想去哪儿上大学？"也可以从主动了解孩子"是一个什么样的人"入手——了解他的快乐源泉，他对未来的希望和梦想——然后将话题自然延伸下去。

我们认为这样的对话是可以不断进行，一直延续到成年的。尽管我们将其列入为大学所做的准备，但任何时候大学生只要遇到问题，都可以开展这样一番对话。（新环境、新要求往往最能使我们认识到自己的能力和局限。）所以，如果孩子离家上大学时有些抗拒这样的讨论，不要烦恼——漫长的成年之路总会给你们很多机会来进行这些虽迟但到的谈话。

为了让谈话发挥最大作用，要尽量开放而坦诚地探讨每一个话题，尽可能深入交谈、和平沟通。坦率表达自己的立场，但也务必从根本上尊重孩子的观点和他独特的人生体验。出现任何异议，都可以利用它来促动孩子更深刻地觉察自己：大学生活可能会给他的应对能力带来什么样的意外挑战？他该怎样以具体实际的行动来为这些挑战做准备？

如果处理得当，这样的对话就能明白一个宝贵的道理：我们永远都在学习社会情绪技巧。少年人对这些技巧掌握得越娴熟，有朝一日离开家门时就会准备得越充足。如果孩子确实没有做好上大学的准备，也总能找到其他过渡方案，在高中毕业后延续教育。我们将在第四章查看其中部分。接下来，我们先用一个清单概括本章将要讨论的主要内容：社会情绪成熟的关键要素。

社会情绪成熟的关键要素

1. **责任心**：你是否准备好对自己的行为承担后果？
2. **自我管理**：你是否准备好在大学相对自由散漫的环境中，管理好自己日常生活中的例行任务？
3. **人际技能**：你是否准备好交友、与室友相处、寻找适合的社交活动？
4. **自我控制**：你能抵御诱惑吗？你是否准备好对看电视、上网（无论是玩虚拟现实游戏、刷社交媒体，还是浏览网页）设限？（否则的话，它们至少会导致你睡眠不足、忽视健康、无心学习。）你能做到不暴食或者不吃太多垃圾食品吗？
5. **坚毅**：你是否准备好应对沮丧、失望、失败，面对种种挫折障碍依然砥砺前行？
6. **风险管理**：你是否准备好玩乐时不做无谓的冒险，不滥用物质？
7. **自我接纳**：你是否能接纳自己的过失，宽容自己的错误，面对自己的问题而并不过度内疚或者羞愧？
8. **开放心态 / 勇于求助**：你是否准备好遭遇逆境时向人求助？

责任心：对自己的行为负责

对自己的行为负责——尤为关键的是，对自己行为的后果负责——就是责任心的全部意义。有责任心的人，说话由衷、言出必行、有错就担。可依靠，可预期，可信赖——最重要的还是一个人对自己的行为负责。犯了错误，出现了意想不到的负面后果，有责任心的人会痛快地承认，然后直接寻求补救措施，不兜圈子。

以阿伦为例：他是一个聪明又勤奋的高二学生，不仅忙碌地兼顾着课外活动与美国大学预修课程（AdvancedPlacement，简称AP），还保持着活跃的社交生活。他既是班长、辩论队长，又是校报编辑。到了辩论俱乐部的冬季秀前几周（理所当然，阿伦是活动的核心人物），他明显出现了蜡烛两头烧的情况。

阿伦的父母看到儿子一副筋疲力竭、睡眠不足的样子，开始对他总是"过载"感到担心，但还是把这些当作他追求成就的副作用来接受了。然而，辩论秀结束后没多久，他们就被叫到学校去商讨一件严重的事情——他们与阿伦和高二教导主任会见，得知儿子最近剽窃了一篇英文学期论文。阿伦眼泪汪汪地解释说，他找不到时间准备作业，但又想保持GPA不降，于是就从一个叫"论文工场"的网站买了一篇文章（详情见以下网址：http://www.mga.edu/student-success-center/plagiarism/paper-mill.aspx）。他承认了错误并愿意为此负完全责任。他说，他知道那是不对的。

教务处经过广泛讨论之后，没有对他做出停学处分，而是给了他一个记过。教务主任解释说，如果此后不再发生作弊行为，记过记录将被清除。尽管阿伦的父母对儿子的不当行为感到震惊心痛，但他们也看到了，由于他能够承担起自己的行为责任，也勇于承认自己的一时糊涂，所以最终还是得到了一个较为有利的结局。

一个模范生陷入困境后，往往试图通过打破规则来脱困。但是，阿伦被抓后没有否认、轻描淡写，或是逃避其行为的后果，而是鼓起勇气来承担。这种勇于承认、接受作弊后果的做法，展现了他真实的责任心：阿伦走在了正确的道路上。

你的青少年子女对自己的人生负责程度如何？要开启一场关于责任心的对话，对孩子在这个方面的进步给予肯定、赞扬，是一种很好的方法。对你自己在责任心方面的表现进行反思，坦率说出自己哪些地方做得好、哪些地方还不足（毕竟人无完人），也是很有教育意义的。这场对话的主要目的在于甄别孩子在哪些方面责任感较好，哪些方面还有进步空间——比如说，担起那些没什么回报的义务（如家务）、承认那些不怎么光彩的行为（如过于以自我为中心），等等。不过，家长给孩子机会去练习"担当"这一技能，总归是不会错的。

自我管理

在当今这样一个高压社会，高中生的时间被安排得"滴水不漏"，已经没有什么余地供他们自由支配。他们每天的行程，已经被家庭和学校基本上按齐步走的方式"编程"完毕；很多青少年从一睁眼到睡觉，都在家长用心良苦的督促下按部就班。家长这样过度包办，或许是出于责任感——"难道做家长的天职，不就是保障孩子的成功吗？"——可是，过度的协助，已经让很多青少年失去了自我管理能力。

自我管理能力，是自己安排日常活动的能力，包括按时起床、为一天做准备、记住并尽量履行所有的约会和任务、根据情况调整当日行程计划、照顾好自己的基本生活需要、形成一个每日收尾的常规、按时就寝。自我管理还包括很多重复单调的琐事，如做饭、洗漱、洗衣、付账、收拾整理等。

这些听起来都不复杂，对吧？但很多青少年认为这些枯燥的任务"太无聊""太费时""不值得认真对待"，这也是一个常见的典型的现象。当下不同于以往的只是家家都越来越重视高成就，任何影响学习和课外活动的事情都被认为是浪费时间。那就难怪家长要求青少年自我管理的时候，会遭遇阻力了。

宾夕法尼亚大学本科招生办公室主任埃里克福尔达认为，真正考验一名学生是否已为大学做好准备的标准是,能否做到"自己管理好自己的生活"。福尔达说:"我们见过很多申请学生,学习成绩材料无可挑剔,课外活动记录令人叹为观止。而我们考察的指标,是申请人是否能掌控自己的生活,是否对自己在大学环境中的定位有过构想。光有高分是不够的。他们必须具有自发主动精神和自我管理能力。"

遗憾的是,在申请学生(和家长)看来,"具有自发主动精神和自我管理能力"的,就应该是全能学霸,一边当着学生领袖,一边兼顾着各科成绩和课外兴趣,还看上去并不吃力——而每年录取通知书的发放也印证了这种解读。但我们敦请家长,在孩子上大学之前,及早拆除"脚手架",停止过度包办。

跟责任心一样,自我管理能力也不是一个要么全有、要么全无的东西。每个人在不同领域的自我管理能力有强有弱,但基本上人人都可以通过练习进步。意料之中的是,关于哪些自我管理能力更重要、需要多加练习,家长和学生往往会产生分歧。

安妮即将升入高三,因注意力缺陷多动症和复发抑郁症,她与父母一起造访罗斯坦博士的办公室。在刚刚过去的暑假里,她打了两份工,还照顾着家里的几只宠物:一条蛇、两只兔子、一只小鹦鹉、一条狗。在安妮看来,这个暑假过得卓有成效:她赚了不少钱,还有时间与朋友在一起做些事情。

可按她父母的说法,这个暑假尽是冲突和抓狂。不管他们怎么唠叨,安妮都不整理床铺,不收拾地上乱扔的衣服,不按时洗澡刷牙,不洗自己的衣服——就算妈妈帮她洗了,她也不肯把干净衣服叠好,不好好按计划服用多动症药物。这些还不算,让父母烦恼的还有安妮睡太晚,吃太多垃圾食品,不遵守承诺定期上健身房。

"你们别对我管东管西了!"安妮针锋相对,"我知道该怎么管好自己的事,我也不想为了你们喜欢就收拾屋子!"安妮说,不天天洗澡"没啥问题",还说,父母越是逼她做那些他们觉得她必须做的"蠢事",

她就越是不可能去做。

听到这里，罗斯坦博士觉得父母的立场比较有道理。他说，安妮能做两份工作、照料宠物，展现出了主动、勤奋、成熟；但同时，父母最担心的自理事务她没什么兴趣去做，父母施压就更强势地拒绝。罗斯坦博士还指出，安妮父母对女儿自我管理能力的担心是合理的，但还没有找到合适的方式讲通道理。

罗斯坦博士将安妮与父母之间的冲突，重新解读为亲子关系发展的一个重要转折点。安妮需要承担起某些她不愿意做的任务，比如说洗澡、刷牙、上健身房；而父母需要转变"唠叨家、批评家"的角色。高三，正是展开这番亲子谈话的完美契机，因为大龄青少年已经到了必须练习对自己负责的时候了。在罗斯坦博士的建议下，安妮与父母进行了一番协商，达成了一个"交换协议"：安妮答应逐步承担起更多的自理和家庭责任，父母则承诺减少对她行为的评论。三人一致同意定期检查她掌握这些能力的情况。在看到安妮稳定的进步之后，父母同意让她报考远方的大学，而不只是本地的走读学校。

这可是安妮的终极动力，因为她一直渴望能上某所外州大学，那里的国际关系专业非常棒。高三这年，他们持续进行个人和家庭咨询，在这个过程中，父母慢慢退后，安妮慢慢向前。她一步步逐渐掌握了自我管理技能。一开始，她还需要父母帮助，才能完成打扫房间、洗衣服这样的任务；慢慢地，她可以自己做了，但还时常需要提醒，这些提醒有时候很像是父母又在唠叨，但这都是他们签署的交换协议里写明了的；到了高三的最后几个月，安妮已经被第一志愿学校录取。父母和她一样，对此感到非常欣喜；但他们还是指出：除非她能按时、独立完成自己的所有日常琐事，不需要任何提醒，否则他们无法相信到8月份离家时她会是准备就绪的。结果到了暑假，她已经不仅仅是管好自己的事了，还能腾出手来帮父母做其他家务。安妮通过展示和锻炼自己料理日常事务的能力，让父母终于可以放心她去外州上大学。

人际技能

在大多数高中生看来，大学就是一个可以一天到晚和同龄人在一起、（几乎）没有大人监管的乐园。大学生活的最大吸引力之一就在于，可以和同学、室友厮混到凌晨，不管是一起聊天、打游戏、看体育比赛，还是去参加派对。

对于绝大多数学生来说，现实基本符合他们的期望。家长只需要回忆一下自己的"金色大学岁月"，就能想起这段时光有多重要：年轻人在这里结下终身友谊、探索亲密关系、学习和打磨重要的社交技巧。

当然，这一路上也会跌倒和受伤。室友争吵、朋友反目、亲密关系难堪收场，这些都是很常见的事情。而对于家长来说，关键问题在于他们的子女是否做好了准备，去面对这些社交机遇与挑战。实际上，很多研究表明：结交朋友、维持友谊、失去朋友、在社交关系中找到适合自己的位置，是大学生活中最充满压力的一些方面。

而对于那些患有学习障碍和（或）社交－互动障碍的年轻人来说，大学生活的复杂社交生态就更为棘手了。社交－互动障碍包括：自闭症谱系障碍（含阿斯伯格综合征）、注意力缺乏多动障碍（ADHD）、沟通障碍、非言语学习障碍、社交焦虑障碍等。让这部分年轻人特别有压力的是那些需要熟练解读社交线索（尤其是非言语线索）并迅速选择得体行为来回应的场合。没有社会规范意识，不会日常寒暄，说话、着装、行为怪异，甚至只是在人群中习惯沉默——以上任何一项，都可能会给一个试图穿越现代大学社交生活激流的年轻人造成深远的负面影响。

上面这些早已有之的问题，对于年轻人来说已经够难应付了；而如今充斥于生活每个角落的社交媒体，又让社交适应的过程变得更为复杂。Facebook、Snapchat、Instagram、Twitter 等社交媒体，极大地改变了年轻人与同龄人交往的模式。不仅年轻人之间的关系在各种公共论坛被报道被评论，而且视频智能电话也渗入曾经的私人领域，改变了"私密"一词的概念。年轻人在移动设备上保存（并分享）自己及他人的裸照，已经是一种常见行为。（参见下面关于用好智能手机的建议。）

> **健康使用智能手机的七条建议**
>
> 1. 做选择。清醒选择自己需要智能手机的目的，哪些功能是首要的，比如清单、闹钟，等等。否则的话，就只能跟随芸芸众人一天发六十遍消息、手机一关就焦虑。
> 2. 自我节制。看通知是会上瘾的。逐步减少查看消息的频率，降低"联络焦虑"。
> 3. 设置预期。记住，你不能全天候在线。让朋友和家人知道什么时候可以联系你。
> 4. 关闭通知。关闭默认设置的通知，减少打扰和压力。
> 5. 保护睡眠。避免深夜使用手机。把它关掉，不带进卧室，你会睡得更好。
> 6. 保持主动。主动发布想法、图片和其他内容，比只被动地看别人的帖子要好。
> 7. 开车时不发短信、邮件，不打电话。2016年在美国有将近3500人由于开车分心做其他事而丧生。

评估孩子人际成熟度的第一步是盘点他的社交技能。不妨从以下思考题入手：

- 孩子交朋友容易吗？他在社交等级中处于什么位置？他为此感到困扰吗？
- 他在社交方面有哪些强项（外向、自信、幽默、聪明）？

- 他最明显的弱点有哪些（害羞、笨拙、内向、被动）？
- 孩子的朋友圈里有哪些人？你认识他们吗？你觉得他们对你的孩子怎样？你问起时孩子怎么评价他们？
- 孩子对朋友们的信任程度如何？他跟同龄人容易产生哪些矛盾？你如何看待孩子处理与朋友分歧的方式？
- 孩子在恋爱方面是什么状况？你对孩子在性方面的现状了解多少？你对他进入亲密关系的方式有担忧吗？
- 孩子有约会对象吗？你如何看待孩子的约会对象？如果你有想法，你跟孩子提起过吗？

当你自己把这些问题思考过一遍之后，就可以跟孩子开始一场对话了。同龄人关系对大多数家长来说基本上是个黑盒子，所以请用坦率、开放、谦逊的态度开展讨论。开场时不妨解释你的动机："我想多了解一下你对自己交友的看法，确保我作为家长在帮你为大学做准备方面是称职的。"也不妨承认，你一直在考虑怎么提起这个话题，也明白一场谈话可能不够。如果孩子愿意花些时间讨论他的交友，那当然很好。但也要做好准备：你可能得多次请求，孩子才会同意分享看法。大多数年轻人被盘问社交关系时，反应都会比较戒备，所以最好是请求孩子主动带你了解。承认你的无知，强调你渴望了解他们的社交生活，可能会更容易让孩子敞开心扉。这种策略称为"让出主动权"，毕竟你不了解他们如何交友，他们自己才是权威。比如你可以感慨地说，你像他们这么大的时候，社交语境中还根本不存在 Facebook 和 Instagram，你和你的小伙伴们都是用其他方式做日常交流（比如打电话和面对面谈话）。所以，你很想从他们那里了解到，信息技术时代的友谊是如何开展的。

当你和孩子已经进入一场开放的谈话后，就可以请孩子给你看一点他的 Instagram 对话和 Facebook 帖子，这样你能快速扫一眼他的社交世界。的确，这样的要求可能会遭遇抗拒，但如果你请求他只需要选一点点出来给你看（事先编辑处理一下也无妨），他可能还是会答应的。有了这样的铺垫，再问一些比较直接的问题可能就容易一些了：他和谁互动相处最多、经常聊的话题是什么，等等。同样重要的是，这让你可以思考社交媒体对你的孩子的影响以及孩子如何管理其网络形象。此时也便于讨论孩子在网络上投射了什么样的人设，以及孩子想要结交的人是否欣赏这个人设。

一旦破冰成功，你便可以问一问关于他每位密友的事情。你的孩子最喜欢朋友的哪些方面，最不喜欢哪些方面，他跟朋友遇到过什么问题，他是怎么处理的，你的孩子投入最多的社交圈是什么样的，有没有因为忠于不同的朋友圈子而感到撕裂过？总体上，孩子对自己的社交生活感到满意吗？如果不满意，那是为什么？

需要表达的关键信息是你真心关切孩子的朋友们是谁、他们对他怎样。

你不加评判、不带建议的倾听能力，将会极大地帮助你开创一场坦诚的对话，讨论这个人类生活中最为复杂的一面：与他人相处。如果一开始的对话成功了，以后就可能还有更多；如果开局不顺利，那孩子可能还需要更多的时间来信任你，方能放心与你分享他个人生活的这一方面。

如果你很有理由担心孩子正在遭受忽略、骚扰、霸凌，或者在建立和保持友谊方面有困难，请向心理专业人员寻求帮助。长期与同龄人有冲突，或者缺乏亲近的朋友，都属于青少年精神障碍发生的重大风险因素。幸运的是，帮助年轻人战胜社交关系困难的疗法也有很多，比如个人或团体治疗、社交技能课程和同龄人支持小组，等等。

自控力

人类为了长期目标而延迟即时满足的能力，在不同的语境下被称为意志力、自我约束或者自控力。心理学家用无数种方法研究过自控力，其中最著名的可能是棉花糖实验。[2], [3] 实验人员给幼儿一个棉花糖和一个选择：幼儿可以马上吃掉棉花糖，但如果他们等到实验人员回来再吃，就能再得到一个棉花糖。对于幼儿来说，这就是对于自控力一个最基本的考验：吃掉还是等待——这是个问题。

一些幼儿为了多吃一块棉花糖能够等待长达 20 分钟，还有一些幼儿，实验人员刚离开，就马上吞掉了第一块棉花糖。这个差异是有意义的，因为延迟满足的能力被证实比智商分数和社会经济地位更能预测在学业和社交上的成功。

那么，这跟大学场景有何关联？答案可能因人而异，但大学环境下最常见的"棉花糖"通常是熬夜、和朋友一起厮混、打游戏、看电视、看各种网页信息、刷社交媒体、沉溺于各种享乐等——所有这些，都基本不受大人监管。

所以，明智的家长应该考虑，自己的孩子是否准备好去面对大学生活里这些无穷无尽的诱惑。如果孩子上大学之前没有自主的机会，就很难判断他们到了大学自由的环境里，是否会有良好的判断力和足够的自控力。希普利学校校长史蒂夫·皮尔奇说："大学对于很多学生来说都是一个巨大的挑战，因为它基本上就是完全没有责任约束的四年，但在这四年中，学生还是要学会负一点责任。"建立真正的独立性，是发展历程上的一大挑战，大多数年轻人刚刚来到大学校园时还并未能做到这一点，那些在父母严密监管下长大的学生更为如此。他们从父母那里接收到的潜台词是：我不能让你犯任何错误，代价太过高昂。

那么，有没有更好的途径能帮助年轻人学习自控呢？对此，皮尔奇谈道："在一个理想的状态下，我们对他们的看护，应该保持足够的距离，让他们去惹麻烦、犯错误，然后自己想办法解决。然而太多时候，我们并没有给他们足够的机会去自己做选择。我们必须通过给他们机会去做重要的决定，来教会他们如何独立，如何自控。"像参加大学暑期项目、随青少年旅行团出游、在夏令营打工等经历，都可以为大学独立生活做很好的排练。

趁孩子还没离家，尽量给他们自由空间，去管理自己的时间，去学习自我控制——一句话，去抵制现代生活中各种吸引人的棉花糖。这件工作，要做得尽量具体实际——不妨问问孩子，他们有哪些策略，来防止自己陷入过度使用社交媒体、发消息、上网、看电视、玩游戏、吃太多、睡太晚等容易养成却不容易改变的不健康习惯。如果他们似乎并没有给这些时间大漏斗安装止流阀，那你不妨提醒他们：必须学会自控并展示出足够的自控力，那是他们出去上大学的一个必要条件。如果你担心他们在各种浪费时间的事情、各种网络活动、各种不健康的习惯上面没能好好约束自己，那就有必要制定一个行动方案，来帮助孩子在问题最大的方面学习如何更好地控制自己。

比方说，孩子不能控制自己使用电脑的时间，尤其是在深夜，导致耽误了宝贵的睡眠，第二天早上醒不来。相比勒令他去睡觉，或者威胁没收电脑，更有建设性的还是进行一番深谈，讨论有哪些方法可以改善孩子对信息技术的掌控力。最好从使用信息技术与最成问题的习惯谈起。注意确定这些习惯行为容易发生在什么时候，并要在合理与过度之间画一条界限。下一步是衡量行为——设定一个监测机制，客观记录下数据：白天、晚上在电脑上用了多少时间、是哪些时间、用来干了什么。有了这份数据，你和孩子才能精准定位"决策不合理"的情况，比如说打游戏到凌晨两点不睡觉。通过具体研究这些样本，孩子可以反观他自己的"行为脚本"（习惯），你也可以就如何修改这些脚本参与讨论。修改过的脚本，将会降低不合理决策的机会，或者改善这些决策的后果。最终是要让孩子学会如何自我设限，以达成想要的目标。的确，家长很难放开手，旁观孩子挣扎着试图掌控自己的人生，但自控力，孩子越早学会就越好。毕竟，一旦他离开你筑的巢，你就不能亲自在他身边教他这门重要的人生技巧了。

坚毅

大学生活充满了美好的经历和时光，但也免不了会有很多不顺心的时候。可能是与室友争吵，可能是学期论文、期中考试得了低分，可能是想家，可能是被心仪对象拒绝——总之，失望和心碎都在所难免。所有这些都是人生的一部分，每一桩每一件都是应对逆境的重要一课。不过，你的孩子能够成功走过这些艰难时光吗？家长有没有什么办法，可以帮助孩子为这些不可避免的挫折做好准备？

心理学教授安吉拉·达克沃斯认为，答案可能就在于"坚毅"一词——这是她在2016年出版的一本畅销书的主题，也是书的标题。达克沃斯将坚毅定义为克服挫折障碍实现长期目标的能力。[4]她的研究将坚毅与终身教育成就及职业成功联系起来。

自控力是面对诱惑，调节注意力、情绪、行为的能力；而坚毅是长时间（数月或数年）保持高度干劲的能力。坚毅还特别强调锲而不舍（"如果一开始没有成功，努力，再努力"）以及为实现目标不拘一格。这些特征让坚毅不仅仅只是一套技能，而是一种心态，让人可以在艰难困苦中继续前行。不难看出，坚毅是构成修复力的重要基石（修复力是一个人面对逆境保持个人与社交状态稳定的能力）。可以肯定的是，坚毅与自控力强相关，但很多自控力出色的人缺乏坚毅，也有很多自控力较差的人非常坚毅，所以说这是两个相关但不同的概念。

关于如何培养青少年的坚毅品质，已有很多研究成果。比如，新兴的积极心理学认为，我们可以通过鼓励一系列的品质来帮助孩子更坚毅，这些品质包括习得乐观（一种认为困难可以解决的态度）、成长心态（一种认为再难的处境也可以让人学习的观点）、内在动力（一种追求成功的自发驱动力），以及评估自身行为的意愿。这些理想品质，很多已被收入学校课程成为学习内容，如希普利学校的"社会、情感与道德发展（SEED）"课程，当然，它们也出现在了很多自助类图书之中。

坚毅的核心，是忍受苦难、经历挫败仍站起来的能力。因此，当一个人（如大学新生）面临着无法改变的境遇，忍受苦难的能力将会给他很大的帮助。学习忍受苦难并不容易，因为大多数人都不会故意让自己去受苦受难。但是我们每个人的生活中都充满了无数的契机，以危机或"逆境"的形式来教育我们，如何忍受身体上的、情感上的痛苦，如何应对突如其来的困境，以及如何背负着这些苦痛困厄继续前行。

咨询师常常使用一组词语的首字母缩写——IMPROVE，来概括一套行之有效的具体步骤，帮助人们从当下出发，改善自己的处境：

运用**视觉想象**（Imagery），构建一个安全空间。
在当下的处境中寻找**意义**（Meaning）。
祈祷（Prayer），**放松**（Relaxation）。
一次解决**一个**（One）问题。
在想象中创建一个**休假地**（Vacation）。
用积极、抚慰的自我对**话鼓励**（Encourage）自己。

想要评估孩子砥砺前行的能力，不妨先回顾一下你自己是怎样习得这一重要人生技能的。在你的青少年期，遇到过哪些挑战逼你变得更坚毅？处境艰难时，你是怎样忍受的？是哪些经历帮助你突破了你自以为的忍耐极限？

对于一些家长来说，这样的课程发生在球场上或荒野中；对于另一些家长来说，一次音乐、舞蹈、戏剧、绘画、摄影、诗歌等方面的表演，就提供了一个走出舒适区的关键契机；对于还有一部分家长来说，对于困难的耐受力来自坚持不懈，直到真正掌握一门学科或一项宝贵的职业技能。

当你回忆完自己曾经如何笑对困难，接下来想一想自己仍然没能战胜的一两个领域，比如说：你还打算背下那些爵士吉他和弦吗？还打算完成训练去跑马拉松吗？还打算把 Photoshop 软件熟练掌握吗？

在你捋过一遍自己累积坚毅品质的过程后，就可以跟孩子谈谈他对于这个问题的看法了。作为开场白，你可以说：人生中最难的事情之一，就是学习怎样在逆境中坚持了。"不放弃"也是你一路上学到的最重要课程之一。接下来的对话可以进行一系列开放式提问和适度的自我暴露，最终强调：坚毅和逆境耐受，将会帮助一个人实现终身学习目标，获取内在力量。面对逆境的方式没有对错，但在无数种人们学习应对的方法中，有一些方法比其他的更好。谈话到尾声时，如果你觉得自己已经做到既鼓励成长心态（相信生活中的障碍就是学习的机会），又客观承认逆境的艰难，那么你的谈话就是成功的。

风险管理

青春后期，人的大脑在奖赏机制的驱动下，容易做出冒险的决定和行为。实验证明，仅仅是因为有同龄人在场，就能促使青少年冒更大风险、投身寻求刺激的活动。这也能解释，年轻人的各种尝试，包括喝酒、服用上瘾物质、性、超速驾驶、极限运动等，为何已经成为美国文化图卷的一部分。

我们来看看对当前青少年物质使用率的调查结果：美国 37% 的十二年级生上个月曾喝过酒，19% 曾暴饮；36% 在过去的一年中抽过大麻，6% 每天使用大麻。其他调查显示，有越来越多的人认可大麻使用的安全性，且实际使用率与 1970 年代相比确实相应地增加了。（我们将在第 6 章详细讨论这一点。）

不要被这些数据吓到。我们自己大都经历过追求冒险的青春期，而大多数人都成功地活下来了。所以在与孩子讨论这个话题之前，还是先回想自己的经历：大人警告你远离那些所谓的"恶"——性、毒品、摇滚乐——你听信了多少？（回忆我们当年对父母瞒了多少事，总能带来启迪！）如果你是那种把父母警告当耳旁风的，不妨想想自己最终是怎么学会了管理风险；而如果你是那种选择远离时代诱惑的，那就想想，自己通过观察那些桀骜朋友的行为学到了多少教训。

关键是要记住，青春期的思维与成年期的思维差异巨大。想要理解青少年和初成年人如何看待他们面临的风险，请倾听他们，尽量不带评判，尽量多点接纳。要准备遏制自己得知真相时拍案而起的冲动。也要找机会问出这个简单却有力的问题，让你的孩子自己去思考："试探的边界在哪里？到什么程度会给健康造成严重的威胁？"

自我接纳

社会情绪成熟的另一个重要板块可以这样来表述："虽然有缺点和瑕疵，但还是喜欢自己。"——有些人称之为自尊，但我们倾向于叫它自我接纳。自尊（或自我价值感），指的是一个人对自己的主观评价或态度，其原因和内容都是多样的。而自我接纳是一个人对自己满意的程度。自我接纳意味着能够客观看待自身、平衡看待并承认自己的优缺点。从这个方面来看，自我接纳是精神健康的基石，缺乏自我接纳的人，罹患精神疾病的风险更大。

2014年2月，在发生几起高度曝光的自杀事件后，宾夕法尼亚大学校长和教务长委任了一个学生心理健康工作组。工作组的任务是：检视学生面临的、可能影响其心理健康的挑战，评估现有学生援助资源的效能，就改善学生生活质量与安全提出建议。

工作组用了一年时间，与宾州各主要选区选民以及全国各地的大学心理专家进行了研究、思考和深入讨论，对学校的政策和教育活动给出了许多建议,以促进学生身心健康、方便学生获取精神健康保健。工作组指出,尽管宾大学生对自己的大学体验以及学校的学术、社交生活满意度很高,但也存在某些不健康的态度、期望和社交准则,因此遭遇心理困境的风险很高。其中一个主要倾向就是"破坏性完美主义",认为"无论是学习,课外活动还是社交,要做就得做到完美"。这种不切实际的观点,让学生感到无法承受又无能为力、看不到希望,也提不起精神。

这种观点来自何方?又该怎样改变?埃里克·福尔达主任认为,这是三股力量——家庭价值观、经济压力和文化期待——合力造就的:

> 我们见过一些学生申请宾大的材料,成绩单里有八门大学先修课程,课外活动有十几项,推荐信写得好像这是下一个史蒂夫·乔布斯或比尔·盖茨。看着这样的申请材料,我们就忍不住想:"这还是个十几岁的孩子吗?怎么没人帮他(她)慢下来,留点精力专心享受生活?"
>
> 追求成就到这种极端程度的问题在于,这些学生会把自我价值等同于成就。再加上全球经济状况日益让人担心,进入名牌大学的竞争越来越激烈,大学教育的费用高居不下,于是你就看到越来越多的学生和家长开始相信:但凡有一点不完美,都不可能被宾大这样的学校录取。他们不知道,大学招生办公室要的并不是完美学生。我们看重的,是学生能够投身校园生活并为其增添姿彩;是学生各方面均衡发展,从而可以融入我们这个多样社区并从中受益。

要摆脱这种破坏性完美主义的恶性循环,方法是正面对质。第一步,揪出这种将美好品质和自我价值等同于表现和成绩的扭曲观念。家庭传统、文化价值、学校做法,都可能助长这种有害态度。其"逻辑"让人对自己的人性都失去宽容，从而排斥自己固有的缺陷、弱点和不足。

如果与你家大学生谈起这个话题，应在充分表达善意的基础上，质疑"无法容忍不完美"的合理性。谈谈这种思想的危害——它将严重妨碍人们找到真正的快乐与幸福。最后指出，笑对甚至拥抱自己的错误局限，这种能力可以中和完美主义埋藏在我们心中的恐惧与自我厌恶。

自我接纳之路是漫长而艰难的。其中没有捷径，没有现成答案。接近这个目标，将是一个永不停歇、持续终身的过程，需要不断加以关注，不断投入精力，不断进行练习。关于这个话题，临床心理学家塔拉·布拉克在她所著书籍《全然接纳》中这样说道：

> 恐惧这种情绪经常超时工作。就算眼下没有威胁，我们的身体可能还是处于紧绷和警惕之中，我们的思维收缩到只关注那些可能出错的地方。在这种情况下，恐惧便不再具有保障我们生存的功能了。我们被恐惧催眠，每一个当下的体验被无意识反应支配。我们把时间和精力都花在了捍卫生命而不是充分体验生命上。
>
> 明鉴我们内心的状态，并以开放、仁慈、关爱之心对待我们之所见，就是我所说的"全然接纳"。只要我们还压抑着任何一点感受，只要我们的心还不能敞开接受全部的真我与真情实感，就是在喂养恐惧感和割裂感，维系无价值感的催眠。全然接纳将直接瓦解这种催眠的根基。[5]

开放心态、勇于求助

有一个家长可以帮到孩子的方法，那就是明确告诉他们：勇于求助是成熟的标志之一。成长的转折点如此之多，如此之复杂，时常有压垮孩子的危险。想想看：学业困难、社交焦虑、恋爱中的患得患失，其中任何一个都大到可以制造一场精神健康危机。难怪这个年龄段的人会描述自己 30% 的时间感到抑郁，52% 的时间感到焦虑。

下面是一位大一新生的故事，展现了遇到挫折时勇于接受帮助会带来怎样的巨大改变。主人公的名字叫普丽塔，是一个有抱负的理科生，却觉得有机化学课是让她梦想破灭的地方。不出意外，有机化学期中考试给她带来了很多大学生都经历过、却有可能难以承受的一刻：第一次挂科。

不难理解，成绩不及格开始让她质疑自己有没有资格待在这个班乃至这所治学严格的大学。其实在期中惨败发生前很久，新学期伊始，普丽塔就已遭遇开局不顺。她对父母说，自己精力很差，自我感觉不好，难以集中注意力。在父母的建议下，普丽塔开始咨询，但期中考试来临时，她依然挣扎在抑郁中。

接着不及格的打击就来了，随之而来的还有，吞下橱柜里所有药片的念头。非常幸运的是就在那一刻，普丽塔的手机屏幕亮起来，显示一位朋友的消息："一起出去玩吧。"朋友当时肯定不知道，自己给普丽塔抛去了一个救生圈。去见朋友的路上，普丽塔把药片都扔进了宿舍走廊的垃圾箱。有朋友相伴并听她倾诉期中灾难，她的心情好了起来。

后来，在精神科医生的帮助下，普丽塔决定不退这门课，而是下决心坚持下去。她找到教授，提出了这个令人气馁的预测：

> 就算我期末考 100 分，恐怕也很难通过您的课程。一直以来我受着抑郁症的困扰，注意力很难集中。我可以把医生开的诊断书拿来证明我说的是实话。但我来找您是因为我想修完这门课，拿到学分。

教授回复说："只要能看见你在进步，我就尽量帮你。"于是普丽塔重整旗鼓，将那次失败作为动力，为了战胜它而学得更努力。期末考试她得到了"B"，成功通过有机化学课。

普丽塔的求助意愿很具有启发性。这种开放思维是一项极其重要的非认知技能，也是一种成熟的表现，是克服人生路上躲不掉的障碍所必需的能力。太多时候，年轻人把需要帮助看作失败的标志，甚至更不堪，视为"废物"的标志。成绩好的学生尤其如此，因为他们可能早已习惯付出一点点努力就能成功。如果他们突然遭遇普丽塔的困境，可能会羞愧到不愿承认自己有麻烦。

相反，他们会看轻获取成功的难度。他们对自己说："下次考试我就能把这次的烂成绩填平。"这是空中楼阁里生出的痴心妄想，因为他们既没有分析考得差的原因，又没有找到任何资源来战胜困难。这种不切实际的想法的代价是，它让人失去看待现实的客观态度，也消除了成绩差带来的焦虑；然而正是这份焦虑，本可以成为应对失望的宝贵资产，因为它推动着我们去学习如何解决问题。

所以家长们一定要多多建议自己的孩子及时求助。实际上，如果孩子出门上大学的时候对这方面还一无所知，家长应该被视为不负责任。求助不仅有助于学业成功，而且在年轻人面临抑郁、自杀意念和其他严重问题时，可以起到挽救生命的作用。

即使有过精心准备，但在大学学习要求、自主要求提高的情况下，很多大学生遇到融入、适应困难时还是会措手不及。还有一些大学生，在经济负担和"害怕做不到"的压力下失去了斗志。我们将会看到，成功的独立之旅，是既让发射妥妥当当，也让着陆稳稳当当。

3

欢迎来到大学：克服心态障碍，走向成功

踏进大学校门的新生们都是经过千辛万苦才来到这里的，大概没有谁会愿意听到这么一句："好，现在难关开始了"。在人们看来，大学好比是人生的乙级赛。就像演员们在彩排中完善台词一样，传统住宿制大学里的学生也在演练着成年人的角色，离家生活、结交新友、练习自律、独立应对，直至逐渐掌控更难的挑战。

不过，一些思维格局上的大障碍，正在阻碍许多大学生顺利拿到学位。若能对这些拦路虎多一些了解，则学生和家长都将受益。尽管当今的大学辍学率很高（约50%），[1]但预防学生辍学总比辍学后再把他们拉回来要容易得多。本章向您介绍导致大学学业不能顺利完成的三个主要心态障碍：

- 社交融入失败。
- 害怕无法"做到"。
- 加剧心理健康风险的消极心态。

可想而知，一部分年轻人会遭受孤独与格格不入的痛苦；还有一部分学生可能会因为一些事情的打击，加上竞争压力、缺乏失败经验以及支持不足，于是早早就一蹶不振；又或者，尽管大一顺利度过，到了大二却急转直下。家长们则可能发现孩子频频打来让他们揪心的电话，诉说各种问题，包括不合群："我找不到适合我的社团……我在姐妹会招新中落选了……我讨厌这里！"又或许你已经面临以下场景之一：

"我完蛋了……我永远也做不到……我完全是在浪费你的钱。"

"我把自己给坑了，要当一辈子债奴了。"

"我挂了一门专业课，是不是该在被勒令退学之前自己滚蛋？"

"我根本就不知道我来这儿干嘛的，待在这儿还有什么意义？"

当麻烦找上门来的时候，人们可能会感到无力招架、孤立无援、深陷悲观。人心有这样一种烦人的倾向——喜欢在内里筑墙。为了预防辍学，我们要思考学生该如何打破这些通往顺利毕业的屏障。内心的障碍，比起任何一个其他问题或者体验，都更容易造成一个脆弱而未经评估的信念系统，这个信念系统又会导致学生意志消沉、情感痛苦、无心学习。尽管多数大学生都会有痛苦不堪的时候，但结局如何，取决于他们如何处理。这些痛苦时分，到底只是路上的小小颠簸，还是会让学生提前终结旅程、打道回府？

聪明保险的做法是在大学招生之前就了解清楚这些问题，以便在筛选大学时，将学校在预防辍学方面所做的努力纳入考量。当一个颇有才华却有些脆弱的孩子，上了大学之后出现游离课堂、日渐抑郁、请假缺课、被劝退、主动辍学等问题，那时家长应该要对这些情况了如指掌的。

下面让我们来探讨这三种心态障碍，以及靠谱的干预措施。无论是学生、家长，还是大学，都在采用这些措施来跨越障碍。

障碍一：融入——你得交朋友

人们通常认为，为顺利完成大学学业，关键在于个人的学习能力、意志力的调动，以及坚持不懈的品质。为保持在校率，大学管理者推出了各种各样的计划和做法，旨在帮助学生调适，比如（这里借用某本亮闪闪的学校宣传册上的话）："迎新活动、过渡课程及新生讨论课、学习社群、深度咨询、一对一辅导、补课、同学互助、学习小组，以及暑期桥梁课程、学习技巧工作坊、导师和学生支持小组、师生合作研究、高级顶点项目。"[2]（呼！）

强调这些不无道理，但是它们表达的主要是父母、老师、大学管理者的观点。相比之下，从学生的角度来看，传统住宿制大学生活吸引他们的事情之一就是友谊。一位毕业生回顾了自己的大学历程之后，总结出给新生的建议："人人都兴高采烈地告诉你，你的大学生活将会有多么美好；不过，如果你想家，或者因为头一个月社交圈子主要限于寝室而忧心，那都是很正常的。融入是需要时间的。"

社会学教授丹尼尔·尚布利斯在其著作《大学如何运作》一书中肯定了这位毕业生的智慧："首先他们得进入大学的社交世界，主要是通过交朋友。这一点没做好，其他事情也没多大意义了。"他还着重强调："社交融入是顺利毕业的强力及显著预测因子。"[3]

他最近完成了为期 11 年的关于学生如何看待大学生活的研究，得出的重要结论是："理想的人际关系是学习的先决条件。有了朋友，学生才能真正对大学生活'买账'，才会投入时间和精力去学习。如果交不到朋友，或者不能至少找到合适的替代方式的话，学生脱离学校的可能性很大，即使不正式辍学，至少也是在情感上退出。"[4], [5] 社交关系的影响力之大，甚至能导致学生与室友的成绩波动同步。[6] 因此，大学生的非正式目标，实在应该是尽早尽快交到朋友。

近距离 + 共同经历 = 友谊

对于大多数学生而言，比较容易建立感情的场合往往是在某个兴趣团体中，或者是在朝夕相处的宿舍生活中。但是，并不是随便哪种宿舍都是适合交朋友的。家长和学生常常对那种新式的、设施齐全的高价位大学宿舍套间感到眼前一亮，可是，当你把头探进公共空间，却看不到一个人在那里。宿舍走廊也一样空空荡荡。每个人都关在自己的套间里，按照防火法规关闭着房门，守着自己的某块屏幕：电脑、PlayStation、iPad、智能手机。尚布利斯写道："新生们没意识到，他们最不喜欢的那种宿舍（长长的公共走廊、公用卫生间、多人合住）实际上可能对他们在校园寻找朋友最有帮助。"[7]

共同的经历乃至患难，对于建立友谊也至关重要。一名学生回忆他大一时一次难忘的友谊体验，说起来还要归功于2012年10月飓风桑迪的登陆。因为飓风，沙米尔所在的位于曼哈顿下城的大学要关闭一周。桑迪肆虐东北部的12小时之内，学校通知家长课程取消，建议有条件的学生离开校园。宿舍靠备用发电机维持，只能提供走廊地板照明；没有热食、暖气和热水，网络连接也难以保证。沙米尔的父母从145公里外的家里打来电话，问他有没有办法逃出灾区。地铁、公交停运的情况下，到火车站得步行半小时。他们催促他回家。

"我还好，"沙米尔有点心虚地对他们说，"这话听起来没心没肺，但是我真的挺好。"他和一小帮新交的朋友把每一天都变成了一场冒险：向北走30个街区找寻热食，在断电的整整一周为这座黑暗城市拍日落照，并通过Wi-Fi或智能手机随时聚会。长久的友谊在那个秋天缔结——而4年后，沙米尔和所有的小伙伴们齐齐毕业。

故障排除：无归属感

社交生活不成功，大学生活就不成功。当学生在感情上变得孤独疏离，他们追求学业目标的动力也会减弱。人们普遍认为，孤独是困扰老一辈美国人的一个问题，然而青少年和初成年者才是孤独和抑郁最大的风险人群，他们的自杀风险也比前几代人更高。因此，为了帮助学生成功，首先应该认清是什么阻碍了这么重要的社交归属感。

我们通常认为，所谓弱势青少年，就是那些在身体、情感方面或是在网络上遭受歧视或欺负的孩子。近年来，高中和大学发现，除了少数群体身份或者行为、社交、情绪等方面的异常可能导致学生受霸凌、孤立、排斥之外，还存在着一种风险，称为"交叉性（intersectionality）"——这是法学教授金芭莉·威廉姆斯·克伦肖自创的一个词，[8] 是一个着眼于探讨各种偏见形式交叠的概念。在高等教育中，这体现为社会身份（种族、宗教信仰、性取向、残疾、阶层等）如何影响教育和心理健康体验，尤其是对于少数群体和长期遭受不公正待遇的群体。

属于这些群体的学生可能亲身经历过偏见、种族主义、性别歧视和相关暴力，从而更易罹患焦虑或者抑郁。只要对大学生的精神健康风险稍作了解，就会发现亚裔学生具有较高的自杀意念（尽管并非自杀行为）；非裔男生使用咨询服务的比例较低，同时自杀率在攀升；拉丁裔大学生抑郁症发病率最高；穆斯林和留学生、退役军人、LGBTQ 学生的焦虑和抑郁风险也偏高。[9] 疾病控制和预防中心的调查发现，LGBTQ 青年罹患抑郁、物质滥用和性传播疾病（含艾滋病）的风险较高。将近 1/3 的 LGBTQ 青年在上一年至少尝试过一次自杀，而异性恋青年中这个比例只有 6%。[10] 自然，这些带有各种"身份"的群体还会跟其他的社会和精神健康风险因素相交叠，如，家族里的第一代大学生，即将升大学的"追梦人"（无合法移民身份的学生），来自低社会经济阶层、为家庭在经济上的牺牲感到高度责任和压力的学生等。

安全空间

高校日益了解到这些学生可能面临的风险——他们可能遭受偏见、孤立、创伤，或者感觉自己是父母的负担，抑或跟父母之间发生冲突——因此创建了一些"安全空间"给处于风险中的学生。这些安全空间包括由学生主导和组织的各种社团，例如，少数群体社团、同直同盟以及面向所有人的性与性别主题社团。通过一些全国性的大学附属组织，如全国精神疾病联盟的校园项目、杰德基金会和积极心灵组织等，可以获得来自同龄人的心理健康支持。在第11章中对这些社团有详细介绍。另外，咨询师以及受过训练的教职工，也会邀请学生来分享自己的故事，或者哪怕只是来感受他人的支持。

得克萨斯大学（UT）心理学教授大卫·耶格尔展示了一种由学生主导的有效干预措施。耶格尔指导学生小组读写一条基本理念："人是可以改变的。"这种长远眼光向可能遭受过排斥或欺凌的年轻人传递了一个重要的信息："你不会永远都被针对；你是可以改变的；别人也是可以改变的。"[11] 在一个没有说教的空间，一个可以安全分享个人经历的空间，耶格尔的小组成员向彼此学到了更好的应对技巧。

建立安全空间从家庭开始

值得注意的是，对抗孤立、歧视或者单个心理问题的万用保护层，是温暖且相互理解的亲子关系。家长可以像我们通常建议的那样，对这些青少年采取相同的支持和开放态度，但他们可能需要更加意识到自身的偏见或者社会的污名。在下一章中，我们将讨论父母如何通过更温暖、更少冲突的家庭关系，努力提升养育效能，让自己的家成为孩子的安全空间。

在挑选大学阶段，还有一个防患于未然的法宝，那就是相信孩子对校园文化的印象。孩子感觉自己是否有能力融入，是选择时一个重要的依据。一些对于大人来说似乎不值一提的事情，实际上可能精准预测了孩子今后的社交归属感，比如："这些女生化妆好浓，学生会里没多少人啊，那些学生的穿戴打扮跟我不是一路，等等。"

入学之后，院系文化则会成为促进感情建立的一个关键因素。住宿及学习"顾问"称职吗？有共享的课堂吗？有共同的课外活动吗？校园活动能打造团队精神吗？若这些方面有欠缺，就可能会造成问题。

你可能还需要调校自己的父母"雷达"，来探测阻碍孩子建立社交归属感的"离群"因素：孩子的社交网络是否仅限于单一团体？在家乡有恋爱对象吗？转学时会遇到转学生特有的社交困难吗？存在精神疾患的潜在苗头吗？[12]

下面来看看卡姆的故事——他进了自己的第一志愿大学，却一直没能在那里真正找到归属感：

> 第一次拜访我的"梦校"时，那里的氛围给我兜头浇了一盆凉水。我是一个热爱都市生活的人，可那所大学几乎与世隔绝。没有一个真正的校园，只有几栋建筑分散坐落于15个街区半径的范围内。我其实应该相信自己的直觉的，可我实在是太开心能被录取了，而且我的父母也为我能被这样一所名校录取感到非常自豪，于是我把自己的第一印象摁了下去。
>
> 暑期的新生周末过得相当愉快，让我放下心来。可是秋季入学的时候，运气实在不好，我在自己的宿舍套间里没能交到一个朋友。寝室都很大，大到能让你以为自己独居在一栋公寓楼里一样。在电梯间里甚至没人开口打招呼，感觉就像是一个无限循环的电影镜头，每个人都面朝前方站着，沉默不语。
>
> 第一学年我总算交到了一两个好友，可是随着时间的推移，一年还没到头，那种孤独感已经让我无法忍受，于是我转学了。

然而转学也没能解决我所有的社交问题。由于没有多余的宿舍给转学生，我被安排住在了校外，而室友对我来说简直就是火之考验。对于在这个全国住房市场最紧俏的城市如何安顿好学生的住宿，学校住房管理处并没有什么作为。学期伊始，我便尝试加入一个兄弟会①来交友，然而这个兄弟会不久便被关停，于是这个选项也告吹了。我又试着加入几个社团，最后有着落的只有一个。我交到朋友就是从这个社团开始——不过那个过程就很漫长了。

不管怎样，我最终还是以优异的成绩按时毕业了。只是大学生涯并没有像宣传的那样多彩，我也完全不觉得那是我人生中最好的时光。

给转学生的建议

✘ 转学生往往错过了新生宿舍里建立关系的初始期，因此他们需要付出更多的努力才能交到新朋友。以下五条建议能帮助转学生更顺利地过渡：

- 尽量找到专门的转学生校内宿舍。校外住宿通常都会给融入集体造成障碍。
- 除了常规的校园社团，不妨再加入一个"转学生社团"。如果没有这样的社团存在，那就在指定给你充当领路人或转学生社交支持者的高年级生的帮助下，发起一个这样的社团吧。

---

① 兄弟会、姐妹会是北美大学普遍存在的学生社团组织，以社交为主要目的。通常以希腊字母命名，故又称希腊社团、希腊字母圈子等。

- 参加转学生迎新活动，结识其他转学生，熟悉校园和社区资源。
- 要求为你配备一个专门的转学生学习辅导员。这一点对于那些需要达到一定的学习或者居住要求才能出国留学的学生来说尤其有用。
- 加入或者创建一个转学生Facebook小组并参与其团建活动。

障碍二：害怕做不到

国家学生信息交换所执行研究主任道格·夏皮罗称，经济大萧条给大学毕业率带来了沉重的打击。[13] 近来大学成本飞涨受到媒体的大量关注，于是许多人自然把高辍学率归咎于经济问题。诚然，学费、生活费的上涨，奖学金的丧失都可能会迫使学生退学，但让人做出辍学决定的罪魁祸首并不是经济上的，而是一种被学业挫折催生的心态信念："我不是那块料、我做不到。"当一名大学新生常见的过渡期焦虑遇上不如人意的成绩，其结果可能便是流失率增加。这种"害怕失败"的心态对各种社会经济阶层学生的自我效能感都可以产生攻击，但是对于出身富裕和处境不利的学生而言，其影响是截然不同的。

"害怕做不到"与出身优越

因为"出身优越"这个词或许会暗含娇生惯养、德不配财等意思，制造出一种出生即中奖的原罪感，所以我们在此先对它下个定义。就教育成就而言，出生背景优越意味着有资源丰富的家庭环境和教育环境做后盾。具体表现可以是：房子里满是纸质书、电子书，家长老师对你充满信心，是家里的第二代大学生（而非第一代），经济条件稳固，不因少数身份或污名化的阶层地位而被排斥为异类，等等。

出身优越并不代表你不曾努力过奋斗过，也绝不代表你就不会有压力。但是，优越的出身及其天然内置的资源，的确会给在大学里体验"成功"带来许多无形的好处。

环境和条件对来自较高社会经济阶层（SES）学生的毕业率有利，他们中的90%可以在六年之内完成大学学业。[14]尽管这些学生有着巨大的成功压力，有时大到让他们无力，但他们在上大学之前就已养成了视学业挫折为暂时现象的观念。所有大学新生中，总有一半人很快会发现自己处在落后的那50%的方阵；但资源充足的那些人，自带一种具有弹性的心态，那是自小被父母、同样雄心勃勃的同龄人以及中学环境熏陶出来的。就算在大学里考砸了一门功课，他们也倾向于认为自己是有能力把成绩赶上来的。简而言之，他们相信自己属于这里并终将成功（姑且不论这信念是否符合实际）。那么，他们的心态中有没有其他负面因素呢？

在他们眼中，不成功便等于被打上平庸的标记，未来毫无希望。一门课得了个 B+，就能让他们抓狂到求助校园咨询中心，却没想过班上 2/3 的同学都只能得到 B− 或更低的成绩。他们的问题就在于哈佛和斯坦福大学的教授所说的"失败剥夺"，也就是说，在大学之前，他们缺乏自然的学习机会去体验各种挫折失败，并从中汲取教训而不至于崩溃。[15]为了纠正这种心态，他们需要学习失败，更好地应对学业挫折，不至于使其攻击到基本的自我价值。如果一失败就觉得自己的光明未来即将毁于一旦，他们又怎能学到这一点呢？

免疫接种失败

随着各高校对其辍学率的透明度变得越来越高，也涌现出了很多创新方法来应对这个既属于个人也属于社会的问题。其中一个引人瞩目的项目叫作"失败免疫"。该项目着眼于解决自尊受创的问题，因为这会导致自我挫败感、孤独离群，甚至中途弃学。在抑郁、焦虑，甚至自杀等校园心理健康问题的数量节节攀升的情况下，一些顶级大学携手构建了一个联合体以分享资源。[16] 一些你必须拥有近乎完美的档案才能被录取的精英大学，也在迎新期和考试季引入了"学会失败"的教学环节。还有一些学校，在住宿管理部门设置了一个非正式的"首席失败官"，专门帮助学生学习接受那些不可避免的挫败。[17] 非藤校中，亦有如得州大学奥斯汀分校，开发了一个免费的 iPhone 应用叫作 THRIVE，用来帮助学生更好地承受各种跌宕起伏。[18]

那么父母可以做什么？

在上大学之前，父母、升学顾问、学生都可以询问大学是否提供失败免疫。在家里，父母可以现身说法，讲讲自己如何克服困难的经历，讲讲自己人生中的迂回曲折。讲的时候，要传递自我接纳的信息，而不要彰显所谓"屡败屡战、终于翻盘"的奋斗史。自我接纳听起来是这样的："我曾经——而你也将会——在关系中犯错、搞砸，说让自己后悔的狠话，做不靠谱的判断，考很差的分数，但这些都丝毫不影响你我做人的价值。"不管孩子多大，只要愿意向你倾诉他们的失落挣扎，就请你带着同情心、不加评判地去聆听，并肯定孩子敞开心扉的勇气。下面我们摘取安东尼·罗斯坦博士的人生故事片段，希望能给你一些借鉴和鼓舞。

罗斯坦博士 16 岁就上了耶鲁大学，然而他发现自己不但学习跟不上，而且跟这所全男校的美式贵族文化也格格不入。他考虑过转学，不过没多久男女合校教育就开始推行，再加上其他一些重要的政治事件在校园次第上演，因此他决定留下来继续读大二。总算，他有了三五知己，开始认真谈一场恋爱，还投身于多种课外活动（表演、广播播音、政治活动），不过花在学习上的工夫就几乎没有了。到了大二下学期，面临多科不及格的他，决定暂时休学。在院领导的帮助和支持下，他在波士顿一家日托中心找到工作，开始休学。事实证明，这成了他人生的一个重要转折点，因为在这次工作经历的鼓舞下，他决定投身儿童工作，并带着新寻获的使命感继续攻读大学学位。回首往事，罗斯坦博士说："被迫离开耶鲁又带着自己的使命回归的经历，真的塑造了我。我当时有种感觉，有件事我必须去做，但在大学里做不了。这件事就是成长。"

"害怕做不到"与弱势背景

相比之下，属于弱势群体的学生（无论是以种族、阶层、经济困境、家族第一代大学生、学习困难还是情绪问题来定义），更有可能无声地忍受痛苦、不求助，乃至辍学。[19] 这些学生更容易将低分和落后看成天大的事情，并自我攻击，信心崩溃："我做不到……我不够聪明，不是上大学的料。"而他们的父母，可能受教育程度有限，也就没那个资历去说服他们情况并不是这样。出身于中低收入家庭的大学新生中，只有约 1/4 能在 24 岁或以前拿到学士学位。[20] 那些所谓的内在能力，比如够不够聪明，够不够勤奋，对于能不能大学毕业的影响，实在算不上有多重要。

所有大学生都处在上升的轨道上，但只有弱势学生会受到约翰·亨利主义的困扰。约翰·亨利主义是一种高付出型应对方法，可能会导致透支和失败。[21] 我们的文化所热捧的"坚毅"，往往将克服逆境视为其表现之一。然而对于那些努力奋斗在一个剥夺他们平等机会的体制里的学生而言，逆势成功的代价是高昂的。[22] 他们面临的具体风险包括：适应困难、学业差距、缺乏经济资源、家庭对探校及助学金申请缺乏意识，等等。[23] 害怕做不到、害怕失败的心态，对于低收入和弱势学生的影响是另一种方式。他们的感受不是："得了个'B'，我的未来堪忧了"，而是另一个残酷的现实："我实在承受不起失败的代价，因为如果我丢了奖学金，或者必须上补习课，我们家是拿不出这些钱的，那我所有的梦想就落空了。"

这些逆境奋斗者的神经免疫系统负担过重，使得他们罹患各种疾病的概率高于平均值，轻如应激激素皮质醇水平升高，重至青少年糖尿病。[24] 为了防止这类本科生辍学，干预措施通常着眼于改变心态，将"不配""做不到"的无端羞耻感导致的过分焦虑[25]，转化为一种更为自信的心态。

有哪些措施可以改善这种情况？

许多大学最近已经行动起来，以减缓"害怕做不到"心态导致的辍学趋势。随着大学能够更准确地定位非主流学生的独特风险因素，它们开始提供各种支持，来提升学生的学业成功率和毕业率。例如，得州大学的耶格尔教授，已成为帮助弱势大学生坚持完成学业运动的领军人物。他设计了一种失败心态"免疫接种法"，来帮助学生消除对自身归属感和成功能力的怀疑。[26] 耶格尔请来具有弱势背景的高年级生现身说法。这些高年级生通过向低年级同学讲述自己先前相似的挣扎，催化了一系列有赋能效果的信念转变："我可以进步，我属于这里，我能做到。"效果如何呢？低年级生感到自己的信念变得更为有力，进而自信心也得以提升。这种由内而外的方法——从改变心态，到改变整个人——正好是认知行为疗法（CBT）的基石。耶格尔还开发了一种基于计算机的同龄人小组形式，使用个人作文的方式，来对抗自我挫败的想法。这些举措的成果是：得州大学的新生流失率断崖式下跌。

高校在迎新活动中越来越多地使用简短但有效的学生对学生的多元

化教育。咨询人员和工作人员正在接受培训，以了解这一人群的独特压力并提供支持。这些压力包括"冒牌综合征"（觉得"我不是上大学的料"）、文化孤立感或者抛弃家庭和传统的不忠感，以及如影随形的、很多人靠着整学年兼职甚至全职打工来缓解的经济压力。[27]

经济压力

经济负担和潜伏在不远未来的学贷偿还，让学生追求成功的压力更加沉重。[28] 家族第一代大学生和来自低收入家庭的学生尤其容易担心父母做出的牺牲是否"值得"。一个低分就可以引发对整个大学教育价值的质疑，并增加辍学的风险。而受这种动态模式负面影响最大的，无疑是那些中途辍学、没得到文凭却背上一身债的学生。

无论处于社会经济地位的哪一级，父母和孩子都不免受到经济牺牲意识的影响。最富裕那头的画面是这样的：在一所昂贵的 K-12 私校，一个高二学生对家长们说："上藤校让我们压力山大。""哦，别这样，"家长们安抚道，"别为这个事弄得太紧张。"然而孩子并不买账："不紧张的话，你们花这么多钱把我们送到这样的私校是为了什么？"家长们哑口无言。

在财富榜中层，X 世代（36~51 岁①）的中产阶级父母在经济上腹背受敌。在经过 2007~2008 年的房地产泡沫和信贷危机猝不及防的冲击之后，许多人很可能不再有足够的积蓄供孩子上大学，只能从月收入里挤。这样的结果是，他们将不得不推迟退休 5~7 年。[29] 这样的牺牲，让他们的孩子既觉得感激，又备感压力。

压力最大的，还是那些家庭经济收入处于最底层 1/5 的学生。城市

---

① 指 2016 年时。

学区里,已被四年制大学录取并计划就读的低收入高中毕业生中,有20%~30%最后根本没有去大学报到。[30] 大学将这种现象称为"夏季蒸发"。而那些总算进了大学的呢?来自低收入家庭的大一新生中有超过1/4不会回来上大二。[31] 这些学生对可能获得的经济资助知之甚少,对于需要伸手向父母要这么多钱感到越来越焦虑,因此往往深陷于为钱烦恼的泥潭之中。

科学领导力学院(SLA)是费城的一所磁力高中①,其创校校长克里斯·雷曼指出了经济压力与心理压力源及大学辍学之间的联系:[32]

> 经济压力让学生失败不起,进而又制造了更多的压力。现在的大学跟过去相比更加利字当头,学生们一想到父母为了他们上大学不知要花掉多少钱(或者背上多少债),就备感压力。假如你是个觉得自己没啥真本事的孩子,而你家为了你一年花掉三万美元,你还要借上两万的学贷,你会觉得自己就是个废物。不能失败,就是你头顶上压着的一座大山。

雷曼校长描述了他们帮助每一位高三学生择校的一套顾问机制——通过采用债务方程式来判断某所大学是否在家庭经济条件的承受范围内:

> 在科学领导力学院(SLA),46%的学生属于严重贫困;98%的学生都能上大学,其中70%能在六年之内大学毕业。(这个数字远超全国平均值,尤其是在我们学校的贫困率如此之高的情况下。)

---

① 磁力学校是美国教育系统中一种比较有竞争力的特色公立学校。

现在我们告诉孩子们，他们既要选一个学习上的保底校，也要选一个经济上的保底校。困难之处在于，你并不想屈才就读经济保底校；一些大牌学校价码是高，但他们给的资助也是最多的。

雷曼回忆说："几年前有这么一个例子：某所大学是一个学生的第一志愿。然而尽管她的单亲妈妈收入远在贫困线以下，该大学依然要求他们缴纳超出妈妈全部收入的费用。"

孩子一直心仪这所学校，为此非常伤心。好在她是一个非常出色的学生，她同时还收到了另一所大学带有丰厚助学金的录取通知书。我们最终说服了她上这所第二志愿学校，不过在此之前我们做足了工作：拿着贷款计算器跟她一起坐下来，告诉她："如果你去上没有任何助学金的第一志愿学校，到毕业时就会债台高筑，你的生活水平就只能是住便宜单间、吃方便面了。"这种贴心的现实检视，预见并避免了学生因学贷压力而导致毅力减退乃至辍学的可能。

一个反直觉的事实是，就读一个要求严格的学校或许反而会增加你毕业的概率。很多低收入学生容易选择"低配"，就是说他们会忽略申请可能录取他们的学校中最挑剔的那一所，甚至，就算被录取，他们也选择不去上。[33] 他们排除这些学校的理由是学费更高，却没有意识到其实它们也提供丰厚的助学金。或许他们还天真但错误地认为，他们不适合这种竞争激烈的学校，在那儿不会有什么出息。在上大学前，学生和家长可以从中小学教职工处获得帮助，也可以从全国性的合作机构处获得帮助，如"大学择校顾问机构 (advisingcorps. org)"和"为每个学生找到大学 (CFES; collegefes.org)"。

无论学生"害怕做不到"的心态障碍的根源是什么，各高校正在纷纷行动，拿出了许多成功的干预方法（失败免疫、THRIVE、一对一劝导、现身说法……）来帮助学生战胜"做不到"的疑虑。结合学业辅导和（或）咨询，这些救生绳有望带给学生遭遇挫折不放弃的韧性。[34]

免疫心态

✘ 如何鼓励一个失去底气的学生？试试以下强心针：

- 在学习上的一次挫败，不代表你不配来这里、不能成功。
- 不要因为一次落后就否定自己整个人——大多数学生都会有落后的时候。
- 高年级学生是低年级学生的好老师。
- 这样的感受不会永远存在。
- 你可以寻求帮助、取得进步。

障碍三：情绪问题

当被问及辍学前是否经历过某个"关键事件"，如考了低分、金钱问题、找到工作等，辍学大学生最常见的回答是抑郁。[35]这真的很可惜，因为抑郁是可以治疗的。而其他阻碍大学生融入的心理问题，如社交焦虑、自闭谱系、社交或沟通障碍等，也都可以通过咨询和（或）药物的疗程来缓解。

一个带来希望的信号是，从前默默承受困境、不为外人所知的大学生们，2015年在全国范围内发起抗议，要求大学增加心理健康咨询师和帮助少数群体学生的工作人员。第二项要求起源于一个触目惊心的数据：虽然少数群体学生只占全部大学生的40%，但他们的抑郁症发病率高于白人学生，且更少寻求帮助。[36]这些数据凸显出了一个挑战，那就是如何照顾好这个既高危又受忽略的群体。[37]

我没事，我不需要帮助

普及校园心理健康服务已经成为一项全国性的重点工作。然而，绝大多数深受困扰的大学生仍然踌躇着不肯迈出求助的那一步。最近一项研究发现，在患有任何一种精神心理障碍的学生中，在过去12个月中接受过心理健康服务的，少于1/4；在确诊患有抑郁症或焦虑症的学生中，这个比例不到一半。更令人揪心的是，在过去12个月中曾经认真考虑过自杀尝试的学生中，在此期间得到过任何治疗的也不足一半。根据各咨询中心负责人的报告，已知死于自杀的大学生中，81%从来没有见过任何校园心理健康工作者。[38]

一个针对严重抑郁大学生的网络治疗干预项目也有相似的发现。[39] 165个参与者给出的不求助的理由包括以下一项或多项：

"我的问题还没那么严重，不一定会得到帮助。"（66%）
"我没那么多时间。"（27%）
"我宁愿自己处理问题。"（18%）
"我宁愿向家人或朋友求助。"（16%）
"存在实际困难阻碍我获取治疗。"（16%）

在很多案例中，学生们仅仅是缺乏足够的信息和知识来辨识求助的需求。幸运的是，如今大学正在教育学生如何辨识自身和同学身上的心理疾患信号，尤其是情绪状态、焦虑、物质滥用等。大学也在宣传推广校园和社区可用的心理健康服务资源，并敦促有困扰的学生使用这些资源。

一个大有潜力的干预方向，是致力于减少精神疾患的耻感。与心理精神健康问题相关的耻感滋长于社会刻板印象与偏见，它能带来双重威胁:一重为虽不公开却真实存在的社会污名;另一重则是更为隐蔽也更为内化的自我污名,即个人的负面自我评价。[40]

"健康心理研究(Healthy Minds Study)"——一项针对 5500 多名大学生的综合性纵向研究显示,无论是社会污名还是自我污名,都会阻碍大学生寻求治疗。[41], [42] 个人污名还会降低对精神药物、心理治疗以及非临床支持资源的利用。个人污名让某些人群格外容易抗拒求助,尤其是具有以下特征之一的低年级(大一、大二)大学生:男性、亚裔、留学生、笃信宗教、来自贫困家庭。青少年对求助的这种更为不假思索的抗拒,如果家长和本人能对此加以重视,是会有好处的。好消息是,个人污名会随着年龄的增加而消减,也会随着认知加深、自我接纳以及对求助持开放心态而改善。

对正常情绪和不正常(但可治疗)情绪的混淆,可能会跟个人污名效应一起,阻碍受困的个人寻求帮助。家长也可能会对孩子的情绪产生积极偏见,从而看轻眼前发生的问题。泰勒就是这样一个例子。她是我们咨询过的一个大学新生,社交上放不开,但在高中人缘很好,总是跟三五好友同进同出。

泰勒和妈妈都以为她早已战胜了所谓的"腼腆"。无论如何,离家去 5 小时车程以外的地方上大学,让泰勒感到很期待。然而当泰勒在大学里受挫时,她的妈妈反省了自己对于孩子心理健康的积极偏见,也就是说,对于泰勒已经出现了明确症状的心理问题,她倾向于轻描淡写甚至视而不见:[43]

> 我以为自己在泰勒的第一次大学择校上做得很出色,把很多指标跟她的学术兴趣、社团、活动都匹配得很到位。我想象中的"大学",是漂亮的、长满常青藤的建筑物围绕着中央广场,宿舍里充满爆米花的香味。我根本没考虑过社区大学,更别说家附近的走读学校了。

泰勒第一次选择的是一所规模非常大的学校。对此我有点忐忑，因为我知道她很腼腆。然而校园参观向导一句话打消了我这份顾虑："小校园你没法让它变大，但大校园你可以让它变小。"

话是很漂亮，可惜事情并不是那么回事。泰勒交不到朋友，找不到归属感。她去过几次咨询办公室，但她真正需要的，是可以厮混到一起的朋友。

直到泰勒大一退学之后，我才后知后觉地发现，自己忽略了最明显的事情：如果对孩子的独立性和抗挫能力不放心，那就别把她送到远处去上大学！

女儿的茕茕孑立让我认识到，我一直称之为"腼腆"的事情，其实是社交焦虑，是一种可以治疗的心理障碍。回到家之后，泰勒加入了一个专门针对这种情况的治疗小组。再次择校之后，她成了走读生，又过了一年之后才过渡到宿舍生活。这一次，她是真的准备好了。

正如泰勒的妈妈醒悟到的，"腼腆"听起来属于正常范畴，而"社交焦虑"则听起来让人害怕，像个医疗术语，让人产生羞耻感。好在，泰勒不堪承受到放弃的经历是有启发性的，它为"情绪问题可治疗，辍学可预防"这幅大型拼贴画又添加了一小块。泰勒和妈妈体会到，决定留在本地上社区大学或者在四年制大学当走读生，是可以为大学成功起步打基础的。

有些人可能觉得这样的步伐太过谨慎保守，然而这却是培养自信心的重要阶梯，可以为将来顺利过渡到常规校园生活打下基础。而且，由于社区大学价码实在，对于很多家庭来说颇具吸引力，招生人数已经超出其他类型的高等教育机构。更重要的是，通过另辟蹊径追求成功，年轻人及其家长收获了打破线性思维的能力。

并非所有徘徊的人都迷失了方向

托尔金（J. R. R. Tolkien）在《指环王：护戒使者》中的这一金句劝慰着我们：就算孩子绕了些弯路，没有走最短路径上完大学，那也并不意味着孩子就放弃了走向成功和独立。一个不为人知的真相是，无论父母身处哪个圈层，孩子"绕道"通往大学教育的都大有人在，其中就包括上社区大学、走读大学，以及延期入学等。事实上，通过这些"蹊径"完成高等教育的情况，可能要比大多数家长想象中更普遍。

杰弗里·赛灵格在其著作《大学之后还有生活》(There Is Life After College) 中写道，对于从未考虑过按部就班之外其他可能的家庭来说，延期入学，无论是先工作还是过个间隔年，似乎都是可怕的选择。他说："上大学、拿学位的概念已经在我们的文化里根深蒂固，以至于那些没有跟随大部队走的学生常常被劝诫、被质疑，并被视为（或自视为）失败者。"[44] 但我们认为，之所以没有更多的家长和学生选择那些非主流道路，仅仅是因为，他们既得不到足够的支持来抗拒随大流的压力，也缺乏相关的信息去了解非主流道路更适合他们的可能性。

本章小结

本章探讨了大学辍学的三大原因：社交融入失败、害怕"做不到"、引发或加剧心理健康问题的消极心态。接下来，我们将专注于讨论问题爆发之际那些冲击学生、家长、家庭的湍流。有的孩子顺顺当当念完高中，来到大学却遭遇焦虑症的袭击，让本人和父母都措手不及；还有的孩子可能在入学之前就发出了求救信号。我们将建议家庭检视自己对孩子和对精神疾患耻感相关的积极、消极偏见，从而化险为夷。我们还会提供一些选择，可能学生和家长此前从未考虑过，但却能将一场心理健康危机甚至一次失败的起步转化为一个成长助推器。

4

孩子出现问题，前方将会是什么？

> 勇敢面对，不一定能改变一切；但不去面对，一切都改变不了。
>
> ——詹姆斯·鲍德温

大一春季学期，阿德莉安·马洛伊来到学校心理健康中心寻求帮助。那些她原本习以为常的焦虑，现在已经堆积起来，产生了失败乃至绝望之感：跟入学时交的那些朋友合不来，难以跟上专业学习要求，难以集中注意力，睡眠不好。

几次面谈后，她的情绪还是没有明显改善的迹象，于是咨询师将她转诊给心理健康中心的精神科医师，医生给她开了抗抑郁药依他普仑。之后，阿德莉安鼓起勇气给远在千里之外家里的父母打了个电话。

接到女儿电话之后，马洛伊夫妇联系了学校心理健康中心的精神科医师。他们的惊异错愕、心忧如焚，全部化为连珠炮般的问题：

"我们送孩子进校门时她还高高兴兴的，到底怎么回事呢？"

"她的朋友圈看起来一直都很乐观啊，这让我们怎么想得通？"

"我女儿怎么可能抑郁到了需要吃药的地步？"

"那是什么药？有危险吗？"

医生礼貌地聆听了他们的种种忧虑,然后告诉他们,根据 HIPAA 校园隐私法,除非他们女儿签署同意书,否则他无权做出回应。

马洛伊夫妇听了很茫然:"HIPAA 是什么?"

打完电话,两口子又为精神药物的利弊吵了起来。阿德莉安的爸爸是个"药物造福人生"派,而她妈妈却认为吃药是避重就轻,非长久之计。马洛伊太太自己大半个童年与抑郁的母亲相伴,深信每个人都应该为自己的幸福承担责任。但是她也很害怕,一直絮叨着一个朋友的朋友的儿子,在开始使用类似药物后试图自杀的故事。

接着两人双双陷入自责:"有哪些早期迹象被我们忽略了?当时有办法预防这种恶化吗?要怎样她才会好起来?如何找到最佳方案?"并且开始徒劳无益地追问:"这是遗传了我们谁的家族基因?"

尽管父母爱她、支持她,也做对了很多事,但他们的第一反应——内疚、指责、分歧,意味着即将出现的麻烦。由于不熟悉 HIPAA(医疗记录隐私法),他们一开始就断定女儿的治疗会屏蔽他们。而由于家族抑郁史,他们对精神疾病产生了曲解,这让事情更加雪上加霜:马洛伊夫妇没有意识到,情绪问题若不经治疗,可以摧毁一个人的工作能力、时间规划能力,甚至维持吃饭睡觉等基本功能的能力。

阿德莉安的抑郁,让父母之间的养育分歧凸显,婚姻也遭受考验,而阿德莉安的父母对此毫无思想准备——这是另一件棘手的事情。我们来看看马洛伊夫妇在阿德莉安治疗和恢复的过程中学到了什么。

无论你什么时候遇到问题——可能是孩子青春后期亮起某一红灯,又或者接到上大学的孩子千里之外打来的电话(就像阿德莉安的父母那样),本章都可以帮你做好准备,去面对未知的前路。我们将带你了解大学心理健康隐私法规,讨论那些阻碍人们寻求帮助的偏见和污名。我们还将邀请您评估家庭中常见的心理健康问题,同时分享一些避免陷入自责的方法。

父母的准备工作

尽管这一年龄段心理健康问题数量激增，可像马洛伊这样的父母依然会想："我的孩子不会这样。他（她）有备而来、情绪良好、头脑清醒。我们家也没有精神疾病史。"这种想法固然可以理解，然而，积极偏见跟相应的消极偏见一样，可能会延误治疗、加剧大学生的痛苦。许多家长不了解，为应对可能出现的大学生心理健康问题，需要进行怎样的提前计划。父母的准备工作需要双管齐下：一方面，应当了解大学心理健康服务及隐私记录等实操步骤；另一方面，可以引入某些情绪疏导方法，来增强年轻人在这一特殊阶段的抗压能力。

所以，要有信心。专家们已经发现某些养育风格和情绪引导方式有助于培养孩子独立性、打造家庭安全港、巩固亲子关系。本章旨在向您介绍这些风格和方式，并着重讨论如何给青春期或刚成年的孩子提供最有效的帮助，不管他们遇到什么问题、严重程度如何。

提前规划医疗安排

18 岁生日，有一个非常重要却也很容易被忽视的含义：此后，父母不再拥有孩子就医过程中的法律授权。包括阿德莉安爸妈在内的很多父母，最初都不清楚大学生医疗或心理治疗的相关隐私法规。您应该了解的法律主要有两条：

- HIPAA——1996 年颁布的《健康保险便利与责任法案》：保护患者就医记录隐私权（包括纸质版和电子版）。通常情况下，该法案禁止医疗人员（包括大学咨询师）在未经患者（在本案例中即学生）许可将信息透露给任何人（包括其父母）。尽管医疗专业人员有权酌情决定是否在未经患者许可的情况下透露其信息，但那些

"风险厌恶派"会选择不透露。这些保障措施意味着，在紧急医疗事件中，并非仅凭借家长身份，就能为孩子的治疗做主。

- FERPA——《家庭教育权利和隐私法》：保护学生的教育记录。家长须经学生专门授权才能收到他们的成绩单，所依据的便是该法规。不过 FERPA 也规定了大学员工保密政策，授权大学自主决策何时、如何将学生在校出现的问题告知父母。例如，在某些院校，如果学生因酒精中毒被送到大学附属急诊室，家长可能要在收到医院账单的时候才会知道这事。FERPA 亦适用于学生出国留学期间。身为家长的您，并不能代表学生签署下一年度的报税表或租约。

这两部法规之间有着较为复杂的交叉关系，因此有必要对它们的基本内容进行熟悉了解（在附录中有更详细的介绍，包括危机计划）。提前稍作规划，便可助您轻松应对这些隐私权问题。如果您的孩子有望上大学，那么在他满 18 岁之前，就请让他填好一份名为《医疗照护事前指示》的重要文件。通过该文件，学生可以指定允许谁参与他的治疗，以及必要时谁可以代表他做决定。

您可以从孩子的医生那里获得授权表格，也可以上网下载 HIPAA 医疗信息透露授权表格（http://www.nami.org/collegeguide.download）。请记住，原件给孩子，您自己保留两份副本。第一时间让准备上大学的孩子签署好这些文件，这样您和孩子都可以安心。

对于将来自己隐私信息被透露的可能，孩子可能会存疑，家长要准备好回答这些疑问。派对狂欢过头到被送进急诊室这种事情，大概没哪个孩子会很乐意被家长知道。为了打消这种顾虑，家长不妨提醒孩子，等医院账单寄到你手里，你总归要知道的。又比如说，孩子可能不希望让你知道学习成绩下滑导致奖学金泡汤这种事情。同样你可以告诉孩子，等到学费账单一来，上面少了奖学金抵扣，你自然也会知道的。

自然，任何重视独立自主的年轻人，都不愿轻易透露个人隐私。这正是将互信概念拿出来讨论的时机：如果要求孩子尊重家长想要施以援手的愿望，那么家长也应该让孩子放心，他们不会横遭指责或干涉。大学生需要各种各样的定心丸，因此请让他们知道，在签署医疗或心理治疗信息透露授权书之前，他们有任何担心都可以提出来充分讨论。

现在回到阿德莉安心理危机案例。马洛伊夫妇发现他们并没有完全被排除在外。即使没有签署授权书，他们也可以致电阿德莉安的精神科医师表达他们的担忧。（不过，在阿德莉安签署解密协议之前，医师的反馈相对于家长的问题而言是有限的。）应父母的要求，阿德莉安第二天就去学生健康中心填写了表格，以便进行更开放的交流。

挑选医生

忧心忡忡的马洛伊夫妇要操心的事情似乎没完没了：为阿德莉安开处方药的精神科医师，对女儿而言是最好的吗？毕竟，他们连那位医生的面都没见过；还有，马洛伊太太对抗抑郁药的必要性依然存疑。他们思忖：能不能让阿德莉安寻求第二诊疗意见，又不必得罪第一位精神医师？

多数大学生都享有驻校治疗团队提供的校园咨询服务。通常，学生可以致电或直接上门，填写一套表格，进行初步问题筛查，随后可以约见正式咨询师，通常是具有社工或心理背景的专业人员。如果病情紧急，接下来他们可能将学生转介给咨询中心的精神科医师。

校园咨询服务通常会限制治疗的时间和频率，不过往往也会通过情绪追踪应用程序、网上冥想、团体治疗等方式来弥补面询的不足。如果需要更密集或更专业的治疗，咨询中心可以将学生转诊给本地经过审查的咨询服务提供者。无论进行这种"治疗选购"的是家长还是学生，重要的是，有任何问题都不必保留，尽管向服务供应者提出。全国精神疾病联盟（NAMI）提供了一个非常有用的清单，列出了挑选心理专业人员时需要考虑的各种问题。[1]

第一次拜访医生或治疗师时，主要目标当然是寻求建议。但这同时也是对服务提供者进行面试的一个机会，因此，提问是合理的（范例参阅下表）。

当家长以一种价值中立的平和态度面对心理问题，学生将会更有勇气向外界寻求帮助。这是前进的一大步，因为认知问题、压力应对失策、情绪失调等状况的及早发现，对学生的康复和长期健康是至关重要的。

提问咨询师

✖ 心理咨询师口碑再好、受教育程度再高，都没有咨访双方配合良好重要。有时咨询师提出的一些个人问题可能会让来访者觉得不舒服，但反过来访客向咨询师提出此类问题，却应该不至于让后者不适。以下问题可以用来确定对方是否能成为替您排忧解难的恰当人选：

- 您有多少年的教育及从业资历？
- 您是否有与我类似的案例治疗经验？多长时间？
- 在设定目标、评估进展方面，您通常如何与患者协作？
- 您将多久与我见面一次，预约难易程度如何？在两次约见之间我可以给您打电话、发短信或者写邮件吗？我能期望看到什么样的改善？
- 治疗是短期的还是长期的？您是正式咨询师，还是有可能会在我治疗期间离开的实习咨询师？

> - 我可以获得费用减免或者优惠吗？（如果您担心自己没有能力支付保险共付额或免赔额，最好提前告知医生和治疗师；保证治疗不间断很重要。）

我们忽略了什么？

当年轻人的情绪、行为、饮食习惯、体型外貌等发生改变或不如从前时，父母常常会想："我们之前忽略了什么？"可是，区分良性的情绪过渡期和真正的情绪障碍，对于父母来说往往是很难的。放孩子离巢单飞，是一项压力巨大的任务。

孩子发展过程中的迅速变化，扔给父母一大堆新的待破解的行为谜题：

我家孩子处于青春期，最近的喜怒无常只是阶段性的吗？
她最近的邋遢打扮只是一种新潮流吗？
成绩下降，是因为无聊、隐藏的抑郁还是因为吸毒？
体重明显减轻，是因为新的减肥食谱还是因为进食障碍？

雪上加霜的是，这些将成年或刚成年的孩子们，往往也不知道该如何解读自己的情绪或行为表现。他们以为自己只是压力太大，不用治疗也会好起来的。这种"自以为"的后果，轻则留下遗憾，重则酿成悲剧。他们对自己遭遇的困难轻描淡写（"谁都有压力——这没什么大不了"），或许还认为自己总能解决问题，并不需要专业帮助。

诚然，青春期后期的情绪波动往往是短时的、随境而迁的，但同时，许多心理问题初现端倪，正是在青春期中段到二十五岁左右的这一过渡期。[2] 早期干预，可以减轻症状、避免危机并防止复发。因此，如果发现预警迹象，请采取行动！（请参阅下文的早期预警信号列表。）

我们作为父母，面对孩子的情绪困扰时常常会感到无助，因此很容易否认或淡化所看到的问题。看到明显问题时，我们安慰自己，说那只是青春期焦虑。孩子性格发生新的变化，我们只是给他们贴上一个熟悉的旧标签："他总是很情绪化""那副脾气是她妈传给她的"。我们还会随手借来某个流行术语，不管它的医学定义便胡乱使用："她多动""他躁狂"……所以，或许现在正是该自我警醒的时候：我们做父母的，对精神疾病的种种臆断，其实来自社会对精神疾病的普遍污名化。可别掉进这个大坑！

心理健康问题的早期预警信号

1. 焦虑或抑郁症状的严重程度增加
2. 饮食、睡眠、精力状况的重大变化
3. 情绪波动的现象长期存在或恶化
4. 注意力下降
5. 思维混乱或古怪；妄想多疑
6. 疏离朋友家人
7. 体重明显增加或减少
8. 酗酒或吸毒
9. 过度愤怒
10. 自杀念头或自残迹象
11. 无法解释的身体问题，如肚子疼、背疼、头疼、疲劳等

精神疾病耻感

对精神疾病的耻感，其表现形式可以是公众偏见或信息谬误。大众对暴力与精神疾病之间关联的争议，就是一个显而易见的例子。研究人员证实，两者之间的相关性在公众心目中被大大夸张了，从而坐实了偏见的存在。现实情况是，精神疾病患者更容易成为暴力受害者，而不是施暴者。[3] 社会对"异类"的偏见和耻感至少是可商榷的。更加隐蔽的是，我们对自己或自己患精神疾病的孩子的自我污名，那种说不出口却深埋于心的偏见。不管哪种偏见，都可能会让学生及家长付出沉重的代价，拖延他们求助的脚步、阻碍治疗的进程。

父母对精神疾病的成见既有积极的也有消极的。例如，当马洛伊夫妇得知阿德莉安患抑郁症时，他们的第一反应便是积极偏见："我把孩子送进大学校门的时候她可是高高兴兴的，怎么一下子就抑郁到要吃药的地步了？"常人看来，积极偏见似乎更好一点，但实际上它的另一面就是否定。"我的儿子很聪明""我的女儿是个乐天派"，这些话甚至映射出了家长抗拒心理疾病的本能。"我的女儿很成功""我儿子很受欢迎"……说这些并没有帮助，因为它给处于旋涡中的当事人传递了一个隐含的信息："这不是真正的你。你应该是开开心心的，不应该出这样的问题。"

消极偏见同样叫人心寒："他没啥大毛病，稍微努力一点就能治好……太夸张了！……太过敏感……这个阶段过去就好啦。"这些偏见，不管是积极还是消极，往往都是来自社会和家庭对精神疾病的耻感。

精神问题发生时，那种社交耻感、旁人对孩子对家长的指手画脚，父母心里常常是没有准备的。为了掩盖自己的不适、尴尬和自我怀疑，也为了保护孩子的隐私，他们通常会编织一套积极的公开说辞："哦，是的，凯莉一直挺喜欢大学生活，不过她决定休个间隔年。"其实，凯莉是请病假去治疗饮食失调症了。

因此，对于父母来说，认识到这种耻感并给自己装上保护盾，来抵御它对所有家庭成员的侵害，是非常非常重要的。如果纯属身体疾病，如糖尿病、镰状细胞贫血或是乳糜泻，没有人会去责怪患者或其父母。大家认为这些是个人无法控制的，因而给予同情而不是指责。但是，我们却允许对精神疾患的负面偏见在社会上传播，以至于它常深入我们的潜意识，攻击我们的"自我强大感"。

在理解神经生物学与精神疾病之间的关系方面，过去50年中科学家们取得了长足的进步。他们使用实时神经成像技术，绘制了大脑活动图，确定了与认知问题相关的特定基因位置，并发现了100多种酷似精神疾病症状的身体病状。[4]

我们掌握的知识越来越多，但大众文化仍然选择归罪，而不是去理解行为症状背后的生理因素。当儿童、青少年或年轻人患上精神疾病时，人们往往指责其父母，而父母则可能互相指责，有时甚至可悲地指责孩子。指责是个"烫手山芋"，是一种名为"都是你的错"的偏见。许多支持团体已经联合起来，共同抗击精神疾病污名化、教育大众，并为所有病患家人提供情感支持。这些团体之一的全国精神疾病联盟（NAMI）建议采用以下反污名公约：[5]

1. 了解精神健康知识，教育自我、教育他人。
2. 看到人而不是病，努力倾听、理解以及讲述自己的故事。
3. 采取行动，传播信息、提升意识、产生影响。

我们强烈建议阅读本书的每一位父母找到一个支持团体（无论是线下的还是线上的），让它在诊断、治疗孩子精神疾病的过程中帮助和指引你。这很值得考虑，因为最起码你会有更充分的准备去支持你患病的孩子。附录中列出了包括线上、基层社区、全国、校园、面对面在内的各类支持团体资源。

马洛伊一家后来怎么样了？他们的故事有个美好的结局：阿德莉安接受了治疗，病情好转。马洛伊夫妇获得 HIPAA 授权之后，从阿德莉安的精神科医师和咨询师那里得到了更多的信息。他们终于知道自己忽略了什么——他们忽略了女儿的早期焦虑迹象，以致其持续时间和严重程度不断增加，最终演变为抑郁。马洛伊夫妇认清了自己的积极偏见，统一了作为家长的立场。在这个过程中，他们学到了很多方法，来帮助阿德莉安的弟弟预备未来的挑战。但是，父母该怎样做到改变态度甚至调和教养风格矛盾呢？接下来，我们通过拜会米琪和约翰尼两家人，来揭示是什么样的努力，最终带来了美好结局。

"调理"米琪

高中管理层都很了解学生重度焦虑的急剧上升趋势。跨越时间的调查清晰地展现了这个趋势。1985 年，只有 18% 的大学新生认为在上一年他们"被各种任务压得喘不过气来"；到了 2010 年，这一数字上升到 29%；2017 年，激增至 41%。[6] 一些学生跟上了超高的运行速度，而另外一些学生，比如米琪，却崩溃了。那是高中最后一年的秋季学期期中——为了上大学，12 年辛辛苦苦，各种考试、平均绩点、先修课程、荣誉课程，压力在此时达到顶点。

就在这个时候，卡斯伯特太太打来一通电话，听起来方寸大乱：

"希布斯博士，我打电话来是因为我女儿米琪，她焦虑严重到没法交作业，没法参加考试。我已经不好意思请求学校顾问一再给她延期了，恐怕人家多半认为我只是在帮她找借口而已。我尽量对她表示支持，但现在，我自己也很沮丧。她爸爸——对了，我们离婚了——他觉得问题无非就是软弱。他对她很生气，我已经筋疲力尽，而米琪现在不肯跟我们说话了。"

短短 5 分钟的电话，透露出来的不只是母亲对学校顾问评判的担忧，还有父母双方均持有的对精神疾病的消极成见。

第二天，我们的咨询一开始，米琪就给了母亲一个意外：她把父母列为主要压力源。她说："妈妈，你和爸爸对我说的一些话真的很刻薄。什么'你辜负了你的老师们——你干吗要这样做？'还有，我要请一天假，你就对我发火。爸爸打电话说我软弱，我开始惊恐发作，你却一脸厌烦不管我。我真的很生你的气，可我不敢对你生气，因为我太需要你。我不知道该怎么办。你们完全不理解我！"

卡斯伯特太太的回应是防御的："得了，你爸今天没来，我可是 100 次有 99 次都在你身边。"母女俩一时间剑拔弩张。

见她们情绪有点按捺不住，希布斯博士试图先安抚卡斯伯特太太。

"你显然是一个非常爱孩子的妈妈。从你想帮助女儿这一点就能看出来。不存在什么培训手册能告诉家长在这种情况下该怎么做。我知道你肯定很担心米琪的高年级成绩，但焦虑和恐慌就像一副牌里的大小王，是我们心理健康中的变数——我们谋划得再好，也有可能被它们搅翻局面。你们每个人都尽了最大努力，这不是你们谁的错。"希布斯博士停顿了一下，然后问道："比起生你的气，你女儿的感受其实更多的是受伤，你看出来了吗？"

卡斯伯特太太的面色和缓下来。她轻声承认："我吓坏了，不知道怎样才能帮助米琪顺利走出来。"

希布斯博士让她们放宽心："米琪，如果你需要延期或者缓考，那都是我们可以考虑的选择。"

米琪点头认同："嗯，那样会好很多。"

"还有，卡斯伯特太太，"希布斯博士接着说，"我很乐意联系学校辅导员，但我需要你、米琪和卡斯伯特先生的书面许可。大多数辅导员都非常愿意为有病历的学生提供变通之策。这不会记录在米琪的学校档案中——还有,她的焦虑不是你的错。"

希布斯博士又转向女儿。"米琪,在你去上大学之前,我们需要帮你建立起更好的应对技能。谈话治疗有助于缓解焦虑和恐慌情绪,比如'如果我不能出色完成,我的人生就完了'这一类。人们一焦虑就很容易想象最糟糕的情况。我们需要共同努力,帮助你、你父母、学校达成一致,制订一个妥善的计划。"

最后,她又对卡斯伯特太太说:"我们要安排一次专门的家长咨询,讨论你和她父亲的忧虑,让你们了解一些与精神健康相关、你们也有必要知晓的基础知识。"

通过这次家长咨询,卡斯伯特太太对无法"调理"女儿而产生的羞愧感浮出水面,父母之间教养方式的冲突也暴露出来:一边是孩子爸爸指责前妻溺爱女儿,一边是孩子妈妈不认可前夫"撕掉创可贴"式的态度,让后者感觉被拆台。希布斯博士预见到,如果不对父母的这些态度加以处理,那么,米琪对自己焦虑症的负面看法,很可能会逐渐被内化。她越来越强烈的自我耻感,可能导致绝望和自尊水平下降,甚至会摧毁她继续治疗的意愿。

米琪父母通过共同参加咨询、签署反污名宣言,表达了对女儿的支持,迈出了帮助女儿的头几步。在他们前面摆着一个问题,一个对于无论是已婚、离婚还是再婚的父母而言共同的问题:结束甩锅游戏。"都是你的错,不关我的事"这种相互指责模式,往往会在病史采集的过程中浮现出来。接下来,我们将请你回顾自己的家族精神健康史,同时检视自己对于"追溯家族史"的反应。

追溯家族疾病史

减少污名,从家庭开始。父母对家族精神病史进行探索,并公开接受它们,将有助于消除这种偏见。为了将父母的担忧转化为治疗支持,我们将询问一些看似毫不相干的家族史。

了解家族精神健康史对于帮助孩子至关重要。在得知自己的孩子有社交、情绪或者行为等方面的问题之后不久,你就会自忖:"他这是遗传的谁?是父系还是母系,是近亲还是远亲?"问出这些问题,就是在"追溯家族史",也便是在寻找线索。当你首次寻求专业意见时,医师或精神卫生专业人员也会通过探究个人及家庭病史来追根溯源。

这套问询是常规的,也是必需的,这样才能确保对孩子进行迅速诊断和合理治疗。然而,家族史问询,以及随之而来被诊断出精神疾患的可能,往往会给父母造成威胁。他们的感受通常掺杂着恐惧和无助:"孩子会好起来吗?""我该怎么办?"……

完成家族史追溯之后的一个要紧事,是家长要扛住自我责备和责备其他家人的诱惑。因为担心孩子的心理健康,所以很容易陷入一个个伪问题:"是我造成的吗?我做错了什么?我忽视了什么?我这个家长不称职吗?"而继父母则可能使局面另生枝节:"我的孩子没问题,有问题的是你的孩子。"为了避免这种"推诿—指责游戏",请抵制两方面的冲动:不要指责自己,也不要指责伴侣或另一位家长。指责或寻找替罪羊从来都不是健康的行为,它们只会让事情雪上加霜。

父母还应该意识到,尽管许多精神问题具有遗传成分,但遗传并不是宿命。大脑结构和神经化学的遗传表达受制于各种不胜枚举的因素,人们对相关科学领域的探索至今仍在进行之中。这些因素还包括遗传与环境之间大量的互动影响。环境既"在我们周围"(在学校环境、同伴关系和社交媒体中),又"在我们之间"(在家庭生活文化中)。

列清单,并再三检查

通过下表,你可以对自己的家族精神健康史进行一个非正式的初步筛查。用它去寻找任何具备"家族共有"性质的病状，同时密切关注自己在这个过程中的感受。探查家族精神健康史足以让任何人心生抗拒，但我们认为你最终会看到，这番追溯，将大大加速帮孩子找到最佳方案的过程。

精神健康自查表：追溯家族史

	自己	父母	祖辈	其他亲戚
酒精/物质滥用				
焦虑				
自闭症				
双相障碍				
抑郁				
进食障碍				
恐慌发作				
人格障碍				
恐惧症				
精神分裂症/精神错乱				
吸烟				
自杀企图				
自杀				

"追溯家族史"会逼着我们去检视自己的家族精神健康史，从而更加客观地了解它。生物精神病学和诊断标准直到20世纪最后一二十年才完备起来，因此精神疾病常常得不到诊断，或者更糟，被误解为"性格弱点"。请先记住这个背景，再去思考哪个亲戚"似乎不对劲""非常难

相处"或被认为"有点怪",这样可能会让各种有意思的事情浮出水面:臆测与评判、对行为与性格的解释,甚至对精神疾病的耻感,等等。重要的是,要以冷静、深思、不评判的方式去探讨所有这些事情,否则你会错过那些可能有助于解决你和孩子当下问题的重要信息。

这些年来到我们这里求助的许多父母和学生,大都描述过他们遭受社会偏见的孤独和痛苦。在应付学习落后、行为问题或情绪失调之外,这些年轻人常常还要面对"与众不同"带来的社会排斥与孤立的额外压力。那种孑然一身的感觉,可以说是精神健康危机中最糟糕的部分。

幸运的是,大学咨询服务通常是绝佳的社交支持来源:在那里,学生可以找到专门针对压力、焦虑、抑郁或是物质滥用的各种小组。可能还有其他校园小组,专门支持那些因种族、性别或性取向而被边缘化的学生。这些小组是一种强大的共享经验库,支持着成员之间互相学习、彼此依靠。其宗旨很明确:既然没人愿意独自漂流,不如同舟共济、共渡难关。

育儿挑战:家庭里的安全空间

童年、青春期、成年早期,每个发育阶段都会对父母提出新的要求。其中最大的挑战,或许莫过于学习如何与孩子相处,并帮助孩子度过精神健康危机。正如我们在上一章中所指出的那样,当孩子面对未来的种种挑战,所能拥有的最佳缓冲保护就是:他们知道亲子关系或家庭关系能给自己提供一个安全空间,一个能感受到理解与支持,而非隔阂与孤独的空间。为了孩子的康复和你自己抗压能力的提升,请做好准备吧:当孩子的行为突然变得让人困惑、担忧或是气恼的时候,你可能需要调整自己的期望、养育习惯,以及与孩子的基本互动模式了。接下来的讨论，将帮助你调校养育方式，以确保你的孩子健康发展，同时亲子关系密切稳固。

养育方式

从青春期到成年的过程中，怎样才能更好地引导孩子，父母双方经常会有各自强烈的、常常对立的观点：以理解为主还是以管教为主？传统有多重要？自立和扶助之间的分寸怎么拿捏？不过，父母最想知道的，往往也是最难看清的一件事是，具体到自家孩子，该怎样做效果才是最好的。

利好的消息是，大多数父母都不需要像目前这般小题大做。毕竟，在孩子年幼时呵护他们安全的意义就在于，让他们在长大、成熟、融入那个他们即将接管的新世界之时，有能力去承担必要的风险。[7] 而人们数十年来对养育方式的研究成果，可以让今天的父母受惠。[8] 例如，心理学家戴安娜·鲍姆林德在 20 世纪六七十年代进行的开创性研究 [9], [10], [11] 表明，青少年中能力最强者，往往是由"威信型"父母抚养大。这样的父母坚定而温暖，既对孩子的成熟和良好行为寄予厚望，又在情感上提供积极响应。根据鲍姆林德的研究结果，积极响应与不假思索本能反应是对立的；它强调温暖、灵活和理性的沟通，[12] 以及识别和调节自身情绪的能力。你可以把这种养育方式理解成"和谐共振"。[13]

威信型父母会积极关注孩子的生活。他们会在价值观、家庭传统、教育等方面提供指导。但威信型父母不会把完美当作最低表现标准。既提供爱和温暖，又提出合理期望的威信型父母，就是"够格"的父母。创造安全关系空间，促进青少年成长，使之情绪稳定、具有良好的抗压技能——做到这些，就已经"够格"了。

相比之下，另一些养育方式可能会导致自控能力差、低自尊或外显攻击。[14]"放纵型"养育指一种自由放任的方式，情感响应高，但期望设置低，对孩子发展有负面影响（因为坚定而合理的期望对孩子有益）。另一个不当方式是"专断型"养育，通常与学习成绩差和抑郁症状有着相关性。专断型父母对孩子的情感响应程度低，苛刻要求程度高。

最后，遭受"忽视型"养育方式的孩子表现似乎垫底。忽视型父母受困于自身的问题，对孩子既没有响应又没有要求，并且大多数连子女的日常照顾与生活都不曾参与。他们的孩子到了青春期或成年早期往往陷入学习落后、物质滥用、触犯法律等问题。这种故事或许表明：既然父母不在乎，孩子也就无所谓。想评估自己的养育方式吗？Gottman Institute 等网站提供免费的在线自测。[15]

准备改头换面了吗？

大多数父母会混用多种养育方式，看孩子和形势的需要即兴发挥。偶尔对自己的教育决策感到不确定是很正常的，但是，如果意识到自己的路线整体过于放纵、专断或者冷漠，该怎么办？只要父母愿意行动起来改善亲子关系，每对亲子都将从中获益；不过收获最大的时机，或许莫过于孩子出现严重情绪或行为问题的时候。

那么，近 50 年来的研究对养育方式最大的启示是什么？简而言之：对青少年的自主和亲子互信构成最大威胁的，既不是"虎妈"，也不是"教官"式家长。最有问题的育儿行为，其特征是家长通过内疚、撤回爱、不切实际的期望、威胁、极度负面情绪、人身攻击等手段来对孩子实施入侵与操纵。比如电影《藩篱》中那位德行有瑕且刚愎自用的父亲，对儿子极尽咄咄逼人、贬损打击之能事，深深伤害儿子和妻子，以至于与他们离心离德。还有电影《黑天鹅》中那位强势的母亲，为了那些完美主义的标准和一丝不苟的要求，牺牲了跳芭蕾的女儿的心理健康。这些父母用他们生硬的互动方式和寸步不让的态度，给亲人带来了极大的痛苦。

如果你决心改变自己的养育方式，倒也并非不可为之，只是需要不断练习。通过评估自己当前的养育方式，并有意识地进行调整，就能逐渐转变为更理想的模式。你可以从以下几个方面开始：

- 评估自己的期望：符合实际吗？
- 探讨自己的养育信念：爱和要求之间的平衡点在哪里？激励你家孩子的最佳方法是什么？
- 调整自己的行为：我倾向于用赞扬还是批评来引导？

放纵也好，控制也罢，大多数父母在育儿中犯下的错误都是受情绪驱动的。在感到疲劳、焦虑，或是不堪重负的时候，我们可能会弱化或者屏蔽孩子对我们发出的声音。青春期的孩子，一边依赖家长、一边违抗家长，即便没有健康问题，都已足够让我们筋疲力尽了。因此，当察觉到上大学的孩子因室友难处、恋爱受挫、成绩猛降、违反纪律等各种原因陷入情绪低谷的时候，我们需要付出额外的努力，才有可能听到、认识到背后潜藏的痛苦情绪状态。

每个父母，难道不都拼命想让孩子少受点生活的欺负吗？我们希望，在我们的保护和引导下，他们会比我们当年高明一点、能干一点。我们也希望比自己的父母做得更好，不犯他们当年的错误，跟孩子沟通得更顺畅。当孩子有需要的时候，我们愿意陪在身边、支持他们。

然而，孩子的焦虑、抑郁、饮食失调或是物质滥用，把我们结结实实地拉回现实。它们大声地提醒着我们：试图一切尽在掌握地保护孩子，那不过是妄想。在如山的压力面前，我们的反应往往不那么高尚。当孩子遭受情绪创伤时，我们的第一反应可能是捍卫自己，以免那些微型死亡星球的爆炸毁了我们对孩子的希望和梦想。可能还会有其他的下意识反应,包括"天哪!"以及更糟糕的:不屑一顾、羞辱、指责,还有我们所说的"拯救模式",即跨过纯粹给孩子提供平静支持阶段,直接跳到问题解决阶段。

心理学家约翰·戈特曼(John Gottman)以情绪取向的育儿研究闻名。他的观点是,父母应该对情绪有足够的意识,以容纳年轻人表达负面情绪,无论是愤怒、哀恸、自我怀疑、焦虑,还是恐惧。戈特曼写道,通过学习一套特定的倾听法和解决问题法,任何父母都可以成为"情绪教练"——一个以正面方式构筑关系,减少批评指责习惯的家长。如果你在思考某些场景下自己最习惯的反应是什么、有没有可能尝试别的方式,那么请记住以下特征:[16], [17]

情绪教练特征

- 关注并重视孩子的情绪。
- 不取笑、不轻视孩子的负面感受。
- 不说孩子"应该"有什么感受。
- 善用孩子情绪发作的时机,倾听、共情、支持、提供指导和参考视角,换取正面回应。

拒绝负面

想要寻找一种快速简单的方法来评估你与孩子的关系吗?不妨让孩子回答这个问题:"你觉得母亲/父亲/亲人对你有多苛责?"[18]

完全不苛责 非常苛责

0　1　2　3　4　5　6　7　8　9　10

有一种确证有效的方法，可以提高育儿水平、改善家庭生活质量，那就是减少那些可能已经渗入日常养育及生活中的负面因素。当大学生困于情绪问题时，这一条尤为关键。要鼓励孩子分享失落与失败。要做一个积极温暖的倾听者，这样能增强信任和韧性。即使孩子出现问题时远在大学校园，你的反应的正面程度——不批评、不猜疑——都可能决定他们求助的主动性和将来与你分享感受的意愿。无论造成当前危机的具体事件、情况是什么，这一结论都成立：不加评判的积极倾听通常效果最好。与其试图替他们解决问题，不如结成同盟并建立开诚布公的沟通——这当然不是一件容易完成的任务，然而要想达成有效的危机管理，这是必经之路。

接下来，我们来认识一下约翰尼·霍普金斯和他的父母。当时我们正在评估他是否做好准备在高中毕业后直接去上大学。诚然，他的焦虑症、注意力缺陷多动障碍和物质滥用治疗已经取得了良好的进展，但我们依然敦促他们一家权衡秋季入学和推迟入学各自的利弊。

孩子出现问题，家长需要帮助

> "从他小时候直到踏入成年，我们被迫接受了很多事情。第一个打击是孩子竟然有学习障碍。那是我最早意识到他的种种不足与困难。然后我开始领悟，他的人生道路可能会跟我们想象的有所不同。"
>
> ——约翰尼的母亲 [19]

约翰尼的母亲辛迪和父亲约翰本以为，儿子的麻烦已经被抛在身后了。霍普金斯夫妇是跨种族婚姻，他们很早就担心约翰尼可能会跟父亲一样遭遇种族主义。他们搬到城市里一个好学区定居下来，希望借此保护他免受种族歧视。跟同一代许多孩子一样，约翰尼交朋友不限种族阶层。他的同学们大多是白人,似乎都接受了他。

一对一辅导帮助约翰尼克服了早期阅读延迟(后来被诊断为阅读障碍)的问题。初中时,他的冲动和难以集中注意力的程度,达到了注意力缺陷多动障碍(ADHD)的诊断标准。然而到了高三,他的GPA(平均绩点)竟然很高,SAT(学术能力评估测试)成绩也很好,感觉有望上一所好大学。他的父母大大松了一口气,甚至开始期待他能挣到奖学金。他们心里很清楚,拿不到奖学金的话,儿子上大学的费用将轻松吞掉他们收入的一半。[20]

然而就在这时,麻烦来了:高三寒假,辛迪和约翰得知儿子很多作业没交,导致上学期的成绩单很难看。他们还怀疑约翰尼一周抽好几次大麻,但他矢口否认。辛迪和约翰没法淡定了。他们在心里哀号:"最关键的最后一学期啊,他怎么能挑在这个节骨眼上呢……我们该怎么办啊?"

儿子的种种问题让这对夫妇长期以来摩擦不断。在初中被诊断出多动症(ADHD)之前,约翰尼就已经养成了拖延的坏习惯,偶尔还撒谎说作业完成了。有两年,辛迪每天吃完晚饭就开始"加班":坐在约翰尼旁边,帮助他完成家庭作业。约翰却烦透了这一切。当着儿子,他都能大声说:"就让他不及格好了!"

但辛迪做不到。她看到了儿子的痛苦,凭直觉感到哪里出了问题。他的热情去了哪儿?他这么郁郁寡欢、烦躁易怒、成天打游戏,前途在哪里?没有她铆足劲的支持,儿子还能向前走吗?辛迪忧心忡忡。

那些年,两口子关于育儿的分歧越来越大。约翰指责辛迪过于宽容,而辛迪则反唇相讥说,要是两人都用上他那套"虎爸"风格,恐怕没哪个孩子吃得消。辛迪倾向于理解孩子和给予一些弹性,而约翰却拿各种尖酸刻薄的话招呼儿子:"你总是半途而废。你太懒了,一天到晚就知道玩那些游戏。"还动不动就祭出终极武器:"你的待遇取消了。游戏不准玩了,还要禁足一个月。"

不过,在约翰尼的多动症得到治疗、课程进度也赶上来之后,两口子之间的分歧也变得隐蔽起来。终于,约翰为儿子而骄傲了。终于,儿子成了一个奋斗者,跟爸爸一样。

但现在却成了这样:约翰尼旧病复发,而近在咫尺的大学招生季让事情雪上加霜。辛迪不禁自问:"帮儿子为大学里更高的要求做好准备这件事,我们做到位了吗?"

辛迪的慈母心态跟约翰的严厉责骂形成了巨大的冲突。约翰怪儿子搞砸了这一切,下一个秋季升大学的希望就这么弄没了。那该怎么办?约翰说,就让他高中毕业后去打工吧,没准干份勉强糊口的体力活还能让他长点脑子。

两口子谁也说服不了谁,于是决定寻求咨询。

希布斯博士与他们进行的头几场咨询是诊断性质的:存在的核心问题是什么?与家庭背景有关联吗?推荐什么样的治疗方式?不出所料,在梳理了约翰尼和父母的情绪、注意力、焦虑几个方面特征之后,一些关键线索浮出水面。

辛迪的家庭溯源

辛迪本人的情绪检查表可能算得上"正常到无聊"(她自己的话),但她的家族精神健康史却完全不是这样。她无忧无虑的青少年期,在妈妈因重度抑郁而进入精神病医院治疗的那一天戛然而止。在妈妈尝试过各种药物,甚至电击治疗后,医生们才找到一套适合她的药物和疗法组合。一个月后,妈妈恢复活力,回到家中。辛迪庆幸自己躲过了情绪问题的遗传子弹,并以为约翰尼跟她一样也躲过了。

约翰的家庭溯源

辛迪在访谈中表现得很配合,但约翰却不胜其烦,甚至公然叫板:

"我们来这儿是为了帮孩子。搞不懂你干吗要问我的事和我家人的事。要是你打算从我这儿挖出什么毛病,还是省省吧。"

家族史问询触到了痛处。约翰的抵触,一部分是对自己父母的保护,一部分是对精神疾患的耻感。许多家长亦是如此。希布斯博士清楚,精神健康知识扫盲是去除耻感的利器,于是答道:"我并不想对你家历史进行考古挖掘,然后把你父母拎出来当靶子。但家族精神健康史能提供很多线索,有助于我们了解你儿子。"她说完顿了顿,等着看约翰有没有被说动。

"行吧,"约翰勉强答应,"但我还是不怎么明白。"然后他开始回忆,自己的父亲抽很多烟,而叔叔则酗酒。除此之外,他不觉得还有哪些明显的情绪问题。然而,在填写约翰自己的纸质问卷时,却意外发现一条关键线索。"医生!"他的语气既带着惊讶又有担忧,"感觉我小时候很焦虑呢。标签越来越多了,真糟糕。我不是疯子,你知道的。"

希布斯博士连忙解释:"这些标签并不代表'发疯'。有的人认为,有精神诊断的人要么是疯子,要么有危险,但这些想法都是错的。心理诊断标签只是为了便捷地描述症状,并提示哪种治疗方式会是最有效的。"

约翰反思着这些发现,开始辨识出自己小时候那些焦虑特质。他想起自己不喜欢焰火(觉得太刺激),还因为太爱哭而被父母骂。

似乎是又想起了什么,约翰补充道:"我想我小时候容易焦虑是有原因的。我肤色较浅,因此一直到高中都被深肤色的孩子取笑,叫我'白化病人''奥利奥'之类。我很讨厌这样,从来都没学会过怎么应对被取笑。我气得要命,可打架又打不过。最后我总是被弄哭,接下来又会因为哭鼻子再次被取笑。

高中里的白人孩子在课堂上很友好,但从没邀请我参加过他们的任何聚会。我不希望约翰尼再有我这样的遭遇。我以为他的日子会好过一些,毕竟时代不同了。"

约翰的父母为自己勤奋的儿子感到骄傲，却没有察觉到他的焦虑。[21] 在约翰成长的 20 世纪中期，心理学的发展尚不足以解释因青少年阶段长期压力而导致的种种精神问题。在那个将孩子的情绪问题主要归咎于母亲的年代，父母也不愿意去深挖心理问题的根源。

人际现实（即我们如何理解对方的方方面面）似乎是不假思索的。然而我们会将其中很多碎片拼接起来，形成一个与关系、价值或信念相关的独特故事情节。做了父母后，我们将这种家庭叙事传递给孩子，而他们又很可能把它当作客观真理融入自己的人生。约翰的故事情节（以及更关键的，他为约翰尼创作的故事情节）是排斥对情绪困扰的"放纵"。约翰的父母就是奋斗者（他也用这个词来形容自己），他们完全相信，任何人都可以通过努力奋斗和勇往直前战胜困难。在他们的叙事中，焦虑没有位置。他们的儿子很正常，就跟他们一样。

所有这一切，解释了为何约翰以前从未想过自己小时候有焦虑问题，直到几十年后的这一刻，他坐在希布斯博士的办公室里追溯自己的家史。跟许多患有中度焦虑的人一样，通过锻炼和不懈奋斗，约翰逐渐学会了控制焦虑。他的成就，保证了他会被欣赏、被接纳。当霍普金斯夫妇更清晰地看到各自的历史，就更容易接受对儿子问题的新解释了。

约翰尼的问题

"那么，医生，"约翰问道，"约翰尼受我们俩哪一方的影响更多呢？是焦虑的那一方，还是抑郁的那一方？"

希布斯博士解释说，约翰尼除多动症之外还患有焦虑症。[22] 希布斯博士指出：多动症通常会加剧焦虑；当指令"脱离了轨道"又难以找回时，就会给学习和完成作业造成困难。[23] 焦虑加剧了约翰尼的拖延、易怒以及每到关键时刻就等待灾难发生的倾向："我会被除名的……你们再也不会相信我了，因为我撒谎……我就是个草包。"他吸大麻很可能也是焦虑促成的。希布斯博士还有另外一块关键拼图要加上，但此时她先停下，等待霍普金斯夫妇的反应。

在希布斯博士描述的整个过程中，辛迪一直在点头，因为约翰尼的行为终于有了合理解释。可是约翰却摇着头说："所以，他现在这个样子，都是我的错。"青少年被诊断后父母陷入自我谴责的例子，希布斯博士见得太多，于是她宽慰约翰说："焦虑和注意力缺陷问题是约翰尼的疾病，而不是他的本质。你自己就经历过焦虑，但你的人生很成功。你已经尽早为儿子寻求治疗了，应该肯定自己。"

约翰毫不领情："可是他的问题是从我这儿来的，别想让我对这一点安心。"

希布斯博士答道："我们知道，无论是因为遗传还是因为养育中的过度保护，父母有焦虑史的，孩子患该病的风险更高。[24]根据你的已知信息来判断，你的双亲中有一位很可能罹患过多动症或者焦虑。你父亲是重度吸烟者，对吧？你知道吗，所有吸烟者中，几乎有一半的人患有情绪障碍？想想看，尼古丁可是一种多么强力的情绪调节剂。就连多动症症状它都能减轻。但现在我们有了更好的办法治疗焦虑和多动症。我会向你介绍一些育儿策略和解决问题策略，来减轻甚至预防孩子的焦虑。"

"还有一件事，"希布斯博士继续说道，"根据调查问卷，约翰尼的JHAC量表（约翰·亨利主义量表 John Henryismscale）分值很高。[25]他强烈同意诸如以下表述：'如果事情没有按照我希望的方式发展，那这只会使我更加努力'；'我一向认为，我可以努力过上自己想要的生活'。像约翰尼这样属于少数群体或者跨种族的学生，更容易因不断努力想要证明自己而遭受罹患焦虑和抑郁的风险。

一直到这场危机降临之前，约翰尼都是一个目标导向的人。直到不久前，他还一直坚持控制着自己的焦虑和多动症。他超越挫折，登上荣誉榜，并抵制过包括抽大麻在内的各种诱惑。我觉得，约翰尼可能在向我们传递这样的信息：他极度不愿意让你们失望，但他实在已经用尽了力气。"经他同意，在此转述他在访谈中的一些话：

"'高中生活太痛苦了。能不能就让我跟朋友们混下去，找出我真正的兴趣，而不是承受这些无休无止的压力？我真的受够了，都不知道自己到底想不想上大学。至少现在没想好。如果长大成人就是这样，那么我宁愿做长不大的彼得·潘。'"

约翰看起来很难过的样子，不过身体姿态上的紧绷消解了不少。他反省道："我根本没想过他的压力会大到这种程度。可能我以为他和我一样：闷着头，走向一个又一个的目标。我儿子信奉的那些'努力再努力'的座右铭，都是我教给他的。"

他停了一下，又问道："那么，什么样的治疗对约翰尼是最好的呢？"

希布斯博士答道："嗯，约翰尼已经在吃多动症的药。如果再叠加焦虑，你们可以首先教他应对策略，比如正念、内省或者换位思考等。如果焦虑症状还是太严重，我们可能还会添加其他药物。[26] 但是，良好的家庭关系同样重要，在他面对压力时能起到缓冲保护作用。

我想将约翰尼转介给罗斯坦博士，做进一步的诊断和药物咨询。"希布斯博士最后说。"具体到他这种类型的焦虑症，咨询和药物的结合通常比只咨询或者只用药都要好。另外，在他吸大麻这件事上，焦虑起了什么作用，我们还有待了解。或许他是想告诉我们他有没有为上大学做好准备——这一点需要通过咨询来探明。"

随后某天下午，霍普金斯夫妇来到罗斯坦博士那里继续咨询，听他确定了对约翰尼的诊断：广泛性焦虑症、注意力缺陷多动症以及最近染上的物质滥用。听罢约翰没吭声，静静地坐着消化信息；辛迪则哭了一小会儿。最后，她问罗斯坦博士："为什么我会这么难过？您会告诉我这是能治好的吧？约翰尼能学会更好的应对吧？您会告诉我他的人生会好起来的，对吧？"

"是的，约翰尼会好起来的，"罗斯坦博士宽慰她说，"不过你刚才哭不是因为这个。你哭是因为失去了梦想中的'完美小孩'。大多数父母都揣着对孩子未来的美好梦想，希望孩子有朝一日会实现。一旦梦想中的画面发生改变，孩子的光明未来之旅受阻或走偏，我们面对起来是很痛苦的。"

辛迪的泪水里，映射着她的失落——她一直期盼着约翰尼上大学，如今希望暂时破灭了。她的害怕是可以理解的；她想保护儿子免受不必要的痛苦挣扎，却没办法看清前方路上等待他的将是什么。霍普金斯夫妇跟天下许多父母一样，都理所当然地认为孩子不会比自己差。现在他们发现，孩子已经不堪重压到使用毒品自毁的地步。据罗斯坦博士证实，约翰尼感到抽大麻的时候自己能平静一点，没那么忧心忡忡。他需要戒除这一习惯，找到其他方法来管理自己的焦虑。

迫在眉睫的更重大的任务是：约翰尼如何才能把自己从那种时时刻刻需要拼命奋斗的压力下释放出来；有没有其他方法可以定义他的自我价值，以及他对于父母的价值？为了巩固这个概念，罗斯坦博士说："现在是二月。我们不妨考虑一下非主流大学，甚至上大学之外的非主流出路，来减轻约翰尼的压力。"

霍普金斯夫妇需要一些时间来消化数次咨询后产生的情绪反应。跟许多处于困境中的父母一样，他们的思维过程是这样一个模式：

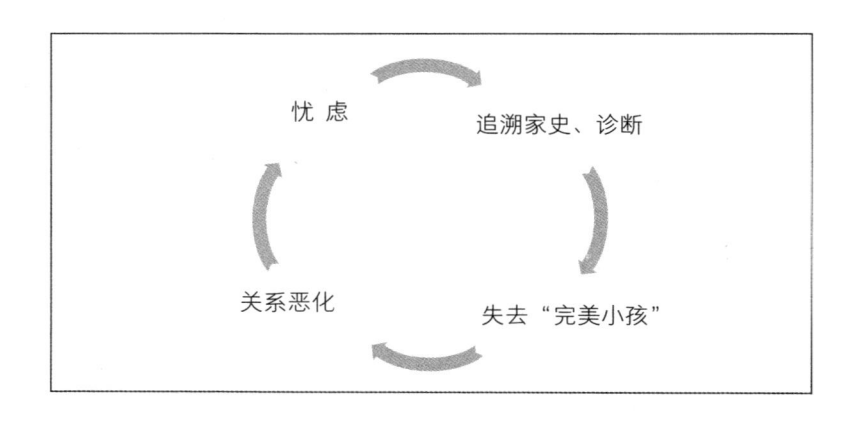

忧虑 → 追溯家史、诊断 → 失去"完美小孩" → 关系恶化 → （循环）

父母的情绪反应

霍普金斯夫妇内心五味杂陈、翻江倒海。忧虑之外,又添后悔:后悔自己曾经的视而不见,后悔自己长期的误解。还有难过:自己竟然持有这样的偏见,认为情绪障碍不会发生在自家孩子身上。不过,得知自己在儿子的心理健康方面依然大有可为,也让他们深受鼓舞。

在约翰尼诊断结果出来之后,家庭咨询的任务聚焦于以下三个重点:
1. 帮助约翰尼戒断大麻。抽大麻只能掩盖焦虑,而不能治愈他的焦虑。
2. 改变育儿风格。
3. 评估上大学的准备情况。

尽管约翰尼的父母不能改变他的基因,却能够改善亲子关系中的问题。有了更积极的家庭氛围,约翰尼的焦虑将会减轻,且不易复发。他们的第一步,是要调整对约翰尼学业的期望值,解除他身上背负的"约翰·亨利主义"压力。

作为曾经的优等生,辛迪和约翰意识到摆在他们面前的是一条陡峭的学习曲线。辛迪给自己的育儿评分,在"温暖有爱"方面打了 A-,但在"过度包办"方面打了个 C。即便在约翰尼被诊断为多动症之后,辛迪还是在时刻准备"加班":辅导儿子做作业、充当人肉提醒器以及闹钟。现在她明白过来,自己忍不住要"帮忙"的倾向并不能帮儿子为上大学做好准备,也不能帮他为人生做好准备。她的"帮助"为儿子的挣扎提供了一层伪保护。辛迪的个人助理角色暗示着约翰尼自己搞不定,放任这个模式发展下去,只会让他越来越习惯依赖。现在,她下定决心忍住自己的不安,好让约翰尼有机会自己去犯错,自己去解决。

辛迪这种以包办来补偿的育儿策略,在孩子处在青春期又遭遇焦虑、多动症或执行功能障碍的家庭中非常普遍。这种便宜之策就算能提供短期解决方案,也是以牺牲孩子的长期自主性为代价的。而一旦父母包办固化成亲子双方的一种生活定式,恐怕到时候孩子就算想站也站不起来,父母想退也退不下去了。

这边辛迪在努力减少"过度育儿",那边约翰也没闲着。认识到自己对儿子的愤怒与失望之后,他给自己的育儿打分很低,基本上是 B 到 D 之间。儿子给他的"苛责度评分"是 8(满分 10),即"非常苛责"。现在约翰终于明白,难怪儿子总是找妈妈,因为爸爸给的都是负面导向——什么时候对他不满意了,就拿刻薄的取笑和指责招呼他。约翰醒悟到,儿子的焦虑和拖延都是有待治疗的症状,而不是他这个父亲有资格责备的品格缺陷。意识到这一点之后约翰行动起来,开始改变伤害儿子的习惯。他想给约翰尼更多的耐心,于是"保持冷静,继续前进"成了他的新座右铭。

还有他们的婚姻问题。辛迪和约翰都在配偶得分牌上给自己打了 C。他们在育儿上的巨大分歧,伤害了彼此,也伤害了他们的伴侣关系。为扭转这种局面,他们设定了以下目标:

减少负面情绪的技巧
- 不要指手画脚或者不屑一顾。
- 宽容、宽恕他人和自己的缺点。
- 认可这一点:被诊断出精神疾病的家庭成员不是该受指责的对象。
- 忍住过度保护的冲动。
- 保持交流,但不要把青少年扯进大人的冲突中来。
- 如果对精神疾病有偏见,寻求帮助以消除偏见。
- 评估自己作为照顾者的负担,也要照顾好自己。

- 保持希望。

辛迪赶紧向丈夫保证,她会控制自己的包办行为。她"帮助"约翰尼完成作业,其实根本不能帮到他,只能阻碍他学会自己解决学习上的困难。

约翰呢,也因为妻子终于认可了自己的担忧而感到释怀。他答应自己会少一些负面情绪反应,多一些积极的情感支持和响应。他开始阅读育儿资料,并和妻子一起上网泡育儿论坛。为了重塑育儿方式、改善家庭关系,他们积极努力了几个月,自从他们学会了如何去改变,两人之间的关系也不再像从前一样剑拔弩张了。

艰难抉择:上不上大学?

家庭环境影响的重要性怎么强调也不为过。在从发现问题到解决问题的路上,霍普金斯夫妇了解到自身也存在问题,就像所有其他父母一样。他们直面自己的偏见,摒弃了原先对成功的狭隘定义。并让约翰尼放心,他们会给他全新的支持。还鼓励他减少一些奋斗压力,寻找更好的应对技巧来管理焦虑。学会改善这方面的情绪技巧、增强心理弹性,对于成功做好升学准备是至关重要的。

不过,直到春末还悬而未决的,是在秋季开学之前,约翰尼到底能不能为大学四年的学业马拉松做好准备。在跟希布斯博士单独进行的一场咨询中,约翰尼说他不想去。是的,他被一所好大学录取了,可他需要暂离学习生活。自然,他不愿意将这个消息告诉父母;谁知道他们会不会因此又一次失望呢?约翰尼尤其害怕来自父亲——那个曾经给他贴上"逃兵""瘾君子"标签的人——的评判。"我想证明他错了,"约翰尼说,"我想让他为我骄傲。"

"所以逃避现实——你为了不让父母失望而倍感压力的现实——是另外一个有待克服的约翰·亨利主义表现,"希布斯博士回答说,"尝试各种可能是一个好想法。不过,可不可以不再像往常那样选择'迎难而上',而是通过勇敢做自己来让自己和父母骄傲?没准你父母会支持呢。勇敢做自己,跟进了大学之后重陷大麻深渊比起来,肯定是更好的应对策略。还没有做好准备就去上大学,往往是中途辍学的前奏。"

知父母莫若子,约翰尼准确预见到他们会抗拒这个提议。不出所料,辛迪试图打消儿子的忧虑("噢,你在大学里会很好的");而父亲约翰则不阴不阳地说,迟些去的意思往往就是永远不去。

为了打破僵局,希布斯博士和罗斯坦博士做了一场家长咨询。他们鼓励霍普金斯夫妇找其他家长聊聊,包括那些曾经不顾孩子的疑虑逼着他们入学的父母。其中一个叫李维的大学生痛苦不堪的大学故事,直接击中了要害:上大学之前,李维曾对高中咨询师说过,他不想直接上大学,因为觉得还没有做好准备;尽管父母坚持让他读医学专业,他却并不确定自己真正想学的是什么。

咨询师建议李维的父母让他暂缓入学。父母对他的担忧置之不理,于是他去了,来到离家数千里的大学。接下来的4年主要活动是逃课、缺考、吸毒,以及时常发作的抑郁。在临毕业前一个月,李维因致幻剂引发恶性体验而入院治疗。他勉强毕了业,但依然不知何去何从。李维缺失了一个重要的发展阶段:在踏足大学之前,他需要充分长大,足够成熟。

为了避免重蹈李维的覆辙,霍普金斯夫妇开始了解蔚然成风的间隔年。走下教育直通车,可能会让父母感到焦虑,但事实是,年轻人在经过一段时间的工作、旅行、义工,或发展其他兴趣之后,会变得更加成熟。在间隔年正式开始被人策划组织之前很久,不少学生就已经在打工存钱上大学了。当今的大学也更加接纳这种高中和大学之间的成长插曲。一些大学和组织,比如美国间隔年协会(American Gap Association)

和美国间隔年集市（USA Gap Fairs）正在倡导这种两段学业跋涉之间的停歇。不过由于正式组织的间隔年项目通常价格高昂，所以不妨也考察一下各种打工旅行项目，如 Ameri Corps，City Year，WWOOF-USA 等。

最终，约翰尼和父母决定推迟一年入学，在此期间他住在家里，继续治疗，同时做些义工和兼职。在这个过程中，约翰尼学会了放下他自我施加的那些引发焦虑的压力，大麻使用量剧减，还开发了更好的应对策略。12 个月后，他终于觉得准备好去上大学了。而他的父母呢？约翰尼的挫折教会了他们去做更好的父母。他们统一了教育立场，学会了既不包办，也不放弃。他们对生理、家庭、社会等各方面给约翰尼造成压力的影响因素有了更深层的理解。约翰尼与父母摆脱了几乎将他们一家冲散的汹涌湍流，变得更加团结亲密。

像许多才华横溢的学生一样，约翰尼只是缺乏成功升学所必需的社交情感和执行功能技能。下一章，我们将深入探讨大学中"成功"的关键因素之一：执行功能。

5

如何计划以及如何贯彻执行

"不管要花多少年,我定将完成大学学业。"

——一位多动症学生

11月初的一天,阿尔俊坐在罗斯坦博士的办公室里,面带愁容。

"罗斯坦博士,"他开口说道,"我有件事要告诉你……"

阿尔俊是一年级新生,笑容阳光、性情随和,是个招人喜欢的小伙子。因患注意缺陷多动障碍(ADHD),定期过来接受辅导。在罗斯坦博士的鼓励下,他吞吞吐吐地说,自己陷入了"某种学业困境"。

罗斯坦博士继续追问详情,阿尔俊说:"写作课我总是逃课,因为我的写作作业进度落后太多。我的微积分也不行,得了个D。"

阿尔俊坦白,上午的英语课他很少上,因为他每晚都在熬夜玩某个网络游戏,通宵达旦,欲罢不能。而微积分课尽管他听不懂,却并没有采取任何行动去跟教授讨论。

阿尔俊心里很清楚,自己应该去上课,应该跟上作业进度,对课程内容有疑问应该去找老师。他也完全明白熬夜玩游戏的危险。本来学习中心可以提供免费的学习辅导,在提前商榷妥当的前提下还可以缓交作业，但是尽管有那么多的资源可用，阿尔俊却没能将自己收复失地的满腔意愿付诸行动。更糟糕的是，他迟迟没有向罗斯坦博士和盘托出这些麻烦，一直到这学期都快拖完。现在的形势，已经不是光靠补救就能解决问题，而是到了需要进行全面危机管理的程度了。

那么，当初火车脱离轨道是怎么发生的呢？

阿尔俊身上，表现出了一个大学生执行功能障碍（Executive Functioning，简称EF）的全部典型症状。用通俗的话来说，就是他很难将自己的意图付诸行动，或者说，明知该做的事，却没有去做。具有注意缺陷多动障碍的人，大约半数都存在执行功能障碍；而超过5%的美国大学生，都具有注意缺陷多动障碍。没有注意缺陷多动障碍的人也可能会存在执行功能障碍问题，例如，分心加拖延的双重麻烦；但其中很多人未被确诊为执行功能障碍，因为他们要么找到了"变通之策"，要么选择了压力较小的环境。当这些人进入更加需要执行功能的场景，症状就体现出来了。执行功能障碍带来的伤害是严重而持久的，因为它往往衍变成各种糟糕的人生局面：学习成绩不好、工作业绩不佳、人际关系长期不和、自尊水平低下、精神问题高发，等等。

在大学生中，执行功能失调是学业落后乃至辍学最确切的预测变量之一。本章将介绍专家们对于执行功能的一些最新发现，并将着重解释，对于刚刚离巢、正在探索打造成年人独立身份的大学生来说，执行功能在他们的生活中起到什么作用。对于执行功能失调的学生来说，那些阻碍学业和人生成功的陷阱是可以避开的。到底该怎么做，让我们来告你。

了解大脑的指挥中心

大多数临床医生将执行功能（EF）视为有效执行独立行动的能力。

例如，神经心理学家穆里尔·莱扎克（Muriel Lezak）将执行功能定义为"使个人能够成功地从事独立、有意、自利行为的能力"。[1] 多动症专家拉塞尔·巴克利（Russell Barkley）则将执行功能归结为个人"用于自我调控的自主行动"，[2] 而这又意味着有能力"为实现某个目标而选择、实施、坚持某些行动"。[3]

换句话说，执行功能让我们能够在回报或者后果并非立竿见影的情况下去把握对长期目标的追求。理解执行功能的另一种方法，是问自己："我该如何有效率地做我打算要做的事情？"一个人越是能有效率地执行达成目标所涉及的多项任务，则这个人在该领域的执行功能就越好。

然而，是什么造就了执行功能？又该如何判断这些功能是否正常运作？

执行功能背后的神经科学本身就很引人入胜；而知晓一些关于执行功能的基本原理，还可以帮助我们更好地理解大学生在各种日常生活忙碌中的认知、行为、情感运作。

构成大脑"中央执行网络"的结构和相互连接会随着时间的推移而缓慢发展，直到成年初期才完全发挥作用。一个18岁的人仍在成熟过程中，其执行功能尚未完全形成。正因为如此，在年轻人迈向完全独立的过程中给予一些监管，对他们来说是很重要的。正常情况下，到了25岁左右，这个过程就完成了。所以关键是要确保这个过程水到渠成，因为大脑的执行网络是一个指挥中心，个人通过它可以有意识地控制自己的思想、情感和行为。否则，对该区域的任何破坏（无论是因为受伤还是疾病），都可能引发健忘、易分心、注意力不集中、冲动、缺乏条理、时间掌控能力缺陷、工作记忆丧失等。

在诸如注意力缺陷多动障碍（ADHD）和自闭症谱系障碍（ASD）之类的神经发育异常的情况下，该网络的成熟过程被延迟或干扰，其结果往往是执行功能缺陷。实际上，最近的研究发现，患有注意力缺失多动障碍的人，其脑部的前额叶、小脑及顶叶网络结构运转不良。所幸，越来越多的证据表明，利他林（哌醋甲酯）这类兴奋药物可以改善这些回路的功能。[4]

这一切是不是意味着，只要出现执行功能失调，我们就可以归咎于基因？答案是否定的：指导大脑正常发育的机制受到三个主要因素——基因、环境和经历，以及它们长期相互作用的影响。因此，一个人是不是容易患上执行功能失调，只是部分取决于其先天。起到更主要作用的，是环境。

例如，我们已经确切知道，产前暴露于某些物质（如尼古丁、酒精、毒品、化学品、传染源等），会促成各方面的执行功能缺乏。而出生后，创伤、忽视、贫穷、社会逆境、教育不足、健康问题、家庭压力等，都会对大脑执行网络产生负面影响。当然，环境这枚硬币也有另一面，那就是，许多保护性因素（包括身体健康、经济安全、教育优质、家庭关系良好）都可以促进大脑宝贵的执行网络发展壮大。

随着年轻人的成熟，他们得到了越来越多的机会去练习执行功能，而受到的监管则逐渐减少。他们学着规划活动，制订日程，分清先后，为日益增多的各种任务合理分配精力、注意力。理想情况下，到上大学时，年轻人将表现出调节自己行为的能力，也就是说，在没有他人持续监管的情况下，采取比较负责和独立的行动。

遗憾的是，一些学生从小到大的生活都被用心良苦的家长、老师或者两者联手打理得细致入微，以至于踏进大学校门的时候，往往还没怎么练习过制订和贯彻计划。这犹如兜头浇下一瓢凉水，让他们不得不清醒过来面对现实：自己尚不具备大学生活每日所需的执行功能技能，尤其是使用每日计划表和待办事项清单、按大学环境需要来调整自己的睡眠作息时间、为长期的任务和考试提前做准备，等等。在大学中尤其容易遇到执行功能困难的，是那些患有注意力缺陷多动障碍、自闭谱系障碍、学习障碍或其他神经发育异常的学生。根据《美国残疾人法》

（ADA），这些学生中有许多有权获得学习环境调整支持，但必须在抵达大学之前进行告知，才能得到相应的教学辅助和（或）课程调整。

大学第一年秋季，孩子即将离开你的视野踏入大学校门。在此之前，依法有权获得学习支持的学生，就应已做出明确承诺，将定期与适配的支持提供者在学校会面。大家总是想确保自己获得所有应得的福利。不过，正如阿尔俊的故事所反映的那样，许多需要特殊帮助的学生在寻求帮助时往往会驻足不前：要么，他们说服了自己，认为自己不需要帮助；要么，强烈的窘迫感、羞耻感让他们张不开嘴求助。

那么，如果学生愿意主动求助，为克服执行功能缺陷作出自己那份重要贡献，教育机构本身又该如何呢？越来越多的院校不愿意再额外承担精神卫生服务提供者的角色，这当然可以理解；但是至少在六个方面，学校可以有所作为，来对执行功能受损的学生提供学业支持：

1. **教学调整**。学生可以要求修改自己的课程表，以便在两次课之间获得充分的学习时间。他还可以要求某些课堂调整，例如选择座位、延长考试时间或做笔记服务。

2. **生活安排**。安静的宿舍、单人间以及理想的校园位置（即靠近教室或食堂）都可能会很有帮助。

3. **学习资源支持**。指定的学习空间，可优先获得的辅导和预定的"学习厅"能够提升学生的学习体验。

4. **学习和实践执行功能技能的机会**。大多数学校提供"大学基本常识"课程，教授基本的日常整理和时间管理技能。执行功能有困难的学生应该上这些课程的"强化版"。

5. **教练**。通过个人或团体教练可以提高执行功能。

6. **面向执行功能的认知行为疗法**。用CBT（认知行为疗法）来提升执行功能是一项很有前途的临床创新，可以帮助个人克服其消极想法和功能失调的行为模式。

针对执行功能受损，似乎涌现出了好几种新的解决方法。例如，我们在自己的实践中发现，解决执行功能缺陷问题的最佳途径，是通过向个人发出各种提醒和信号来帮助他保持正轨。对于阿尔俊而言，这意味着首先要创建由简短指令构成的行为脚本，来帮助他应对那些容易出现"掉线"状态的常见场景。

例如，阿尔俊下定决心不再总是打游戏到深夜，为此他和罗斯坦博士设计了一个脚本，白纸写下黑字，他只有在完成某项任务后才能登录自己最爱的游戏。这样一来，他就有了马上投身功课的动力，而不会往后拖。该脚本还设定了玩游戏的最大时限（最初是 90 分钟）。遵照这个脚本执行下来，阿尔俊终于可以在比较合理的时间上床睡觉了，第二天早上起不来床去上英文写作课的老大难问题也迎刃而解了。这是一种名为实施意向策略（IIS）的干预方法，刚才说的脚本就是应用这种方法的一个范例。在这种方法的加持下，个人得以预见并找出办法来克服各种常见障碍，如分心、打断、动机不足、处理问题效率低下，等等。

阿尔俊还利用环境信号来提醒自己有重要任务需要完成。环境信号包括视觉提示，例如白板上的清单；听觉提示，例如手机闹铃；以及内化的提示，像"10 分钟后，立马开始做作业"这样的口号。这些提示有可能帮助患有执行功能障碍的人更迅速开始一个项目。这些提示还可以激励学生在一项任务上坚持更久、被打断后更快回到工作中，从而提高工作效率。最后，这些提醒可以帮助患有执行功能障碍的人在逆境中保持动力，并在出现问题时找到替代策略。

为增强学生的执行功能，临床医生往往整合多种方法，包括 IIS（实施意向策略）和提示法，以及多动症教练法和认知行为疗法。后两者是针对执行功能障碍大学生最常用的干预措施。

教练法是解决之道吗?

尽管许多关于执行功能的研究都是针对多动症学生这个子集的,但它们对各类学生的广泛适用性可能会让你感到惊讶。越来越多的研究已将教练法锁定为执行功能困难大学生提高成功机会的最重要方法。[5] 教育心理学家弗兰西斯·普雷瓦特等人[6]认为,教练法旨在帮助这些学生在以下十几个不同的目标领域保持正轨:

目标领域构成

学业	学习、笔记、记忆技巧、写作、上课专心、寻求针对特殊学生的学习环境调整服务,等等
时间管理	设定目标并坚持、规划时间、克服拖延、设置提醒、使用日历和日程计划本、准时行动,等等
收拾整理	整理居家和学习空间,妥善存放物品
职业规划	评估、辨别一份职业;规划实现职业目标的步骤
健康习惯	保持健康的饮食、睡眠、运动习惯
生活技巧	理财、打理寓所,从父母的羽翼下独立出来
解决问题	分解任务、找出难点、合理决策
心理教育	学习多动症相关知识、积极维护自身权益
社交场合	建立和保持健康的人际关系、沟通交流、情绪控制、自尊自信
药物	药物管理
动机	利用自我强化来达成目标
应对压力和焦虑	掌握生活技能,缓解与缺陷相关的焦虑和抑郁

资料来源:经作者许可改编自弗兰西斯·普雷瓦特著《多动症大学生教练法》。

对患多动症(和执行功能困难)的大学生的研究表明,如果学生定期接受教练辅导(而且关键是能学以致用),那么他们的学习成绩和执行功能水平都会提高。所以,难怪会有越来越多的大学在其学生学习中心和心理健康中心开设多动症教练课程。就连像 Edge 基金会这样的非营利组织也伸出援手，在网上为全年龄段的学生提供多动症教练法相关的建议和资源。

专家们动辄滥用诸如"行为干预"之类的各种高深术语，相比之下，多动症教练法的核心概念表述往往返璞归真，大道至简。如何将复杂任务拆分成更小的、便于完成的步骤如下：

1. 如何选择一个入手点，以保证自己被该项目吸引。
2. 一旦开小差，如何回到专注于任务的状态。

多动症教练法的名称借用了体育概念，实际方法也与体育教练法内涵相同：学生通过反复操演一套针对性的练习，来将这套技巧打磨到完善。多动症教练法的"受训者"有机会去练习一系列执行技巧：留出时间做计划、列任务清单、使用日程规划本、找出导致行动无法开始的常见障碍，等等。多动症教练法还可以用于非常细致具体的任务，比如说帮助一个学生布置出最高产的实体工作空间。

"明天再说"

患有执行功能困难的人有将拖延进行到拖无可拖的糟糕倾向。《拖延方程式》的作者、励志专家皮尔斯·斯蒂尔这样定义拖延行为："主动延迟意欲开展的行为，即使预见到延迟会使结果变糟。"[7] 你自然有理由问：到底是什么会让一个人反复拖延重要任务，哪怕明知这样会给自己造成损失？

答案的部分原因，在于执行功能失调者身上的畸形奖励机制。当他们面对自己认为具有挑战或者引发焦虑的重要任务时，会对自己说："还不到时候。"——推迟的决定既下，立马有如释重负之感。一个简单的延迟行为，可以带来滚雪球般的效应：它即时解除了负面刺激——即面对艰巨任务产生的不快——然后这又打开了放松的闸门。在数字时代，这通常意味着浏览网页、看网络电视、刷社交媒体或者打游戏。这些都是逃避不愉快任务、获得即时满足的灵丹妙药。这里有个显而易见的问题：数字媒体提供的高度吸引力和刺激感，让人根本都意识不到宝贵的时间已经被浪费掉了。

其他形式的拖延包括：因时间管理不善、健忘、缺乏条理等原因而中断某项高优先级任务；过度专注于（也称为固持于）一项不太重要的任务；意识不到任务的重要性，直到最后一刻（这种情况通常被患者描述为感觉"无动于衷"，而我们称之为"边缘试探策略"）。最后，拖延症的表现形式也可能是，在开动之前必须找到恰好的状态、一切必须在恰好的位置——这种心理症状，被一些治疗师戏称为"前端完美主义"。诚然，每个人都时不时会拖延——所以我们会推迟明知应该开始的节食或者运动计划；但是，患有执行功能困难的人表现出来的是"病理性拖延"，也就是说，他们不断重复拖延，哪怕已经到了灾难边缘。

除非识别出那些用于回避手头任务的"逃避行为"，否则任何人无法战胜拖延。以阿尔俊为例，他和罗斯坦博士很快达成共识，认为是通宵达旦玩 RPG 游戏（角色扮演游戏，通常在线玩），以一种悖论的方式让他无法积极投入学习。虽然他从游戏中确实获得了很多好处（享受、掌握感、社交互动），但他也承受了更多恶果：缺觉、少锻炼、吃饭不规律，而上大学该干的事——学习，他几乎没怎么干。因此，他们将目标精准定位于修改行为脚本，那个让阿尔俊在大学第一学期中途就几乎陷入毁灭的行为脚本。

摆在面前的可选方案很明确：方案一，限制每晚打游戏的时间；方案二，彻底戒断游戏；方案三，允许自己打游戏，但每次少打一会儿，而且只能在完成某些重要任务之后，比如会见教授、上学习方法辅导中心等。阿尔俊认为自己现在还做不到完全戒除游戏，于是选择了方案三。

他还进行了一种非常行之有效的行为模拟练习（这种练习值得危机中的学生独立尝试）：把打算发送给英语教授和微积分教授的电子邮件先写出来，然后练习想要跟他们谈的话，包括他计划如何完成未交的作业。阿尔俊亲眼看到了如何将似乎不可能完成的任务分解为一个个具体步骤，成功地从回避危机模式过渡到了管理危机模式。

你是否有过这样的体验？在开始一件令人生畏的工作之前，你总有各种准备工作要做：整理房间、洗一大堆衣服、精心归置好桌上的每一件物品……那么，想必你不难理解什么叫作"忙碌型拖延"[8]——这是拉塞尔·拉姆齐（Russell Ramsay）博士创造的一个术语，专指通过忙于重要性低得多的任务来回避高优先级任务，同时宽慰自己"虽然是逃避，毕竟也是有成效的"，以此为逃避找借口。用来拖延的忙碌任务往往是手工或者体力劳动，短时间内就可完成，给执行者带来一种明确且让人满足的成就感。

那么，是否可以说服自己的大脑，告诉它，其实某项高优先级任务本质上并不是脑力劳动，而是机械任务，从而骗它去攻克该任务呢？我们大多数人都会认同，一口气写完一篇拖交的学期论文是一件不可能的任务；但是，何不与自己达成协议，让自己完成"来到书桌前、坐下来、花几分钟阅读作业要求"这几项"体力劳动"？或许还可以进一步同意再花10分钟来做"开始为论文写几行字"这样的"体力劳动"？尝试集中精力10分钟之后，如果一切顺利，可以将写作活动再延长10分钟。如果不行，那就另外计划一个10分钟写作活动，在当天晚些时候执行即可。

你可能会觉得这一整套策略过于处心积虑，但它有一个非常直截了当的点：它让你创建一个切实的时间框架，有着明确界定的起止时间，以及基本的短期目标。这些要素共同作用，让紧急重要任务看起来可行可控——而事实上也的确如此。

心态大起底

另一种解决执行功能问题的确证有效的方法，是眼下无论遇到何种困难，都刻意改变心态来面对。我们所有人，无论是家长还是学生，无论是专家还是外行，都会在某种程度上扭曲现实来匹配自己的目标，心理学家将这种趋势称为认知扭曲。除过度拖延外，执行功能缺乏症患者还容易出现以下几种认知扭曲：

1. 魔幻思维："我总会把它做完的。"
2. 放大/缩小："写这篇学期论文肯定会是一场噩梦，尤其是，我本来写作就不行。"
3. 不当攀比："看起来朋友们对这门课十拿九稳，可我却连门都摸不着，我一定是个笨蛋。"
4. 情绪借口："我得找到合适的状态才能开始这项任务，但我现在还不在状态。"
5. 完美主义："我必须先把整件事弄个明白才能动手。"

来我们这里寻求帮助的大学生，大多数都承认自己有过以上一种或多种扭曲的思维模式。为了帮助他们摆脱这种宿命思维，我们的第一步是剥开这些造成逃避行为的认知扭曲。

接下来，我们邀请学生担任"辩护律师"，一起戳穿这些负面想法，来建立积极思维。我们指出，在一场公平审判中，控辩双方都有权发声，但是拖延逻辑在呈现证据的时候，角度往往容易偏斜。

仅听拖延思维的一面之词，其结果几乎无一例外，就是决定推迟开展高优先级任务。那么，辩护律师该如何为行动展开辩护呢？效率思维该如何一一反驳"任务太难""结局不太可能成功"" '最后期限压力下的工作效率最高'还是有道理的"等借口？只要鼓励当事人将麻烦行为的真实情况与错误认知进行对比，其他更有效的任务管理方式就自然会显现出来。

"慢下来，你太快了"

终于要面对一项艰巨任务（尤其是你的大脑一直积极采取对策来回避的那种任务）可能是一种很有压力的体验，这是可以理解的。因此，我们已经设计出了一系列临床方法来"拥抱黑暗"，如果你不介意这里借用末世论的说法。第一步，是要承认并接受那种一想到要解决一个大难题就如黑云般滚滚翻涌而起的忐忑感。我们不会被动等待拖延者心情好了才开始，而是敦促他们"认领"自己的恐惧感，并迎着恐惧逆流而上。

"正念"看似新潮，其实是一种古已有之的做法，也正是此时之必需：稍作平静，深吸一口气，逐一检视此刻由压力带来的各种情绪。紧迫任务使人分心或注意力涣散的事实一旦受到这样的认可，便能解放当事人，使之容忍并减轻压力，而无须依赖逃避行为。从某种意义上说，拖延者通过觉察自己的感受，而不是处理这些感受，来学习抵御转移注意力的冲动。

以这种方式来分析压力场景的另一个优势是，你降低了大脑的反应速度。放慢脚步，才有机会意识到，你的感受只是场景的一面，而不是整个场景——这通常可以让你解除不适感，或者至少减轻其强度。而这又进一步创造了一些喘息空间，让苦苦挣扎的学生得以确定接下来迈出哪一小步，就能踏上正确方向。

计划行动

在本章前面一部分，我们了解了阿尔俊如何使用实施意图策略（IIS）来完成目标。该策略的本质是一份提前决策：为完成任务，具体需要执行哪些步骤，以及何时执行。[9] IIS 让注意的焦点从任务目标转移到了完成机制上。

假设任务目标是阅读若干页某门课程的材料，比方说，20 世纪美国史。有了 IIS，学生就不至于被看似艰巨的任务击垮——"什么，他们指望我一夜之间对水门事件了如指掌？！"，而是参照 IIS，发现他需要做的第一步是，坐在书桌前，连续阅读 10 分钟。同理，如果大目标是完成一个篇幅较大的写作任务，那么 IIS 将以渐进的方式，从容引导学生来到学习空间，静下心来花 10 分钟对论文进行创意思考。

IIS 的成功秘诀在于，它赋予学生给自己开行为处方的能力。IIS 通过有意识地预先定位最有可能帮助任务开始或持续的关键点，让人得以对如何处理干扰或打断做出精确计划。同样，细节是关键：IIS 是由学生自己编写的，为此他们必须要直面并回答一些问题，比如：

1. 以你对自己的了解，什么有助于你开始动手？
2. 踏上正轨之后，什么样的干扰可能让计划脱轨？
3. 如果被打断，你打算如何回到工作正轨？

理想情况下，IIS 将工具交到执行功能困难学生的手上，使他们有办法去构建属于自己的解决问题框架："如果发生 X，我就执行 Y。"就阿尔俊而言，制作 IIS 帮助他发现并屏蔽了某些外部诱惑，即常在一起打游戏的舍友带来的诱惑。他为自己设计的免疫脚本是："如果朋友来邀请我加入他们的游戏，我就说我这会儿没办法加入，但是一完成当天的任务我就会去找他们。"朋友们看到阿尔俊需要专心学习，就用减少游戏邀请的方式来支持他的 IIS，甚至换到别的地方去玩游戏。

阿尔俊是个能干的学生，只是由于多动症年轻人身上常见的诸多执行功能问题，在学业进程上掉了队。然而，通过专注解决他执行功能中影响最坏的问题，尤其是拖延和计划不周，阿尔俊得以采用更有效的方法来完成应该完成的事情。再加上一种针对注意力涣散的多动症药物辅助，阿尔俊很快回到正轨，去迎接大学学业的各种挑战。接下来的三年半，阿尔俊继续使用他学到的这些技能，最终以漂亮的成绩单按时毕业，并在科技行业找到一份有前途的好工作。

PART 2

危机与康复

OF CRISIS and RECOVERY

6

天生冒险：青少年期大脑

> "我发现，因酒精中毒而住院治疗已然成为大学里的常规事件，即便是一流名校也不例外。"
>
> ——巴雷特·西曼，《暴食：大学生不会告诉家长的事》[1]

大学生似乎很容易受到危险行为的吸引，这得归咎于他们的大脑。人类神经系统成熟的方式很奇怪，在成年初期那10年，大脑的奖赏机制比抑制、控制功能要更早上线。其结果就是众所周知的，年轻人那些五花八门的寻求冒险刺激的行为，让家长们叫苦连天，却也误会丛生。

第一次来咨询的时候，乔伊瘫在椅子里，哭得毫不掩饰。"我怎么会摊上这种事？现在我该怎么办？"痛苦万分的乔伊断断续续地向罗斯坦博士诉说了最近发生的事情：地方警局把他给抓了，因为他撞毁了父母的汽车，酒精呼气测试显示为酒驾。他当时是从朋友家开车回去，转弯时速度过快。万幸，事故发生时后方没有来车，车上没有其他乘客，前、侧方安全气囊也都顺利打开，他没有受伤。不过车子彻底报废了，他也面临着酒驾指控。跌到谷底的他，终于开始面对自己行为造成的严重后果。

乔伊的父母和律师联系了罗斯坦博士，要求做精神评估。罗斯坦博士梳理了乔伊的成长史和学习档案，发现他是一个非常聪明、人缘很好，且有运动天赋的学生，然而却被强制停学了。大二秋季学期，由于"屡犯"关于毒品和酒精的校规，乔伊的处罚从原先的留校察看升级为勒令停学。

乔伊高一就开始喝酒抽大麻。起初他还比较有节制，只是在周末和朋友聚会时放纵一把；到了高三，他喝酒次数越来越多，在家也会躲在房里喝酒。有一次，他妈妈在他房间里发现一个空伏特加瓶子，被他用喜欢瓶子设计所以收藏瓶子的借口搪塞过去了。他说他和朋友偶尔喝一点，但绝不酗酒，妈妈只管放心。他还宽慰妈妈说，毕竟他是被第一志愿大学录取的，还拿了足球奖学金，不会乱来的。

跟大多数美国准大学新生一样，乔伊在网上完成了学校规定的酒精基本知识课，然后就来到校园准备享受他全新的自由了。他在大学参加的第二场派对，是由一个颇有势力的"运动靓仔兄弟会"在校外举行的，结果他进了急诊室，原因是他喝醉酒试图爬树，受了轻伤。又过了一阵子，还是那年秋天，他在另一个兄弟会派对上不省人事，又被足球队的朋友抬到了急诊室，被诊断为酒精中毒，留院观察了一夜。出院后，他见了校纪督察，吃了一个警告，并被强制要求参加酒精和物质滥用高阶课程。他还试图为这些事找借口，不承认自己有酗酒问题。他觉得自己只不过是在跟同学保持一致，唯独他运气不好，被抓了。

大一下学期，乔伊加入了全校最为等级森严的兄弟会（想想电影《动物屋》）。作为刚入伙的新人，他宣誓效忠的方式是，每周花20个小时为兄弟会打杂、给学长"帮忙"、参加捉弄新人活动（通常先喝很多酒，接着"捉弄加狂欢"）。那学期乔伊的成绩大幅下降（平均绩点分从3.8降到2.9），然而他却说那是他"这辈子最开心的时候"。毕竟，上大学可不就是来寻欢作乐的吗？

到了大二上学期，乔伊酗酒和抽大麻的量急剧增加。他开始长期逃课泡在兄弟会里，足球训练也经常缺席，还总能找到办法逃过毒品抽查。有个教练向他表示关切，说他看起来"精神不振"，建议他去找咨询师，但他没把教练的话当回事。在兄弟会的万圣节派对上，乔伊又一次不省人事，从楼梯的中间摔了下去，又被送到了去年那个急诊室。他的血液酒精含量为0.4%，被诊断为酒精中毒，收治进住院部。出院后，学校纪律委员会当面通知他：限他48小时内离开学校，且不得申请重新入学，除非经自选的物质滥用治疗机构治疗戒断。

父母问起乔伊是怎么进的医院，又是怎么被停学的，他才承认自己在派对上"有点儿喝高了"。他抗议说，学校太过小题大做，自己只不过是犯了个愚蠢的错误而已，并不是真的喝酒上瘾。父母帮他在家附近物色了一个戒毒戒酒门诊机构。

乔伊参与治疗的态度顶多能算三心二意。他知道怎么说能让咨询师相信他是在认真参与，但在内心里，他坚信自己并没有物质成瘾。他向父母保证自己在进步，父母也就信了他——直到，他撞毁了他们的车，因醉驾被捕，为免牢狱之灾需要进行精神评估和治疗（还不知道能不能免）。

在对乔伊进行全面精神评估之后，罗斯坦博士推荐了一家住院制戒毒戒酒机构来治疗他的物质滥用障碍（SUD, substance use disorder）。显然，乔伊长期使用酒精和大麻，程度严重，必须深度治疗，尤其是考虑到，在酒精、毒品的作用下，他一而再、再而三地做出危及生命的事情。

本章将探讨助长大学生冒险行为的不利因素和环境。我们将回答乔伊的问题："事情是为什么、怎么样发展到这一步的；如何提早预防；已经这样了，又该怎么办？"我们将简要介绍脑部重要的生理和结构变化如何左右年轻人的思想、情绪、行为发展，而这些变化又如何表现为年轻人天然的易造次特质——常见例子就是高中大学酗酒、物质滥用。我们将带你了解社会环境如何助长这些危险行为（准备眼界大开！），并重点强调物质滥用的后果。我们将帮你理解，像大学生饮酒这样看似寻常的行为，是怎样演变为一种严重的物质滥用障碍的。我们会教你评估孩子对酒精及物质使用（ASU）的管控能力，并针对如何讨论安全问题提供重要的谈话技巧。我们还将解释，家长、同学如何阻止物质滥用，以及任何人看到此类事情如何干预。我们将提供有价值的信息资源，助你和孩子在这条极为艰险但终将充满希望的旅途上，平安踏过每一步。

天然为刺激而生

过去20年的核磁共振成像（MRI）研究表明，在12~25岁之间，大脑会经历一系列巨大的变化。这些变化从脑后部启动，逐渐波及脑前部，最终全面改变管辖奖赏机制、行为自我约束以及社交关系的神经网络。然而，任何一个家长，但凡跟青春期孩子有过"你是咋想的"这类谈话，都一定了解，这个皮质层重组计划有一个明晃晃的设计缺陷：与唤起相关的大脑区域，其整合速度，要快于约束冲动、鼓励深谋远虑的前额叶皮质层区域。

结果呢？随着对享乐、社交和性的渴求越来越强烈，年轻的大脑被刺激得失去了刹车能力，无法再控制冒险的边界，尤其是在社交场合。

青少年大脑前额叶的相对不成熟，意味着"三思而后行"的行为自制，被迫让位于即时奖赏机制。标志着执行功能（EF，见第五章）成熟的两大支柱：提前计划、谨慎权衡，此时尚未发展到位，无法约束大脑的奖赏回路。为何冒险成为这一发展阶段的突出特征，为何成瘾、焦虑、抑郁等问题的普遍程度和严重程度在这一阶段特别高，答案皆在于此。当负面体验逐渐累积，这些问题就会浮出水面，击垮年轻人的应对能力，带来过度压力、痛苦烦恼，最终导致精神心理疾患。

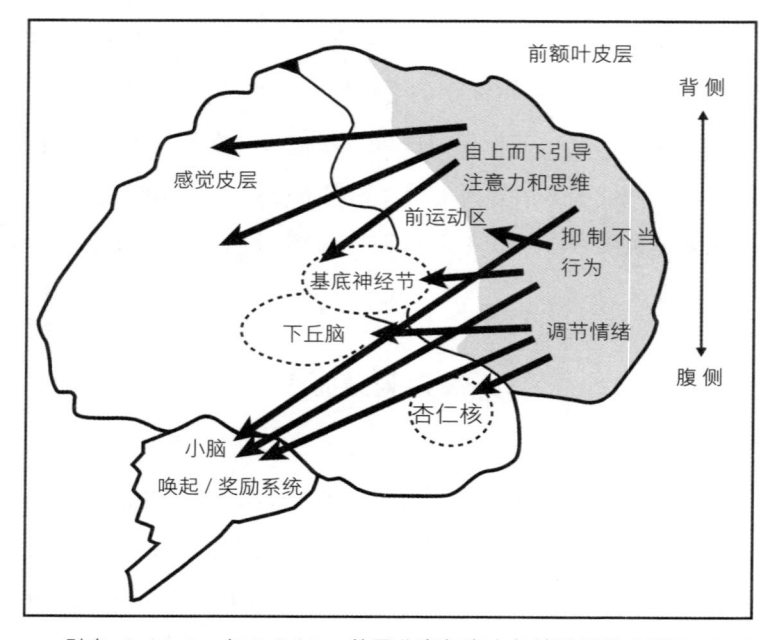

[图示：大脑结构示意图，标注包括前额叶皮层、背侧、腹侧、感觉皮层、自上而下引导注意力和思维、前运动区、抑制不当行为、基底神经节、下丘脑、调节情绪、杏仁核、小脑、唤起/奖励系统]

引自：A. Arnsten 与 K. Rubia，美国儿童与青少年精神医学会期刊，2012 年 [2]（A. Arnsten and K. Rubia, Journal of the American Academy of Child and Adolescent Psychiatry 2012）。

当青春期完成对大脑结构的改造时，大脑的运作将发生三个重要变化：

1. 信息处理变得更快、更高效、更精确。
2. 推理能力扩展到包括演绎逻辑、抽象思维和更敏锐的感受能力。
3. 在获取技能和解决问题方面日臻完善。

从进化角度来看，青少年有了这些变化的装备，才得以晋级到成熟的大人角色，担负起个体和集体生存的任务。

天普大学的劳伦斯·斯坦伯格探究了为何从童年期到青春期冒险行为会上升，从青春后期到成年期又会下降[3]。他和同事让3个年龄组（青少年组：14~18岁；初成年组：19~22岁；成年组：24~29岁）的研究对象在 6 分钟内以最快速度驾车穿越 20 个路口（别担心，用的是视频驾驶模拟器），然后测量三组人冒险与任务完成度之间的平衡。每到一个路口，交通信号灯都会变黄，这时研究对象面临选择：他们可以停车等待 3 秒直到信号灯变绿，也可以直接闯过去。如果他们成功闯过黄灯，并不会受罚；但如果闯出了事故，后面就会延误 6 秒。

其实这里最关键的还不是交通信号灯的颜色。研究测量了每个对象在两个不同情况下做出冒险决策的百分比：一个是独自驾驶模拟器，一个是在一位同龄人的观看下驾驶。（见下图。）

信号灯任务表现

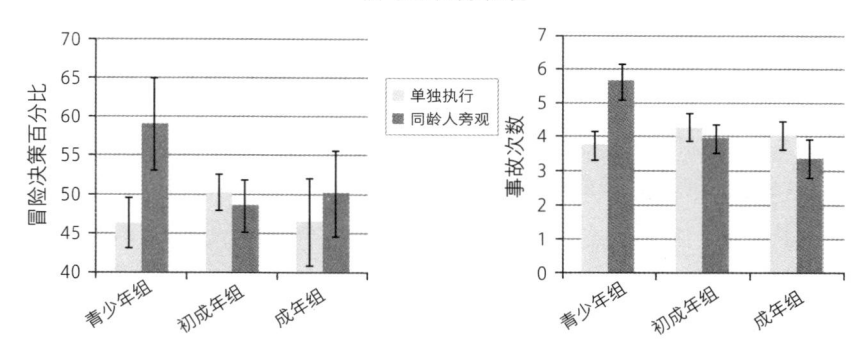

引自：J. Chein 等，《发展科学》，2010 年 [4]

哪一组表现最差呢？ 14~18 岁有同龄人旁观组。用功能性磁共振成像机（fMRI）监测驾驶中的研究对象，可以见到青少年大脑的奖励回路区出现显著变化，但初成年组和成年组的大脑并不会出现这样的变化。

该研究的现实意义在于，在青春期中后期，冒险冲动压过理性判断是正常的——尤其是有朋友在场的情况下。当然，家长伤脑筋也是正常的！这一研究结果或许会影响家长对 14~18 岁孩子设限的尺度，尤其是在那些容易产生冲动行为或行为受同伴影响的场合（开车、派对……）。最起码，这个研究清晰地描绘了在面临鼓励冒险的社交情境时，青少年的大脑是如何丢盔弃甲的。如果青少年还患有注意力缺陷多动障碍（ADHD）、自闭症谱系障碍（ASD）、抑郁症、焦虑症等，其个体成熟度往往落后于实际年龄，情况就更是如此了。

上瘾物质滥用

物质滥用对成绩和毕业率的打击都是巨大的。过去 10 年内的全美范围调查证实，酒精与物质使用（ASU）在美国青少年和初成年人群中普遍存在。未够年龄饮酒不是偶然，而是常态；而滥饮（定义为过去一个月中任一场合，男性一次饮酒 5 杯或以上，女性一次饮酒 4 杯或以上）发生率在高中高年级生中大约为 1/5，在大学生中将近 1/3。

千万别以为大学里喝酒带来的问题仅仅是醉态百出、颜面尽失。多达 1/4 的大学生承认，喝酒给自己的学业带来了各种后果：上不成课、交不了作业、论文考试不及格，等等。大约 40% 的滥饮者有作业或考试不能通过的记录，而在从不滥饮的学生中，这个数字只有 7%。同样让人忧心的还有，据美国酒精滥用与酗酒研究所（NIAAA）估计，符合酒精使用障碍（AUD）诊断标准的大学生，竟然多达 1/5！

有些孩子宽慰父母说："别担心，我不喜欢喝酒。我只抽大麻。"高中高年级生和大学生中，经常使用大麻的（定义为每天或几乎每天使用）有 1/5；其他形式的非法物质使用，包括未经许可使用处方药，已成为这个年龄段 1/10 成员的顽固行为。

或许更让人担心的是，年轻人看不到这些放纵行为的潜在危害。就拿大麻来说，高中升大学的转换，往往伴随着危险感知能力的下降，而获取大麻的渠道却在增加。

大麻使用还会造成深远的长期后果。最近研究已证实，长期使用大麻会对智力、认知（包括执行功能）和动机产生负面影响。此外还存在的风险是，单纯地使用可能会沦为使用失调症（更通俗的名称是"上瘾"）。尤其是在基因风险特别高的青少年中（占青少年总人数25%），习惯性使用大麻与更高概率的其他物质使用失调症相关联，也与高出11倍的精神病和精神分裂发作风险相关联。

"拼命学、拼命玩"

关于酒精与物质使用（ASU），当今社会给年轻人传输的信息是混乱的。这边厢，有人严厉告诫他们过度饮酒的危害；那边厢，又有人邀请他们去购买高级葡萄酒、精酿啤酒、名牌伏特加酒，甚至是手工制作的大麻品种。可悲的是，大学生活中的社交压力在这场角力中恐怕占了上风，最后胜出的则是鲁莽孟浪做派。

你只需要访问像 collegepartynation.com 这样的热门网站，即可看清酒精与物质使用是怎样在大学里发酵成滥用的。该网站声称提供"举办派对所需要的一切"，主页设置了15个菜单键，点进去是关于派对和饮酒的海量信息：酒桌游戏、一口闷烈酒、派对酒水配方、祝酒词、派对主题、调酒术语、花式调酒招数……在这里你可以学到8种花样的啤酒杯投球游戏，也能学会调七大类、共79种不同的一口闷烈酒，什么生日一口闷、甜点一口闷、随意一口闷以及新手/女生一口闷，等等。当然，每个网页的底部都不起眼地打着"饮酒须谨慎"的免责声明，真是讽刺。

同样，还有许多网站上挂着大学里的大麻派对视频，充斥着各种场所抽大麻、水烟筒和大麻烟卷的镜头:在寝室、兄弟会楼、酒店房间、公园……学生轻易就能在网上找到各种教程，学会如何种大麻、买大麻、吃大麻、用大麻烹饪，以及如何手工制作烟管、水烟筒等一整套装备来消费大麻。总之一句话：欢迎来到大学，这里派对不止，狂欢不歇！

这些画面最让人震惊的地方在于，它们过于真实地反映了校园社交生活的现状，尤其是在周末。社会学家丹尼尔·尚布利斯和克里斯托弗·塔卡克斯花了8年时间贴身观察一群将近百人的本科生，从头至尾跟踪他们在汉密尔顿学院（纽约上州一所小型文理学院）的生活，然后将他们的观察记录成书《走进大学》（How College Works）[5]。下面的一段摘录，生动描绘了美国校园里那种有意无意合理化社交饮酒的氛围：

> 周末傍晚，一群朋友早早地就聚在某个人的寝室里，开始"赛前暖场"（借用体育赛事来比喻）：打扮上、小酌一会儿、然后说服自己出去来个"大冒险"（主要是派对）。他们互相打气，讨论接下来的计划；他们试穿这件裙子、那套西装，打算先秀给朋友看看，再去陌生人面前闪亮登场。然后他们就出门去浪了——一帮人从一个地方晃到另一个地方，从一场派对晃到另一场派对，再去打把游戏，然后又去参加一两个派对，再去吃顿夜宵，然后回到某个人的寝室，继续搜寻赋予周末特殊魅力的其他冒险活动……整个周末大冒险充满了新鲜奖赏的刺激和一些危险（当然随时可以撤退），但它主要是检验自己位置和能力的一种特别直接的方式（尽管并不一定准确）：我酷吗？有吸引力吗？我有朋友吗？有几个，还是很多？

周末晚上，走在美国任何一所大学校园，你都能听到酒杯酒瓶叮当作响，或者闻到刺鼻的大麻味，从某个窗户里飘散出来，里面是某个兄弟会姐妹会在举办活动，或者就是在某个寝室、公寓的即兴聚会。随着夜色越来越深，笑声却越来越响亮，聊天越来越不着边际，派对客的动作也越来越不协调。人们沉重的身体开始东倒西歪地靠向别人，又随着一阵阵不可控制的傻笑头重脚轻地栽下去。醉瘫在地的，被人拉起来拖到最近的沙发或者扶手椅上，或者丢在一张空床上任其不省人事。每当酒吧打烊，或者一场正式派对结束的时候，街上满是醉醺醺的狂欢者，摇摇晃晃地赶赴下一场保留节目"余兴派对"，终极目标就是：天色不放亮，狂欢不散场。

凯琳·费舍尔和艾瑞克·胡佛发表在《高等教育纪事报》上的文章《酒之河：透视大学城纵酒乱象》[6]详细描述了佐治亚大学一个酒气熏天的周末场景。他们采访了校园警长、制作假身份证的大学生、酒吧老板、资深派对客和校园健康教育工作者，多层次地描绘了一幅泡在酒里的社交图景。文章结尾痛心地指出，尽管执法部门、健康倡导者、大学管理层竭尽全力，但仍然无法阻止当前盛行怂恿大学生纵酒的校园文化。

假身份证作坊、酒吧连日不断的"欢乐特价时间"、名存实亡的噪声管理规则、源源不断的酒精灌溉着的希腊字母圈子[7]：这些力量合谋，制造了一种根深蒂固、积重难返的校园文化。所以，不管你的孩子是刚要上大一还是准备博士答辩，你们双方就此事深谈一场都绝不算晚——谈谈这种文化的根源，谈谈它是否真的无法撼动。该提出的最关键问题是，你的孩子与这种文化是什么关系，以及他/她是否能看清它将对自己的健康福祉造成真实的危害。

一片混沌

如今这种一直喝到不省人事的风气（我们真不知道还能叫它什么），已经形成一种特别令人忧心的趋势。北卡罗来纳大学大四学生艾希顿·凯里克写了一篇评论投给校报（后发表在《纽约时报》上），文中她认为，那种一直喝到神志不清的学生，是在应对大学生活中过大的压力。她还描绘了这种做法如何司空见惯到让人脊背发凉的程度：

于是，要不要一醉方休的内心挣扎，最终化作一个简单的问题：为何不呢？谁也不会拦着你呀。周围环境都是熟悉的，你觉得自己要是喝断片儿了，总会有人把你送回去的。大多数时候你也确实被送回去了，这让你低估了真实的风险值，而且开始放纵这种情形，每个周末都一再上演……而我们其他学生对待同学醉翻的态度，也是这种事变得随处可见的部分原因。我们竟然还觉得挺好玩，第二天我们会拿同学的荒唐事迹来打趣：倒在厕所地上不省人事，跟随便遇上的人亲密热舞还发自拍……这种打趣就像是在认可这种做法，怂恿当事人再接再厉。喝断片变得如此寻常，就算你自己不这样做，也会理解别人这样做。大家都默认这是一种减压方式。要是多说两句，倒显得你指手画脚。[8]

就算酒精与物质使用的个体因素没有影响你，或许集体因素还是会绊倒你。兄弟会、姐妹会、品酒俱乐部、运动队等，都是有案例记录的危险饮酒推手。凯里克写道，兄弟会派对上最流行的游戏就是"铐着灌（cuff and chug）"："你和搭档被铐在一起，直到两人一起喝完1/5的酒。更刺激的玩法是，用记号笔在胳膊上计数，看喝断片之前最多能喝多少杯。在男生中，得分高是一件倍儿有面子的事。"[9]

据1993年对17500名大学生进行的一次全国调查发现，90%的兄弟会场所存在酗酒滥饮的现象。这一状况直到今天也没有多少改观。有研究者最近总结说："尽管人们从校规、教育课程、法律等各方面努力，试图减少大学校园里的危险饮酒现象，但似乎都对兄弟会姐妹会成员影响甚微……而且也没有什么迹象表明，大学管理者在对兄弟会成员的不端，甚至非法行为进行追责。"[10]

宾夕法尼亚大学学生风纪部前负责人米歇尔·戈德法伯说，她承认希腊社团"承担了很多服务项目，促进了校园文化"，然而"由于疏远和隔离其他学生，他们与非社团成员的社交变少了，这会产生非常负面的影响。此外，他们的饮酒文化制造了一种豪饮的期待。兄弟会派对上总是充斥着大量的喝酒游戏：用漏斗、水管灌啤酒，从冰酒塔桶里接高度酒喝——导致人无法控制自己的量。这很疯狂也很危险，但人们却接受甚至要求——你喝过头。"

全国兄弟会组织管理者说，公平来讲，并不是这个国家的每一个兄弟会姐妹会都失控了，而他们对校园生活的贡献也大于消极影响。大多数地区分会都声称对酒精与物质使用有着严格的管理条例，对于违规也有着处罚措施。为了保持良好的声誉，它们必须证明自己遵从安全守则和行为规范，否则可能永久失去许可。然而最近的研究显示，希腊社团依然在对大学管理者造成棘手挑战，也给家长留下了一个大大的问号：如何保护易受影响、易冲动的孩子不受伤害？社团捉弄新人、兄弟会派对过量饮酒造成的意外死亡在新闻里层出不穷，让我们不由得重新审视这些老规矩的内核本质。此类事件频频曝光，能否遏制美国大学校园泛滥的酒河，我们还将拭目以待。

无心之失法则

学生为酒精与物质使用付出的代价是沉重的。每年，有超过 1800 名大学生死于与酒精相关的意外伤害；约 700000 名大学生被其他酗酒的学生侵犯；110000 名大学生承认曾经醉到不记得自己是否同意发生性行为；97000 名大学生承认遭受过酒精相关的性侵或约会强奸。

喝酒可能诱发不当性行为——警惕这点，对大学生避免或应对此类危机很有帮助。2006 年的一项研究甄别了促成"派对强奸"的各种因素，包括校外派对（尤其是兄弟会会所）、酒精，以及精心控制着酒精供应和消耗的猎艳男性；再加进一些其他危险因素，如同伴压力、地位诉求，以及对公共场合失控毫无羞耻心，性侵的发生简直在所难免。一位本科男生接受研究访谈时证实：

> 女生被不断灌酒。虽说主要是为了制造派对气氛，但我的室友们显然对酒能乱性心知肚明。我曾见过一个室友堵着门不让女生离开他的房间；还有几次我开车送女生回家，她们肯定是有过性行为，但都已经不太记得晚上发生了些什么。我室友的纵酒之夜，几乎没有哪一次是没发生性行为的。我知道，也不一定就是实打实的性侵，但看着满屋子的酒，我表示怀疑这其中能有多少自愿成分。[11]

不管是家长还是学生，都需要知道这条底线：在一方或双方受酒精或其他物质影响的情况下，所谓的性同意是经不起推敲的。实际上，正是由于约会强奸和派对强奸的盛行，2013 年才通过了《校园性暴力消除法》。该法规要求所有高校对学生和教职工进行关于预防强奸、熟人强奸、家庭暴力、约会暴力、性侵、跟踪骚扰等方面的教育。在反馈、约束措施、预防教育等方面，该法规也将更大部分的责任直接交给大学本身。最近有声音呼吁对该法规做出重大修改，使之更公平地对待被指控有不当性行为的学生，不过总体上，校园文化和国民意见还是更倾向于加强保护性侵受害者。

想要进一步了解该问题的广度和深度，请访问全国性暴力资料中心的网站（www.nsvrc.org）。该网站向大众提供相关信息知识，以发人深省的数据来预防未来的性暴力。比如校园性侵，你是否知道，90% 的校园性侵受害者认识侵犯者，以及 3/4 的肇事自首者在犯事前曾经饮酒？

过量饮酒还潜藏着酒精的另一种常规危害：酒精中毒（叫濒死也未尝不可）。大量的酒精会产生多种毒性作用，从呕吐、呼吸减慢或呼吸不规律、失温、精神错乱，到木僵、昏迷乃至死亡。回想一下，乔伊就是在参加一个兄弟会万圣节派对后出现木僵症状被送往医院的。如果他的兄弟们反应不够快,他很可能当晚就小命不保了。

对于全国各地的大学管理者来说,周一早上返回岗位,先摸查周末因酒精或其他毒品过量紧急送医的数字,已经成为他们的常规工作了。幸运的是,大多数干预措施都能挽救生命。戈德法伯讲过一个打篮球的大一新生喝醉酒的故事。他被队友从派对送回寝室,室友和宿管叫队友把他丢到床上,让他像往常一样自己睡醒。队友不同意这样做,他把这个近乎昏迷的家伙扛在肩上,背到好几个街区外一家医院的急诊室。医生给他插了管,并告诉救他的队友:如果丢下他不管,他几乎必死无疑。

这次死里逃生的经历化为一记警钟——康复之后,这个篮球队员成了学校酒精纠察组的活跃分子。他宣传过量饮酒的危害、敦促学友们正视自己的危险饮酒习惯。新出台的医疗豁免规则,对帮助同学紧急求医者,免除低龄饮酒追责和处罚,因此挽救了无数生命。

家长们面对如此庞大的校园问题,会有束手无策之感,于是出现各种说教、责骂、威胁,或者自己忧虑成疾。在本章结尾,我们将讨论家长如何更有效地与他们的子女谈物质滥用问题。

"不是我们以为的那种'学补'"

美国的"聪明药"泛滥问题近来颇受媒体热议。实际上大学生改变处方药用途,把它们用作学习助力,这样的事情由来已久。80多年前,科学家引入硫酸苯扎德林(消旋苯丙胺)来治疗抑郁症,之后没几个月,就有大学生在期末考前"抱佛脚"的时使用它,引得1937年5月10日的《时代》杂志刊发了一篇危言耸听的警世文,而"清醒丸中毒症"也成了当时大学健康负责人的新忧虑:"晕倒、昏迷、失眠的学生,都被怀疑使用了这种药物。"

尼古拉斯·拉斯穆森在《速度:苯丙胺的前世今生》[12]中回忆,"二战"期间,无论是同盟国还是轴心国部队,都使用这种药物在连续战斗中保持清醒。在接下来的三十年里,苯丙胺在学生、士兵和节食者中广泛使用,直到 1971 年被宣布为麻醉品,并被药品执行局列为"管控药品"。

由于兴奋剂可提高注意力,减少困倦、增强耐力,因此常被用来提神醒脑,在学生、卡车司机、护士、医生、运动员、士兵中都有使用。你可能已经听说过,这种兴奋药物的非医疗用法被称为"标识外使用"。不过,为了删繁就简,也为了与美国医务总监最近发布的《直面美国成瘾现象》[13]保持一致,这里我们使用"兴奋剂滥用"的说法。

大学生滥用兴奋剂主要是为了提高注意力、考出更好的成绩、改善学习习惯、保持清醒不瞌睡。最近的一项综合分析,调查了 20 个关于大学生酒精物质使用的案例,发现兴奋剂滥用与吸烟、酒精滥用以及大麻依赖之间存在强相关性。[14] 更令人担忧的是,一些学生据称为了加速药物作用而鼻吸兴奋剂。这实在是制造疯狂,至少是埋下痛苦:鼻部吸入会"泵高"颅内压,其危险程度之高,足以引起中风或其他脑血循环故障。

兴奋剂滥用在希腊社团中流毒尤深。一项研究[15]显示,在一所大型州立大学兄弟会中,有 8% 的成员合法拥有注意力缺陷多动症(ADHD)药品处方,这是全国大学生 ADHD 发病率的两倍。而曾有过兴奋剂滥用经历的竟然高达 55%,约为全国平均水平的三倍。以下数据都算不上意外了:九成受访者表示兴奋剂容易获得,同样也是九成的人,认为兴奋剂最多只有轻度危险。

将处方药分给他人,又称"处方药非法流转",在大学里似乎是司空见惯的行为。在已知的非法使用药品案例中有 2/3 的兴奋剂提供者是拥有多动症处方的同龄人。根据另一项调查,在拥有多动症药品处方大学生中,只有 1/3 的人没有非法流转自己的处方药。[16]

这些趋势如何影响大学生个人?随着大学里的学习压力与日俱增,

兴奋剂成了获取学业成就的一条捷径，却并非应对心理压力的良方。实际上，《纽约时报》[17]和《纽约客》[18]都曾派出暗访记者，伪装多动症症状骗取兴奋类药品，从而证实了整个系统是多么容易被滥用。

"吸了毒你的大脑就是这样"

还记得 1980 年代那些吓人的公益广告吗？一个男人将一个新鲜鸡蛋砸到热煎锅上，然后阴恻恻地说："吸了毒你的大脑就是这样……"故意简化的信息是想表达：滥用毒品毁大脑。可是这样的广告不仅仅达不到效果，可能还起了反作用：大多数的年轻人（也就是目标受众）看了之后，只觉得夸张搞笑。

由于接触精神药物将给大脑的结构和功能带来各种急、慢性变化，因此依然是当今大学生家长亟待关注的事情。尤其是，当你不再认为酒精物质使用（ASU）对于年轻人来说很"正常（本义）"的时候。所以，我们有必要花点时间了解一下，快感诱发物对大脑的作用机制究竟是什么，这有助于解释为什么某些人格类型（"追求新奇者"）容易不当使用各种物质，以及为什么其中还有一部分会继续发展，转为滥用、依赖或成瘾[统称为物质使用障碍（SUD）]。

《直面美国成瘾现象》[19]有一章是关于物质使用、滥用和成瘾的神经生物学原理，非常具有可读性。美国医务总监的报告，描述了大脑的三个关键区是如何以各种方式相互作用并指引人类适应环境、提高生存概率的。每当人遇到一种快感诱发物（无论那是巧克力、冰淇淋还是酒精），这三个处理中心都会被特别激活，但激活方式各不相同。

正常的物质使用，让人们可以从享用喜爱的食物饮料中体验满足感，而不必遭受长期的不良影响。相比之下，成瘾是一种重复的模式，无论是暴饮暴食还是烂醉如泥，都会带来不良后果及戒断反应，让大脑陷入不断渴望下一个高潮体验的怪圈。

最初体验成瘾物质，效果往往十分强烈；反复使用，则会"钝化"其效应，需要更大量或更频繁才能获得同等感受；一段时间之后，一旦停用，就会引发负面情绪，促使个人再次使用以减轻痛苦；最终，使用者开始心心念念想要取得该物质，不良后果被抛诸脑后，习惯从此根深蒂固。物质使用障碍的一个标志，就是丧失停止使用它们的能力。

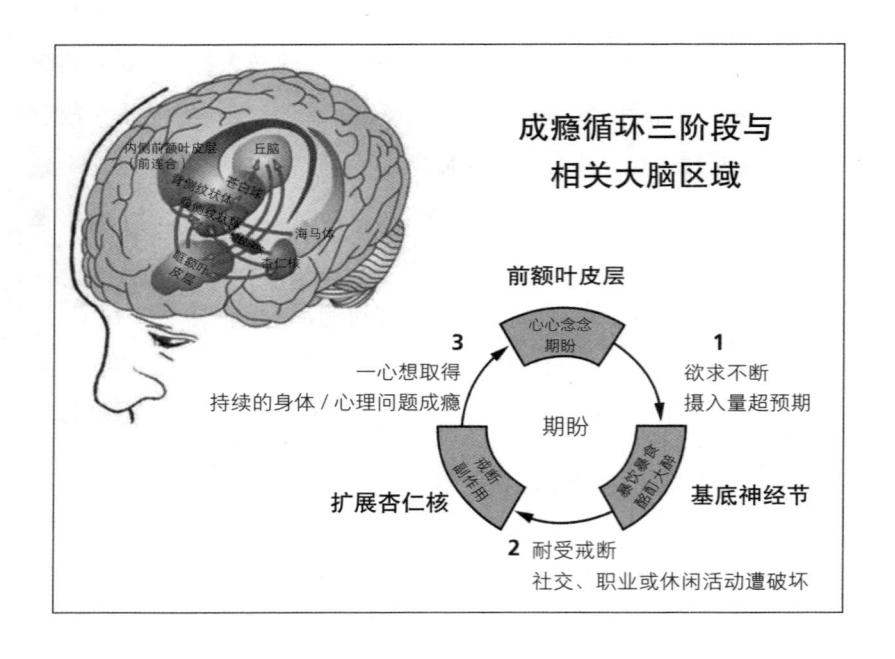

成瘾循环三阶段与相关大脑区域

前额叶皮层 — 心心念念期盼
1. 欲求不断 摄入量超预期

基底神经节 — 期盼

2. 耐受戒断 社交、职业或休闲活动遭破坏

扩展杏仁核 — 戒断 副作用

3. 一心想取得 持续的身体/心理问题成瘾

《精神疾病诊断与统计手册》（第五版）DMS-5 关于物质使用障碍的诊断标准

1. 使用该物质的量和时间超出预期。
2. 想要减少或停止使用，但无法做到。
3. 花大量时间来获取该物质。
4. 渴望该物质。

5. 由于使用物质，频频导致无法履行工作、学校或家庭中的重要任务。
6. 尽管该物质导致或加剧了社交、人际问题，使之持续或反复出现，但依然继续使用该物质。
7. 由于使用物质而停止或减少重要的社交、职业或休闲活动。
8. 在危害身体的情况下依然反复使用该物质。
9. 尽管承认存在持续或反复出现的身心问题，但依然使用该物质。
10. 耐受（定义为需要显著增加摄入量才能陶醉或继续使用相同的量但效果显著减少）。
11. 出现以下两种形式之一的戒断反应：典型的戒断综合征，或者必须使用物质才能避免戒断症状。

引自：《精神疾病诊断与统计手册》（第五版）[20]。

如果只有两三个症状，可以诊断为轻微障碍。出现 4~5 个症状，为中度。如果有 6 个或更多症状，则病情为重度。DSM-5 规定了 8 种不同类型的物质使用障碍：酒精、大麻、致幻剂、吸入剂、阿片类药物、镇静剂/催眠药/抗焦虑药、兴奋剂以及烟草。遗传因素被认为占个体风险差异的 40%~70%，早年压力源（如遭受创伤或失去重要关系）与成瘾密切相关。

值得家长高度重视的是，早期接触某种物质会增加以后成瘾的可能性。不过，《直面美国成瘾现象》对这方面的风险值做出了限定："尽管低龄人群特别容易受到物质使用的不利影响，但并非尝试酒精或毒品的青少年后续都会发展成物质使用障碍。"那么，如何降低年轻人成瘾的风险，以及如何发现一个人已经超越可接受程度，跨入危险使用酒精物质范围，这就成了父母、教育者和临床医生的一个中心关注点。

美国医务总监的报告还指出，已有许多确证有效、性价比高的预防项目，可以降低物质使用障碍的发生率和严重程度，尤其是在防止滥用酒精方面特别有效。

为什么说"一分预防胜过十分治疗"

既然大学生酒精物质使用的情况如此普遍，那么父母该如何帮助年轻人预防风险呢？很明显，以禁欲的方式，像"坚决说不（Just Say No）"之类的反毒宣传，根本就达不到效果。名为"禁酒运动（Prohibition）"的社会实验，在阻止美国公众饮酒方面基本失败，正如"向毒品宣战（War on Drugs）"未能遏制大麻和其他物质的使用一样。我们要面对现实：来自权威人物的一句简单口号或者制裁威胁，在狂热的社交场合根本就不能帮助你的孩子做出明智的决定。务实才是父母的选择：在真诚、实际的框架下，与孩子开诚布公地讨论饮酒、暴饮和非法使用物质等问题。

物质使用障碍早期预警迹象

1. 翘课（尤其是因为睡过头）。
2. 学习成绩下降。
3. 过度困乏；总在睡觉。
4. 记忆力和/或注意力下降。
5. 被直接问到酒精物质使用的问题时，回答含糊或者躲闪。
6. 异乎寻常的不修边幅。
7. 体重异常或剧烈减轻/增加。
8. 说话含糊不清或者前言不搭后语。

9. 眼睛充血；经常流鼻血。
10. 身体或衣服上有异味。
11. 可疑外伤（尤其是头部外伤）。
12. 新发震颤或癫痫。

关于这项任务，有一本非常好的参考书：《家长手册：如何与大学生讨论酒精问题》，作者罗伯特·图里西，是宾夕法尼亚州预防研究中心的顾问。编写完这本手册之后，图里西和同事们对其进行了多次临床试验，让他们欣慰的是，该手册被证实可以有效减少不当饮酒行为——如果能在上大学之前用上的话（对于已经体验过大学生活的学生，该手册的影响较小。）以下讨论大部分内容直接来自《家长手册》，在此提醒家长，全书内容亦可轻松上网获取，网址为：www.bucknell.edu/Documents/Communication/WHPS/BU_ParentAlcoholHandbook.pdf（我们感谢 Turrisi 博士将这一宝贵资源免费公开。）

该手册列出了各种交流工具和策略，使父母和青少年能够以建设性、开放性的方式谈论饮酒。这种方法的根基是，家长与学生之间的交流可以产生直接而持久的影响。尽管人们普遍误以为青少年会屏蔽长辈的观点，但其实父母在预防酒精滥用（尤其是暴饮）方面可以有所作为。最近一项全国大学健康调查显示，父母是大学生寻求重要信息的第一来源。

不过，要将信息传达到位，最有效方法是什么？为了深入全面地回答这个问题，手册提供了最相关的统计数据和沟通策略，并将读者链接到相关网站，例如由国家酒精滥用与酗酒研究所维护的网站 www.niaaa.nih.gov。接下来，我们将摘取一些最关键的要点，来说明家长和青少年之间如何展开有效对话。

家长能做什么

首先，家长要了解相关事实，然后准备好以不评判、不指责的方式去讨论这些事实。在初次交谈时，一定要表达出开放的态度。为了有效沟通，就要将你倾听、理解孩子经历的愿望表达出来。自始至终都让孩子放心，你会尊重他们的观点并信任他们。让孩子讲述他们的经历，然后鼓励他们说出对这些经历的反思。不要指望孩子同意你的观点。

对将要听到的事情，你可能没有做好准备，或者并不赞同，那么就请约束自己，保留你的批评意见，不带防御地倾听。最为重要的是，父母应该克制自己不对孩子发火。研究表明，青少年中饮酒比例更高的，是那些在家里被父母过多说教，或者粗暴否定、严厉惩罚的孩子。相反，当年轻人感到他们可以信任父母并得到父母的信任时，他们往往不会喝那么多酒。

父母将这些谈话技巧应用于任何一场不那么轻松的谈话，就可以为产生积极的效果打下良好基础。

家长还应准备好回答关于自己过去学生时代的行为和饮酒的问题。关于如何最好地处理这个话题，并没有什么硬数据可供参考，所以，跟着感觉走吧。鉴于年轻人都装备了高度灵敏的"扯淡检测器"，因此真实诚恳恐怕才是上策。

那这是不是说你必须事无巨细、绘声绘色地描述你的过往呢？当然不是。你只需要表现你的笃定：你对他们将要面对的事情有着亲身了解，他们遇到任何困难时都有你为他们撑腰。但如果你还没有准备好讨论自己学生时代的往事，那就直说。当然，如果存在任何成瘾家史，你都有义务向孩子如实陈述，所以该讲的还是要尽量早点讲。

父母可以协助孩子设计一个现成的应对方式，使他们能够自动抵御饮酒的社交压力。让孩子想象自己身处校园里的某个场合，在场的每一个人都在喝酒或者吸毒，他该怎么办？你可以帮他装备一些简单的、缓解气氛的说辞，在这种压力场景下可以很方便地拿出来用，比如，"我不会喝酒"或者"不好意思哥们儿，酒精就是我的克星"。当然，孩子自己肯定能想出更好的说辞。这种"快速反应挡箭牌"，对于想规避酒局性侵风险的女生来说尤其重要。

与青少年讨论酒精物质使用的谈话技巧

1. 选好时间。等到双方都相当放松、平静的时候再开始讨论。或许父母可以请孩子去外面一起午餐，这样就有了一个中立的地盘，双方可以坐下来，互相倾听。
2. 放下手机——你们俩！专心听，不要一心多用。让对方把话说完，不要打断，全神贯注于对方当下的表达。
3. 把尊重说出来。一有机会就告诉孩子，你为他们有能力应对逆境感到自豪。
4. 诉诸共同目标。提醒孩子，你跟他们站在同一边。强调共同的目标（比方说，孩子的健康和安全是你们双方的共同愿望），并以此为基础提出指导和建议。
5. 避免谈话杀手。"这个家里谁也不能这样做"就越界了，应该避免。
6. 承认冲突是正常的。要认识到，分歧是了解对方立场的机会，而不是让你采取防御姿态的威胁。
7. 允许暂离，如果进展不顺利。
8. 使用肢体语言要小心、得体。说话时的姿态会泄露你的真实态度。
9. 避免进入辩论模式。给你一个对话小技巧：尽量不要在句子开头使用"你"，因为这会让对方感到被攻击。如果谈话引发了一场小辩论，可以试着这样开解：显然双方是在以不同角度看同一个问题。

家长应该帮助青少年破除一些常见的误解：体育锻炼不能让你更快醒酒，咖啡也不能（只能让你"醒着醉"）。肝脏代谢酒精的速度无法加快，在此期间酒精将持续扭曲大脑功能、判断力、视觉以及运动技能。这些知识必须掌握，因为无论老少，人们对自己功能丧失程度的判断力都奇差无比。还有，酒精与药物同服（哪怕是阿司匹林和镇静剂之类常见药物）可能产生危险副作用，复习一下这个知识点同样也不会有坏处。

最后，不要犹豫，明确自己的价值观。说清楚你认为哪些是可以接受的，哪些不可以。如果决定允许青少年在家里限量饮酒，那么你要知道，有研究表明得到这种宽限的青少年在外面往往喝酒更频繁（也喝得更多）。还有，即使忍着你最强烈的家长本能，也要准备坦诚地讨论孩子选择喝酒的所谓积极原因（至少是从他们自己的角度），其中包括：庆祝、放松、融入。为什么要谈这些呢？因为如果家长专挑喝酒的坏处说，那么他们的话就会失去分量。这种正反都看的方法，还能帮助年轻人从更现实的角度来衡量那些所谓的"积极"原因。

中心思想：跟孩子谈酒精问题，固然不能毕其功于一役，但一场开放的对话，就很有可能促成一次充满信任与尊重的经验看法交流。

能谈谈吗？

✘ 如果你不喜欢使用恐吓手段，只想实事求是地揭露饮酒的负面后果，不妨从以下切入点中选择一个来跟孩子开始一场谈话。这些内容全部选编自罗伯特·图里西的《家长手册：如何与大学生讨论酒精问题》。

1. **惹上官非**。一场酒精与毒品齐飞的喧闹派对，一旦遭到邻居投诉，警方可能会将现场所有"嗨客"全部带走。被警察逮捕的消息公之于众已经够丢脸的了，更要命的是，在互联网时代，这些报道还会一直存在于网络，像牛皮糖一样甩都甩不掉。孩子被捕还会给父母带来沉重的经济负担。父母必须支付法务费用，还得请假出庭。大学生很少事先考虑这些严重后果，所以提前带他们看看，会产生很大的震慑作用。

2. **失控**。饮酒过量会导致呕吐、昏迷。真发生这种事情，派对上没有人会想要对你负责。
3. **强奸**。饮酒会导致性侵犯——你可能成为受害者，也可能成为侵犯者。
4. **酗酒**。喝酒可以让人变成酒鬼，过程可能快得惊人，有时只需要少少几杯。大多数青少年辨别不出哪些人只是应酬时喝酒，哪些人是上瘾的酒鬼，所以父母有必要向他们解释喝酒上瘾的表现。（一些青少年的基因构成使他们天然更容易产生酗酒问题。如果你的家庭有此种背景，那么你现在就该提醒他们这种风险。）
5. **死亡**。风险无处不在。重度饮酒，哪怕只是一晚，也可能导致各种后果：不安全性行为、致命车祸或者窒息死亡（这是酗酒后俯卧并呕吐导致的常见后果）。

别"麻"我！

遗憾的是，如果父母想与年轻人建设性地谈论大麻，则几乎没有现成的循证指南可以参考。最接近这个功能的，是"聊大麻工具包"，可以从美国无毒品合作组织网页（www.drugfree.org/MJTalkKit）免费下载。这个工具包提供了许多聊天开场白，旨在回答青少年关于大麻的问题。

它提供的建议还包括面对青少年的争辩、反驳，父母如何回应；哪些话不该说；如何运用共情及积极框架技巧，等等。

"聊天工具包"认为，大麻对青少年是有危险的，而在向他们解释"为什么有危险"的各种方法中，有的有效，有的无效。工具包还向父母推介了更多的资源，比如美国国家药物滥用研究所网站上的教育内容（www.nih.gov/news-events/news-releases/nida-offers-tools-talking-teens-about-marijuana）。在另一个网站www.drugabuse.gov/family-checkup还有一些视频片段，讲解家长提及这个话题时可用的沟通技巧。

大麻问题的一个棘手之处，是近来它在文化上的改头换面，实在让人眼花缭乱。去罪化、医用大麻以及遍地开花的商业大麻药房，似乎在一夜之间催生了一个全新的产业，从大麻植株、大麻油到大麻烘焙和大麻糖，五花八门。更别提种类繁多的玻璃大麻器皿了。

尽管社交媒体对大麻的唾手可得欢呼一片，但新的医学研究发现，强度高、四氢大麻酚含量高的大麻产品对精神健康具有潜在威胁，而且抽大麻烟或雾化大麻确实会带来各种呼吸道问题和其他健康问题。这一信息必将进入新的预防模块，供家长与初成年子女使用。随着法律对大麻的使用逐渐解禁，我们期待学校和社区加大预防力度，使其达到与各种反酗酒项目相当的水平。

那么，如果所有的谈话都不管用呢？如果你的孩子已经开始表现出酒精物质上瘾的迹象，该怎么办？从哪里可以寻求帮助？

面对后果

下面用一个案例来说明，失控的酒精物质使用是如何导致心理健康问题的。这是一名大二女生，有着焦虑问题和自残行为。进食障碍和自我伤害是高发于年轻女性的两大困扰，它们又常常与物质滥用问题相叠加。重要的是，要了解如何打破这些问题之间的恶性循环。贾丝明首次约见罗斯坦博士，是在春季学期期中考试刚刚结束之后。尽管热浪滚滚，她还是穿着长袖上衣配牛仔裤，将手臂和腿部的新鲜割痕遮得严严实实。

在第一次咨询中，贾丝明坦陈，一开始只是抓挠自己，但很快就演变成了切割。她说，每当感到压力太大，她就割伤自己，在疼痛袭来之时，得到些许的释放。这种习惯开始于冬天期末考试期间，那时穿着一层层的冬装，掩盖痕迹还很简单。但是到了春假期间，她的母亲，还有一位女友，都发现了贾丝明前臂上的浅色割痕，并说出了她们的疑虑。

一开始她搪塞道："哦，八成是猫抓的。"但是，她母亲拿着在浴室垃圾桶里找到的剃须刀片跟她对质，她便承认了。既然不用再藏着掖着，她也松了口气，答应寻求帮助。

在治疗合同中，罗斯坦博士和贾丝明制订了以下行动计划：

1. 找出自残的诱因。
2. 确定伤害行为的情感功能。
3. 制定更好的应对策略。

第一步很容易：贾丝明很快就将诱因锁定在备考和酒精上。她总是学习到精疲力竭，然后喝几杯啤酒放松。当酒精解除了控制，她便会割伤自己。贾丝明知道改变这种模式需要什么：对困难更强的耐受力和对冲动更强的控制力，但对自己能否拥有这种能力没信心。

罗斯坦博士建议贾丝明通过写日记来捕捉上一次割伤自己时的想法和感受。这种练习让贾丝明惊讶地看到自己内心的苛责：每当在课堂材料或家庭作业中遇到困难，她便骂自己"笨蛋白痴"。不过现在，再遇到同样的困难，日记就替代了酒瓶。书写给她提供了一个渠道，去平复心境、面对苛责、远离痛苦、抵御冲动。

贾丝明还写下了不能割伤自己的理由，然后每天都对照这个清单。她练习正念冥想，专注于一呼一吸这样的简单动作。为了提高自己的应对能力、尽可能减少割伤自己的机会，贾丝明特意跟同学一起学习，或在图书馆独自学习。在这两种环境下，她都没办法喝酒。

但是康复的道路就像人生之路一样，通常是曲折的。第二学期结束前两周，当期末考试越来越近的时候，贾丝明在一场校外聚会上喝得酩酊大醉。她在那儿看到了一把刀，于是又把自己胳膊划出一道道口子。

"我搞砸了。"再去咨询的时候贾丝明哀叹道。

为了帮助她重整旗鼓，罗斯坦博士和贾丝明讨论，是哪些因素破坏了她对自己的承诺。贾丝明承认，她轻视了酒精在自伤行为中的作用。于是，罗斯坦博士让她有针对性地提出一些解决方案："下次喝醉怎么办？不让刀子出现在身边？还是不喝那八杯龙舌兰？"

贾丝明开始设想，下一个出现这种危险会是什么样的情境，然后质疑自己醉成那样是否明智。她坦白说，自己是在一个小伙子的床上醒来的，可是完全不记得是怎么上去的了。这样的关系，让她对自己充满谴责。

罗斯坦博士顺着这个话题继续深入："我们已经处理好怎样不在学习的时候伤害自己；现在我们想想看，怎样不在玩的时候伤害自己。为此你需要下一些决心。记住现在这种糟糕的感觉，它能变成觉知的另一个起点。不妨跟一位朋友约定：'我授权给你，如果我喝酒超过三杯，你就可以把第四杯直接从我手里拿走。'这样就能帮你设置一个界限，在你自控力开始受酒精影响的时候，起到约束作用。"

罗斯坦博士没有坚持完全的禁酒（他知道这对贾丝明是行不通的，她还没有做好戒酒的准备），而是提出了一种确证有效的方案，特别适合那些愿意接受限酒计划，但需要一位帮助他们实施的可托付者。

这个能支持她的目标、避免自残的方案，让贾丝明很感兴趣，于是她答应下来。为了逐渐关闭酒精之门，她决定跟一位知己好友保持一致，后者的习惯是喝完一杯啤酒之后就改喝汽水。如果这位朋友不在身边，贾丝明的计划是再争取到其他几位密友的帮助。她对他们公开了自己不再自残的决心，请他们帮忙。朋友们都答应，只要自己在场，就会从她手上拿走"超量的那一杯"。

不是每一个治疗故事都以成功结尾，但这个故事确实成功了，至少到目前为止是成功的。贾丝明的方案不仅奏效了，而且还让她清楚地看到，有必要继续培养新的应对技巧，好帮助自己在未来进行风险管理，而光有较好的判断力可能还不够。

转变来之不易

贾丝明的故事说明，对于酒精物质使用陷入麻烦的年轻人来说，承认他们需要帮助并行动起来改变其危险行为，有多么重要。从第一次现身咨询室，贾丝明就已进入"准备行动"阶段。有了这样的开始，才会有随后与罗斯坦博士一起制订的治疗计划，以及接下来的行为改变。

阶段变化模型[21]提供了一套方便的参考标尺，用以评估个人对于改变某方面行为的准备程度。

1. **在前考虑阶段**，人们对自己的行为视而不见，对暗示可能需要改变的任何信息感到不满或者不屑一顾。这个阶段通常带有"否认中"的标签。处在这个阶段的个人，通常会将自己的困难归咎于他人，或者对改善自己的处境感到无能为力。

2. **在考虑阶段**，人们承认自己有问题，并开始考虑解决问题。由于考虑者尚未能确定问题的根源，因此他们也无法看清目前有何解决方案。关于有何计划推进转变日程，他们也往往语焉不详。即使考虑者表达了解脱的愿望，但除了思考之外，他们并没有准备好付诸任何行动。

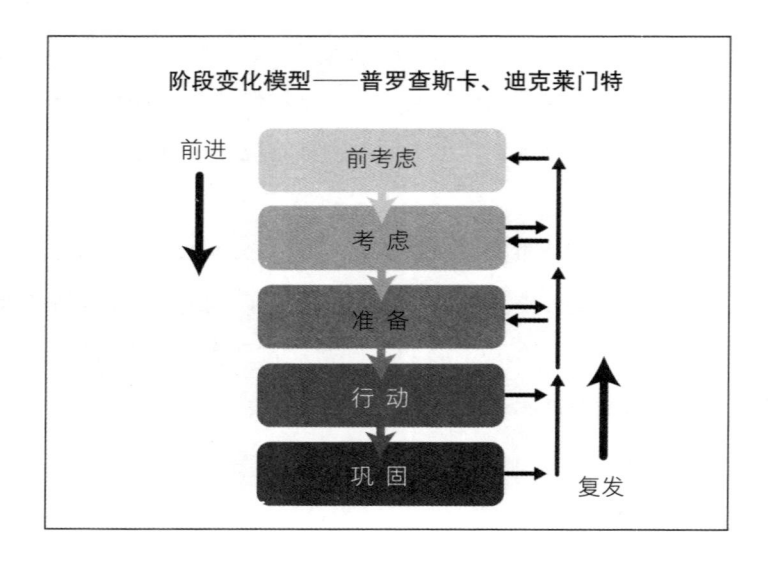

```
阶段变化模型——普罗查斯卡、迪克莱门特

前进 ↓
  前考虑
  考 虑
  准 备
  行 动
  巩 固
       复发
```

3. **准备阶段**标志着从考虑转为计划行动方针以迎接变化的过渡。处在这个阶段的人，愿意讨论改变行为的各种方式，也愿意权衡每个行动计划的利弊。改变的希望赋予他们能量，他们的憧憬开始以兴奋、焦虑、动力增强等形式呈现出来。

4. **在行动阶段**，人们开始承担起改变其行为的责任。由于评估其行动方针的有效性会消耗大量的时间和精力，所以在此阶段，个人通常需要一位重要人物的大力支持，才能在遇到障碍挫折时坚持不懈。

5. 个人转变之旅的最后一段，一定是**巩固阶段**，它要求个人保持警惕以防复发。真的，如果没有花力气巩固新的行为方式，就有可能后退到前考虑或考虑阶段——这种事情时有发生！事实上，物质使用障碍的成功治疗案例中，大多数患者都曾在各变化阶段之间反复进退。

正因为充分认识到这种模式，所以参与物质使用障碍患者治疗的临床医生都训练有素，可以发现早期的复发预兆并向患者指出。以贾丝明为例，她在大二下学期期末考试期间和暑期大部分时间都做到了不过量饮酒、不割伤自己。8月下旬到9月初有过复发，但由于贾丝明已经掌握了恢复机制和流程，她对大三及以后的展望，是决心坚定、充满希望的。

那么，父母如果怀疑自己的孩子面临与酒精、大麻或其他物质相关的危机，该怎么办？在乔伊的危机中，他父母发挥了至关重要的作用：他们帮助他面对成瘾问题，并推动他走过了从不作为、不接受，到寻求帮助，再到最终行动的几个关键阶段。跟许多家长一样，他们也经历了自己的各个阶段：从怀疑、痛苦、恐惧未知，到为乔伊的康复采取行动。我们来回顾一下他们从中学到了什么。

第一步是直面现状，查明真相。表达爱与关怀、坦率地说你看出孩子似乎有困难，对于融洽感情、打开沟通渠道非常重要。千万不要急着下结论或者要求解释，而应冷静而直接地表达你想要提供最合理帮助的真诚愿望。

第二步，是请孩子用他们能承受的方式说出自己的感受和发生的情况。可能他们一开始对自己困境的反应是轻描淡写，甚至不承认自己有什么问题。但还是必须温柔地把已经掌握的证据摆给他们看：有哪些地方不对劲，让你为他们的健康和安全担心。可能需要好几次，才能让孩子打开心防，承认自己遇到了问题，无法正常应对学习或生活。

下一步就是提议找心理专业人员，全面评估现状。评估过程中，大多会征求父母的意见，这时可以将你的观察和忧虑告诉心理专业人员。如果得到的建议是住院或者门诊治疗，那么请家长尽量参与并支持孩子康复之路的每一步。这其中可能会包括出席家庭会谈、参加促进孩子康复的家长互助小组，等等。这些将不可避免地牵扯到大量的时间、精力、毅力、坚持，以及金钱投入，但无论如何一定要让孩子看到，你会坚决站在他身边，尽全力帮助他完全摆脱成瘾问题。

如果出现比较棘手的情况：孩子始终停留在"前考虑"阶段，拒绝承认需要帮助，那么你最好直接咨询一位专攻初成年人物质使用障碍难症的心理专业人员。这位专业人员应该能够为你提供指导和支持，让你劝动孩子来治疗；尤其是能帮你调动精神情绪能量，来有效地应对现状。如果孩子抗拒治疗或者根本不承认自己需要治疗，专业人员应该还能够针对这种情况提供行动方案。

在接下来的章节中，我们还会遇到其他一些大学生，他们的心理疾病征兆始于物质滥用，或者受到物质滥用的助长。让他们上瘾的，有时是酒精、毒品，有时是网络世界。我们将揭示深层的情绪障碍，也将指出父母可以获得的帮助，让你为孩子康复路上的沟沟坎坎做好准备。

更多信息详见：

- http://www.collegepartynation.com/
- http://pubs.niaaa.nih.gov/publications/UnderageDrinking/UnderageFact.htm
- https://www.niaaa.nih.gov/alcohol-health/special-populations-co-occurring-disorders/college-drinking
- http://pubs.niaaa.nih.gov/publications/CollegeFactSheet/CollegeFactSheet.pdf
- https://www.collegedrinkingprevention.gov/
- https://www.drugabuse.gov/related-topics/college-age-young-adults
- http://www.aep.umn.edu/index.php/aep-tools/college/
- http://www.drugfree.org/wp-content/uploads/2015/03/Marijuana_Talk_Kit.pdf
- http://www.samhsa.gov/data/sites/default/files/NSDUH-PreventionandInit-2015/NSDUH-PreventionandInit-2015.htm
- https://www.drugabuse.gov/publications/marijuana-facts-parents-need-to-know/letter-to-parents
- http://www.cdc.gov/vitalsigns/heroin/

7

焦虑和抑郁

"焦虑症就是厄运轮盘。"

——一位患焦虑症的学生

焦虑在大学生心理问题中占据首位。[1] 来到大学咨询室求助的学生中，超过一半将焦虑作为主诉。紧随其后的是抑郁，通常伴随着注意力和睡眠问题[2]。在一项针对两年制和四年制大专院校学生的全国性调查中，竟有高达 30% 的人陈述"在过去一年中，抑郁到无法正常生活"[3]。这些数据反映了过去四年中焦虑症的上升趋势。

与父母辈相比，当今大学生认为自己压力大的比例提高了 50%[4]。这一代大学生焦虑、抑郁剧增背后的原因是什么？他们认为的压力源包括：学业、社交媒体、恋爱关系、"债奴身份"，以及成年逼近带来的日趋激烈的竞争。然而，这些学生通常都不了解自身疾病的性质，其中还有很多是头一回遭遇情绪障碍。

像大多数人一样，这些学生对于焦虑和抑郁这两种情绪失调都只是"略知一二"，了解的仅仅是其中最轻微的症状。他们很可能不知道，在美国精神医学学会的诊断参考书《精神疾病诊断与统计手册（第五版）》中，焦虑症有 11 种不同的亚型，而抑郁症则细分为 8 类。

许多父母同样大意轻敌。他们要么把孩子的焦虑症当作日常压力太大的正常表现，要么被抑郁症一开始的伪装欺骗，以为那是新生常见的忧虑、烦躁、叛逆，或者拿毒品酒精冒险的行为。对于青春期的各种情绪化表现，父母往往还能感同身受，或者报之以同情；然而对于那些形态变化多端、往往难以诊断又顽固不愈的情绪问题，父母往往力有不逮，爱莫能助。

在本章中，我们将借助在大学心理健康一线积累的大量工作经验，分享一些从中收获的方法和教训。你会遇到我们治疗过的凯琳和哈里，他们的病症是焦虑、自残和抑郁。通过了解这些年轻人及其父母的艰苦努力，你将学习到许多应对焦虑和抑郁的方法。

是焦虑情绪还是焦虑障碍？

根据美国心理健康研究所的数据，无论是青少年还是成年人，罹患焦虑症的比例都有近 1/3[5]。焦虑症被称为心理问题中的普通感冒——几乎每个人都会在某个时候遭遇它。与感冒相似之处还在于，焦虑症对人的影响程度可轻可重、时间可短可长。焦虑症如此常见，部分原因可归于其在人类进化中发挥的作用——侦测及回避危险。对于一些年轻人来说，焦虑可能是一种现实反应，用以抵御家人的虐待、当前政治气候的不安全，或者在危险社区接触到的暴力；对于另一些学生来说，焦虑发生率的节节攀升，昭示着在出人头地文化的影响下，人们过于担心若无法实现那些高不可攀的目标，便将会有某种可怕的后果。

然而，适度的焦虑对我们是有好处的，它推动我们复习备考、开始并完成一项长程作业，并承担长大所必需的风险。

那么，适度的焦虑和致病的焦虑的界线在哪里呢？

人人都会忧虑，平均每人每天 55 分钟。但广泛性焦虑症（GAD，

Generalized Anxiety Disorder）患者，每天忧虑时间可长达 5 小时 [6]。因此，诊断和治疗焦虑症的部分挑战就在于，如何区分正常的焦虑与有害的病理性焦虑。

短时的焦虑是对真实危险或感知危险的正常反应，而焦虑症则会让人长期经受感知危险。"焦虑症"这个统称，涵盖了好几种不同的表现形式：惊恐发作、顽固念头、社交焦虑症、特定的恐惧症（如广场恐惧症和幽闭恐惧症），然后是最宽泛的一个类别——广泛性焦虑症（GAD）。在儿童期和青春期最常确诊的精神疾病之一就是广泛性焦虑症。科学家们已确知，许多童年经历都可以促成焦虑症，如某次暴力事件留下的创伤、重病或慢性病的发病史、过度保护的养育方式，等等。

而基因亦可产生影响——如果你有一位家长或手足患焦虑症，那么你患焦虑症的概率要高出平均值 5 倍。

如果不加以治疗，到了大学时代，轻度的焦虑症状（如爱担心、睡不好等）就会随着责任的堆积和自主权的扩大而恶化。比如广泛性焦虑症，就成了那个厄运之轮，每转一次都落在"前方有难！"上面。焦虑症的早期表现可能是左右为难、下不了决心："穿哪件衬衫去上课呢，绿的还是蓝的？"到后来，就可能演变成"天要塌了"的念头："天哪，我期中考试考了个 C！我没机会上医学院了！我真是个废物！"

美国儿童和青少年精神病学研究院提供了一个清单，列出了提示各类焦虑症可能存在的情绪和行为表现 [7]。

广泛性焦虑症表现
- 过分忧虑，程度对工作或社交生活造成了干扰。
- 忧虑突然出现并迅速蔓延，对象不仅限于某一问题。
- 忧虑呈现轰炸态势，无法安抚。
- 出现三种或三种以上的心理、生理症状，如烦躁、紧张、睡眠问题、难以集中注意力等。

恐惧症表现

- 对特定事物或情境感到极端恐惧（例如：狗、针、细菌、桥梁等）。
- 恐惧造成严重困扰并干扰了日常活动（例如：由于恐惧升降电梯而爬几层楼梯）。

社交焦虑表现

- 害怕见人或与人交谈。
- 回避社交场合。
- 除家人外，朋友不多。

焦虑症其他表现

- 对尚未发生的事情忧心忡忡。
- 不断忧虑担心家庭、学校、朋友、活动等。
- 重复、不自主的想法（强迫思维）或动作（强迫行为）。
- 害怕丢脸或犯错。
- 低自尊；缺乏自信。

家长应该（以及不应该）如何回应？

由于焦虑是一种如此常见甚至人人都有的体验，因此我们可以很容易地将其当作正常现象。然而，以上这些预警信号，都在提示需要进行专业的评估和治疗。当青少年、大学生表现出焦虑迹象，父母通常出现以下三个常见错误反应：

1. 亲身示范焦虑。比如父母对某种危险的可能反应过度："你说啥，要去迈阿密度春假？你没听说寨卡病毒吗？！"

2. 对孩子焦虑的理由不当回事或者根本不认可。这种反应直接对孩子忧虑的根本提出质疑，如："有什么可担心成这样的？把事情想得太夸张了。你身上从来就没有发生过什么真正不好的事情。"这样的负面反应，不仅否定了个体经验的合理性，而且还忽略了父母对其后代易患焦虑可能存在的遗传影响。

3. 过度迁就孩子的痛苦。不当回事的反面，是把孩子的痛苦太当回事，这给他们带来的负担同样沉重。父母的过度迁就，让焦虑的孩子逃避了忧心的事情而没能自己学着去掌控，无意中反倒让事情雪上加霜。比如说，一个学生到了考试季开始肚子痛。过度迁就的家长可能就会让孩子待在家里不去考试。在更极端的情况下，家长可能会把孩子转到一家没有考试没有评分的新理念学校，或者开始让孩子在家上学。过度迁就会助长孩子一碰到压力就逃避的习惯，最终可能导致更易患焦虑症，因为还有很多挑战都是逃不掉的。

如果发现自己正在示范焦虑、对孩子的痛苦过度轻视或者过度重视，最好寻求专业咨询。如果孩子的症状只是一过性的忧虑，那么咨询会让你放下心来。如果确有值得担心的地方，早治疗可以避免病情恶化。接下来我们将会认识凯琳，她的轻度焦虑就是在大学变得严重起来的。

大学第一年——当完美还不够好

凯琳·萨顿曾在高中毕业典礼上代表毕业生致辞。她顺风顺水地读完了高中，从不浪费时间参加派对，也从没让"毕业倦怠症"影响到自己的学习。她的父母为她感到无比骄傲，而作为独生女的凯琳，对自己拥有一个闪光的大学时代也抱有极大的期望。然而她的自尊与成就之间挂钩太紧，而焦虑又日渐加深，再加上对冒险行为毫无经验、对免不了的失落无法容忍，差点让她在大学里溃不成军。凯琳的经历，几乎是治疗师们称之为"破坏性完美主义"的教科书级经典案例：条件性焦虑一旦遇上水涨船高的要求和不打折扣的期望，便会互为榫卯，紧紧咬合。而焦虑症的预警迹象，在上大学之前就已经出现了。

凯琳刚读高三时，父母就心痛地发现，女儿一直在拔自己的眼睫毛，现在又开始揪眉毛。凯琳宽慰父母说，她并不是故意要毁容，只是每当面对考试来临感到压力的时候，就会产生这样的冲动。在父母的鼓励下，凯琳找希布斯博士做了几次咨询，以更好地管理自己的考试焦虑。

第一次的摸底咨询，希布斯博士邀请了萨顿夫妇与凯琳一同参加，旨在了解家族史以及亲子互动。萨顿太太证实，这些症状是比较近期才出现的，又补充说，凯琳有这种对自己要求过高的倾向。压力源方面，除了大学录取，凯琳和父母都没想到还有什么别的，也没有什么精神疾病家族史存在。萨顿先生在咨询室里延续一贯的甩手掌柜风格，将大部分时间都"谦让"给了妻子，还开玩笑说："至少我是可以脱身了，因为都是妈妈说了算嘛。"

然而，在后续的个人咨询中，凯琳透露了隐藏的家庭矛盾。母亲对她的大惊小怪，父亲的高期望和挑剔态度，以及父母的长期争吵，都让她感到烦恼。问她是如何应对的，她说，只能把自己关在房间里，开大音乐淹没这些声音。当时有两个治疗目标可考虑：一是缓解症状，二是更大的目标——改善亲子关系。凯琳选了前者，排除了以家庭为中心的治疗方案，至少目前是这样。她说，毕竟，"我很快就离开家里了，走之前不想跟他们纠缠生事。我自己的事都还有一大堆"。希布斯博士像许多治疗师一样，擅长先从来访者最容易接受的部分着手，等到信任建立之后，再视需要拓展治疗目标，以求在长期范围内取得最佳效果。

缓解症状，从短期行为技巧着手。希布斯博士建议凯琳在学习的时候手里拿一个压力球，这样手上有事可做，就不会乱拔睫毛眉毛了。她很喜欢希布斯博士的提示语："你的手和脸不是朋友，别让它们待在一起。"希布斯博士还教给她一个简短的正念练习，备考时可以使用，通过专注于呼吸来放松自己。随着凯琳早早收到第一志愿大学——附近一所藤校的录取通知，她的短时焦虑症也有了最明显的缓解。既然已经跑完了高考马拉松，她觉得自己可以松口气了。

看起来，凯琳似乎属于患轻度焦虑症的青少年中，少数能受益于短程对症治疗的那一部分。症状缓解后，凯琳觉得自己不再需要一个地方倾诉压力。在二月份的最后一次咨询中，希布斯博士肯定了凯琳的收获和进步，并提醒她，如有需要，可以随时回来。

接下来的秋季，凯琳的大学第一年拉开帷幕，开局似乎很顺利。她跟同宿舍楼的几个女生交上了朋友，建立了一套日常作息规律：清晨锻炼、合理饮食、满满的课程和学习任务。朋友打趣她说："我都可以拿你的日程表来对手表了。"朋友的话，凯琳就当作是夸奖了。随着学习要求越来越高，她越发拿出一股"以A型人格为荣"的劲头。她认为自己不断"迎难而上"的能力是一个优点。

然而，开学4个星期之后，周末家长探访时的一顿饭让她开始走下坡路。在那顿饭上，凯琳的父母宣布了他们分居的消息。父母告诉凯琳说，他们已经试过做婚姻咨询，然后问她要不要再去找希布斯博士调整一下情绪。

"我回去做咨询有什么用？"凯琳冲口而出，"又帮不了你们！改变不了任何事情，反正你们还是要分开的。"

凯琳的母亲轻声哭了起来，父亲则抗议道："喂，我们之前瞒着你，也是因为不想毁了你的高三嘛。"

"好吧，那就谢谢你们毁了我大学的第一个学期！"凯琳反击道。一家人在紧张而阴郁的气氛中沉默地离开了餐厅。

然而到了第二天，凯琳似乎就已经放下了父母将要分居这件事，不再大惊小怪了。她说，尽管他们经常争吵，但突然宣布分居还是让她猝不及防。不过她知道他们都爱她，而她对他们的爱也始终不变——她这样安慰父母。最后他们拥抱告别。

侥幸逃脱

又过了几周，经历了一场重感冒之后，凯琳开始认定自己久咳不愈是癌症的征兆。"我的叔叔和外公，两杆大烟枪，不都是死于肺癌吗？"这样的念头在她脑中挥之不去。她去了学生健康中心，护士说她的肺里并没有液体，咳嗽只是感冒的后遗症。但她只是暂时放心了，很快就又向一位校外医生寻求二诊意见，同样也是什么都没发现。没多久凯琳对癌症的执念似乎就已经不受她控制。可她没有把这些胡思乱想告诉父母中的任何一个，而是自顾自地认为："打扰他们干吗？我只是压力过大而已。"

挥之不去的念头让她难以专心。于是她试图用锻炼更猛、学习更久来对抗。一天晚上，在"考砸"一门化学考试之后（其实她得了 B-），难以面对的凯琳决定去参加一场派对来摆脱沮丧情绪。就在那次，她打破了自己定下的所有规则：

- 绝不在派对预热时间灌小杯伏特加。
- 参加派对务必与一位朋友一起去、一起回。
- 参加派对不喝酒、不吸毒。
- 万一"嗨"了，不进男生房间。

那天晚上，凯琳差点被强奸。醉醺醺的她，跟一个高年级学长调情到兴头上，便跟着他离开了派对。当亲热演变成他粗暴地脱掉她的衣服，她开始不断抗议，"不，不，不"，可是酒精让她头昏脑涨，无力反抗。万幸的是，这场性侵被闯入的学长室友打断了："喂，哥们，放开她！你没看见她已经醉了吗？"凯琳昏昏沉沉地拉上内裤，将推到齐腋窝的裙子放下，光着脚跌跌撞撞穿过校园回到自己寝室。酒劲未退的她找到一把刀片，便向左腕划去。

看到汩汩的鲜血，她吓坏了，于是顺着走廊跑进了宿管员的房间。宿管员陪凯琳去了大学附属医院急诊室，她在那里缝了十五针。

急诊室医生见过太多自伤自残的大学生。[8]凯琳的强迫性完美主义，加上她日益加重的焦虑，变成了毁灭之源。就在恐慌和自我憎恶的一瞬间，她划开了自己。

深深的羞耻感，让凯琳对朋友和父母隐瞒了那次性侵及其余波。不过，去急诊室的经历吓到了她，让她认识到自己需要专业帮助。第二天早晨，她打电话给希布斯博士请求约见。

康复之路

几天后，在与希布斯博士的咨询中，凯琳回想起那个可怕的晚上自己的行为，不禁泪流满面，狠狠自责。她倾诉了自己对健康问题的日夜忧惧，以及"一切尽在掌握"幻象破灭后的绝望。接着她坦承，再也无法压抑对父母分手的悲伤。即将到来的感恩节，感觉只不过是另一个压力：我跟父母哪一边一起吃节日餐呢？那会是什么场面？放假几天，我又要见妈妈，又要见爸爸，哪儿还有时间见高中朋友呢？

"你跟父母说了去急诊室的事情吗？说了你的悲伤吗？"希布斯博士问。

"他们根本不知道，"凯琳有气无力地回答，"他们正在闹分手，我不想拿我的破事儿去烦他们。"

凯琳的心理治疗将针对她的羞耻、自责和强迫思维，也会涉及她最近才认识到的"破坏性完美主义"倾向。等到凯琳的情绪状态好转一些，还会邀请父母一起来探索更开放坦诚的亲子关系。以上这些以思想行为转变为中心的谈话治疗，想要取得最佳效果，可能还需要使用精神药物来支持。

希布斯博士建议凯琳找罗斯坦博士做联合评估。一周后，罗斯坦博士对凯琳进行了评估，并建议她开始试用舍曲林——一种经验证的SSRI（选择性5-羟色胺再摄取抑制剂），用于治疗广泛性焦虑症（GAD）和中度抑郁症。

希布斯博士还推荐凯琳参加了学校一个辩证行为疗法（DBT）小组，作为个人治疗的补充。这种治疗方法结合了正念、情绪调节以及人际效能等方面的实践。DBT的目标是培养面对挫折的内在力量[9]。在帮助青少年和初成年人提高痛苦耐受力和解决社交问题能力方面，DBT已被证实特别有效。[10]

DBT还可以通过质疑那些明显是扭曲事实的负面想法，有效地推动一个人去接纳失望，无论是对自己还是对他人。当凯琳了解到治疗小组的其他同学都各有各的挣扎，她便找到了休戚与共的感觉和换位思考的角度。在个人心理治疗中，她通过一系列家庭作业，加强了自己的应对能力。

在心理治疗中有一项长期任务，用到了一种叫作"观心"的方法，即有意识地观察自己的心理状态。通过这个作业，凯琳开始看到，每当自己内心被批评声占据时，心中是如何翻江倒海的。她发现，一旦她开始对自己感到恼火，头脑就开始像仓鼠跑轮一样旋转，陷入一个自我指责的负面反应闭环。这时她通过使用正念技巧让头脑重回平静，然后开始辨别"浑浊的痛苦"和"纯净的痛苦"。

"浑浊的痛苦"是一个羞辱式内心批评家。它会带来经受痛苦却无法言说的双重暴击，而不能言说是因为羞耻。凯琳的消极内心独白充满了自我评判："即使父母离婚我也不应该那么悲伤，因为我是个白人，出身优裕；我整个童年父母都在一起；他们还会继续供我读大学。我不应该为那个晚上感到如此崩溃，因为我并没有真的被强奸，而且我犯傻喝醉了。"

许多出身较富裕家庭的学生都和凯琳一样，在焦虑或抑郁的时候会觉得内疚、看不起自己。正因为太明白自己的优越条件，他们才会自责："我有什么资格抱怨？我都拥有这么多了。"这种比较式痛苦，也就是浑浊的痛苦，压抑了求助的意愿。

"纯净的痛苦"是一种健康的能力，即能够认识到失望不仅不可避免，而且也是成长所必需的。纯净的痛苦意味着愿意接纳困境并愿意向人敞开。如果说凯琳的精神苦难是由于她试图否认现实中的痛苦，那么自我接纳则会赋予她一种新的复原力，一种只有接纳自我才可能有的复原力。她的前路将会指向一个充满活力的方向：以设定具有新意义和使命感的目标，来替代充满压力感的"每日待办"清单。

第一个目标，就是认识自己的失望和局限，并且接纳它们。凯琳发现，与 DBT 小组成员摩根聊天，对治愈她的性侵创伤特别有帮助。摩根与凯琳有着相似的经历，她曾经被强奸，之后休学一学期。摩根帮助凯琳认识到，尽管这件事让她感到悔恨，但她不应该受到指责，反而应该受到他人的同情，不管是朋友还是父母。对于凯琳来说，纯净的痛苦将会允许她寻求他人的同情。

浑浊的痛苦对凯琳来说曾经意味着，即使拿到了很高的分数，却依然要被她自己的完美主义定义为"不够好"。浑浊的痛苦还让她取得好成绩却难以感到自豪，因为这只不过属于"达到预期"。而纯净的痛苦则意味着接纳自己的价值，无论有没有耀眼的学习成绩。毕竟，她是一个作为生命存在的人，而不是一个作为工具存在的人。浑浊的痛苦还导致她为了保持体重和体型而强迫性锻炼和节食的习惯。纯净的痛苦则意味着接受她没有模特般纤瘦体型的事实。

当凯琳逐渐接受这些现实后，她的痛苦也减少了。接下来，她面对了另一个浑浊的痛苦，那是否认自己因父母分离而感到悲伤愤怒带来的。凯琳一直压抑着这些感受，说服自己悲伤只不过是浪费时间。她将这些痛苦的感受深埋于心底，以为这样就可以保护自己和父母。而纯净的痛苦允许她去感受，去哀悼，然后向人敞开她的悲伤。

当凯琳慢慢可以接受"让自己失望"的时候，或许就该冒险"让父母失望"了。她一生都在通过努力达到父母的期望来展示对他们的忠诚——不然还能怎么解释她永远努力拼搏摘取一个个学习桂冠的行为？凯琳把不让父母失望跟受重视、值得爱画上了等号。挑战这一信念，将让父母成为帮助她康复的盟友。培养面对现实困难不回避的能力，是凯琳治疗中的一个基础板块。接下来，就该把新学到的能力付诸实践了。

变家庭束缚为爱的纽带

希布斯博士提议做一次家庭咨询，来支持凯琳与父母进行重要对话，并通过这一过程使她摆脱完美主义的束缚。她向凯琳保证，家庭会议的目的是帮助每个家庭成员建立更紧密的关系，让他们可以彼此信任，建设性地表达自己的真情实感，而不是一味回避矛盾。

凯琳拒绝了这个提议，解释说她想自己与父母谈。她担心，全家咨询会让她的父母感到暗藏的指责："女儿的问题是我们分手造成的吗？"于是，希布斯博士换了一种方式，与凯琳用角色扮演做了一些对话练习，帮她做好跟父母谈话的准备。即使凯琳得不到她渴望的支持和宽慰，她也必须打破这个无声却强大的引导期望：她永远不能让他们失望。如果她能成功地告诉父母，这是一个无法承受的负担，那将会有助于她破除不完美（因而也不值得爱）的自我带来的威胁感。

希布斯博士鼓励凯琳让父母知道，他们的分离对她来说很痛苦；还鼓励她在感觉安全的时候，透露自己最近的遭遇。希布斯博士点拨她说，不管怎样，何不给父母一个关心她的机会呢？或许，他们的回应可以帮她减少自我评判和羞耻感，以及她自己套在头上的破坏性完美主义价值观。凯琳理解地点点头。

跟父母相聚的时候，凯琳从秋天那次"宣布分手"晚餐开始，开启了话题。她倾吐了当时自己感受到的双重负担——"我们有坏消息要告诉你，但是你不能让妈妈不高兴，而且你的伤心让爸爸感到生气。"说出这些的时候，她已经做好准备，可能招来妈妈更多的眼泪和爸爸更多的防御；然而她却如释重负地发现，自己得到的是理解，而且父母很愿意倾听她的感受。他们说自己很后悔，没有考虑到宣布消息对凯琳造成的影响——显然这事让她伤透了心。父母对凯琳感受的全新开放态度，反映了他们婚姻咨询师给出的分手后育儿指导意见：不评判；认可孩子的悲伤或愤怒感受；不要进入戒备状态。凯琳感受到了他们的转变，头一次没有顾忌地向他们公开自己的治疗进展：她跟焦虑和完美主义的抗争、性侵、自残和随后的急诊。父母的同情和支持给了她莫大的安慰。

整整两个小时，凯琳与父母进行了多年来首次心贴心的交谈。关于即将到来的感恩节假，她不再像过去那样进入自动满足父母需求模式，而是提出了她自己心中的需求。这将是父母分手后一家人第一次在一起过节。凯琳提出了几条关键要求：

- "我想要待在小时候的家里，而不是两个家各住一段。"
- "我不希望跑两个家，吃两顿节日餐。"
- "我需要跟高中朋友多点时间在一起。"

通过陈述自己的需求，凯琳打破了被爱与"完美"之间的象征联系。其实，她的父母已经预料到了她的要求之一，并计划为两边家庭一起举办感恩节聚餐。

接受各种失望、面对父母不赞成的可能——这个增强抗挫力的过程，给凯琳带来了明显的放松。重新定义什么是好女儿、好学生、有价值的人，又给提升安全感和自我接纳打下了基础。那些严苛的学习计划和个人计划，曾经用来承载她的焦虑，现在，凯琳终于可以给它们松松弦了。

总有一天，凯琳会把自己的崩溃看作一次突破。直面焦虑，让她成功地放弃完美主义。对人对己，她都变得更有同情心，更善于理解。现在的她，是一个足够柔软、可以敞开自己的感受、愿意向人求助的姑娘。最重要的或许是，在3个人人生中的一个关键转折点，她和父母一起努力，建立了信任、加深了关系。

是伤心还是抑郁症？

对于一些大学生来说，长期或重度焦虑症可能会导致抑郁。这两种病症经常共存，具有共同的特征，如消极心态、灾难思维、最坏假设、易烦易怒、"战或逃"反应、自我挫败行为，等等。虽然轻度焦虑可以集中精神、启动并推动任务完成，但重度焦虑将会使人优柔寡断、无法动弹。当焦虑长期存在，抑郁就会潜入，并触发一种更严重的反应：系统关闭，这时人会爬上床开始休眠。忧虑变成了绝望。

对于焦虑，我们往往倾向于赶走它；然而对于抑郁，我们大多数人都会将其正常化，视其为一种常见的忧伤情绪，让我们变得有些懒洋洋、暂时不开心。对于大多数人、大多数时候来说，暴风雨会过去，阳光会重新照耀。这种人人都熟悉的低落，让我们几乎是站在道德制高点上认为，只要足够努力，人人都可以走出来。

那么，常见的、普通的低落，和达到诊断标准的抑郁情绪障碍之间，有些什么样的区别呢？

抑郁不是一时的伤心，它不是悲伤，也不是快乐的对立面。抑郁是失去意义、活力和希望。临床抑郁症有轻、中、重度，有或没有自杀念头，一次性或反复发作。重度抑郁症对于大多数人来说仍然是看不见的、污名化的、几乎无法想象的。好在，毕竟只有少数人体会过这种带走能量的绝望，及其一系列的负面效应：失去朋友、失去兴趣、无法集中注意力学习、工作，睡眠、食欲紊乱，身体疼痛、精神痛苦……

如果未曾经历过较严重的抑郁症，那么当你看到孩子处于抑郁的痛苦中，一开始可能会感到束手无策。然而你绝不能袖手旁观，一定要行动、呼吁、保持希望。

所以首先要警惕那些可能预示抑郁症的行为和社交互动变化。在最理想的情况下，年轻人自己能够觉察到自己遇上了什么，并向你发出信号。

克拉克，一所大型私立大学的理科生，就是属于这种情况。他生动讲述了自己遭遇抑郁症来袭，并差点将他引入深渊的情形：[11]

> "什么是抑郁？"你可能会自忖。毕竟，这个词无所不包，从一时的伤心，到一种存在危机——这种危机早已不再是一种思想状态，而是你的存在状态本身。
>
> 这种状态的问题在于，它改变的不仅仅是你的情绪状态，还有你的思维方式以及周围大多数事物的意义。许多曾经能让你开心起来或是很重要的东西，都不再有任何意义——这部分解释了为什么自杀感觉像是个实际的选择。
>
> 我一直没意识到自己患上了抑郁症，直到在极困难的那几周，我跟父母谈到这些。之后我很快开始咨询，也开始服药。也是从那时起，父母就竭尽全力地向我提供帮助，但我那时并不怎么想见他们。就算有外界的帮助，我还是觉得，忽略痛苦比承认它、解决它更容易。
>
> 每次他们来学校看我、想要帮我，都在提醒我，有人比我自己更关心我。然而不知怎么回事，这并不让我感到安慰，反而让抑郁的痛苦更严重了。

抑郁症发作的感觉跟电影散场颇有相似之处。黑暗中，你独自坐在空荡荡的影院里，直到鸣谢字幕都滚完了，灯光还是没有亮起。整个世界似乎都没剩下什么事情可做了。于是你想，还是回家睡觉吧。第二天醒来，摆在你面前的现实还是没有任何变化：你不是昨天看的电影中那个无比幸运的主角，而只是你自己悲伤小电影里的主角。你躺在床上，找不到任何要起床的理由——毕竟床上那么温暖，那么柔软。后来你好歹起床到厨房里去找点吃的，可是吃东西感觉也成了一种任务，对你毫无吸引力，于是你决定索性不吃了。

这就是抑郁。

当你发现自己无事可做，做什么都没劲的时候，你想，不如上床睡觉，好梦见自己是那场电影的主角，而不是自己人生故事的主角。这也是抑郁——你宁愿做任何人，或者什么人也不做，也不想做自己。

抑郁蒙蔽了你的思想，让你以为自己的人生不在自己手里。它让你以为，即使拼尽全力，也不会让每天的生活有什么实质性改善。我认为，抑郁症之所以让人如此无力，正是因为它汲走了你坚持不懈的力量。

经过每周一次、持续数月的心理治疗和团体治疗，加上一套抗抑郁药物治疗方案，克拉克得以完成大学学业，并逐渐从抑郁症中康复。他的话很有智慧和洞见：一些能干的大学生，往往将抑郁症误认为是大学常见的压力，或者不能透过孤独、失去焦点、物质滥用等表面症状看到其深层意义。如果以下几种抑郁迹象持续存在，则父母或学生应寻求帮助[12]：

· 经常流泪或悲伤，有时伴随着自杀的念头或表达。

- 失去意义或希望。
- 精神混乱和现实扭曲,认为大难即将临头。
- 要么全有、要么全无的消极思想。
- 嗜睡;长时间的无聊。
- 失去专心和动力。
- 无法享受以前喜欢的活动。
- 社交隔离;沟通不畅。
- 自卑。
- 负疚感。
- 对拒绝或失败极为敏感。
- 更容易烦躁、愤怒、敌对。
- 人际关系困难。
- 经常抱怨身体不适,如头痛、肚子痛。
- 经常缺课;学习成绩下降。
- 饮食或睡眠习惯发生重大变化。

抑郁症简史

抑郁症的历史,和人类一样古老。对抑郁症的解读亦有数百年历史,产生了众多理论解释其病因和治疗方法。仅仅在我们有生之年,由于医学研究数十年来的进展,对抑郁症的理解便已发生了巨大的变化。现在普遍认为抑郁症成因复杂,不能仅仅只做简单的因果关系解释。科学家们研发了新的工具,来研究大脑生化以及调节情绪的脑回路网络,并得出了目前的主流观点:抑郁症是由多种因素的相互作用所致,包括:情境压力、丧失,以及家庭、人际环境与遗传的忧郁、焦虑、恐慌、强迫思维等倾向之间的互动。个体的应对能力和支持资源可以具有调节这些变量的作用,但程度是有限的。

我们现在认为某些生物学变化与抑郁症相关,但在20世纪初期,医生们尚未有此发现。一些早期的抑郁理论模型,或强调童年经历与内心冲突;或指向行为习得理论,如"习得性无助";或强调社会文化原因,如处于弱势或被污名化的阶层。对于年轻病患的父母来说,最好要知道,这些早期理论家至少有各自正确的部分:父母养育、行为方式和日常社会背景确实都很重要。但是,要展现拼图全貌,尚需医学研究来填补空缺。

"二战"后的几年中,抑郁等情绪障碍的生物学理论取得了重大突破,锂被发现可以有效改善躁狂状态。1950年代,医生们发现异烟肼(一种以前用于治疗肺结核的药物)可以缓解抑郁症。1960年代,医学研究人员开发了作用于神经递质的药物——神经递质是在脑细胞之间传递信息的化学物质。这些新药包括单胺氧化酶抑制剂(MAOs)和选择性5-羟色胺再摄取抑制剂(SSRIs)等。

到了1990年代,人们对抑郁症的生物学起源有了更清晰的认识:神经回路,一组相互密切作用的神经元,通常起到缓冲压力和稳定情绪的作用。当它们受损时,抑郁便有可能发生。基因表达是另一个因素,它使某些人比其他人更容易受到压力源的影响。也有由不同的疾病机制导致的各种类型抑郁症。功能性神经影像技术揭示了抑郁症患者与非患者情绪调节回路的差异。而且,当使用这个技术来扫描已经成功治愈(无论通过药物还是谈话疗法)的抑郁症患者大脑时,这些神经通路呈现出恢复正常功能的样子。最有效的治疗方法不会只针对一个方面的作用因素展开。

抑郁也可能源于一个人在特定社交环境中的应对能力。从婴儿期到成年期,我们都在不断学习应对技巧。作为婴儿,我们通过哭泣来应对,提醒成年人喂养和照顾我们。儿童期我们先学会了发脾气,接着学会数到十,然后是礼貌请求。后来,我们学习哪些行为是被期待的,哪些是可以接受的，先在家里、在朋友间、在学校，再后来是在恋爱时、在工作中。我们学着先了解自己的思想和感受，然后了解他人的思想和感受。我们学会了如何谈论自己的精神状态。这些都是我们学到的应对能力。

但是，没有谁能在所有情况下都应对良好。有时，我们会冲动行事，会狠狠地批评自己，或是指责别人。我们可能会躲进幻想、网络游戏、社交媒体里。我们还可能滥用物质。由于这些不良的应对策略可以暂时缓解压力，因而很容易成为一种默认的行为模式。这些"感觉良好"的习惯，实际对你并不好。

陌生而相对没条理的大学环境，给大学生带来了一系列新的社交和学业挑战，但并不是每个人的应对技能都足以应对这些挑战。大学生的应对方式，跟 Facebook 用户体验一模一样：网上描绘着一派美好的画面，现实生活中却走孟浪鲁莽、人云亦云的路子。大一新生和转学生，由于试图快速结交朋友、即时建立社交安全网，因此特别容易受到这种趋势的影响。许多学生缺乏一项关键的应对技能：当压力演变为困境时寻求帮助的自我意识——因为再往下发展可能就是临床抑郁症了。

家长锦囊

- 注意孩子对丧失的表达。
- 警惕情绪变化和社交退缩。
- 不要害怕询问是否有自杀念头——询问并不会增加采取行动的倾向。
- 鼓励孩子寻求帮助。
- 不要评判，而是要相信——并提供资源。

治疗方案

接下来哈里的故事将让你了解到,丧失常常导致抑郁。在上大学之前很久,父母就要帮助孩子搭建一个"脚手架",帮助他们理解和应对丧失。"脚手架"第一级往往是宠物的死亡。随着年长的家庭友人或深爱的祖父母去世,孩子对稳固支持的需求又升一级。悲伤影响多大,持续时间多长,取决于每次丧失的意义大小,以及家庭如何处理丧失给日常生活造成的空缺。此外,在成年人看来可以承受的丧失,比如搬家、家人生病、父母离婚或再婚,往往会给孩子造成巨大的打击,尤其是当一个丧失与另一个丧失叠加时。

最后,即使童年有过大的丧失,也无法保护年轻人对自己遭遇的痛苦免疫,如身份危机,达不到自己、父母或他人的期望,威胁运动员职业梦想的运动损伤,与朋友、恋人渐行渐远或突然被抛弃。

虽然重大丧失往往会触发抑郁初次发作,但抑郁症复发并不一定需要坏事来启动。在缺乏足够社交安全网的情况下尤其如此。似乎之前的事件已经"预置"了让大脑滑回抑郁的轨道。最有效的抑郁症治疗通常将药物(遵医嘱)与挑战负面思维方式的谈话治疗相结合,原因之一就在于此。随之收获的苦痛耐受力和复原力,与心态意识相结合,可以帮助个体对大祸临头式思维保持警惕。而家庭治疗,因其促进健康重要关系的效力,也是治疗的关键板块之一。哈里的父母就体会到了这一点。

哈里的故事:从"田径新星"到"中度抑郁"

哈里·巴拉德(Harry Ballard)是一个志向远大的田径新星。他参观了好几所大学,才接受了一所大型公立名校的录取通知。虽然感觉并不算完美适配,因为他觉得这个地方没有人情味,让他喘不过气来,然而它拥有一支甲级田径队，并为他提供了最丰厚的奖学金。哈里试图对父母解释他的保留意见，但父母提醒他，如果没有了如此慷慨的奖学金资助，他将不得不背上巨额贷款。于是他打消了自己的犹豫，接受了现状。

那年初夏，他们全家去度假，玩滑水的时候，哈里撕裂了部分腿后筋肌。他的运动复健医生告诉他说，不手术痊愈的机会是一半。于是哈里加倍努力做理疗，希望秋季开学时能进入田径队的核心队伍名单。

父母让他别着急，慢慢来，但到了夏末哈里觉得自己很强壮了，渴望再次奔跑。他指望着跑道能让他保持体形，帮他打入新的朋友圈。

秋季开学刚两周，在一次跑步训练上，哈里再次拉伤腿后筋肌。这次恢复得花上次两倍的时间，而且二次受伤让他今后再受伤的风险也变得更高。新队友们非常同情哈里，然而他从此只能眼睁睁看着他们在训练和比赛中关系越走越近，感觉自己被冷落了。

而在田径队外交朋友，哈里觉得很困难。他的同屋室友和套间室友都不错，但他们跟哈里没太多交集。防火规则要求走廊上的门全部关闭，于是偶遇同层其他学生的可能性也变小了。公共活动区域设施齐全，有平面电视、乒乓球桌、沙发，可就是几乎永远空无一人。人人都从家里带了自己的娱乐设备（电视、笔记本电脑、Xbox，当然还有手机）。真的，这么高档的环境，倒像是为了扼杀真实世界的社交、促进隔离而专门定制的。

宿舍生活已经够令人失望了，课堂上的感受还要更糟。哈里的伤导致他只要坐下就会觉得刺痛，但是每堂课都站着，他又觉得不好意思。没课的时候他就躲在房间里，往往是躺在床上忧心未来：我的伤要是好不了该怎么办？如果要手术该怎么办？以后要是再次受伤怎么办？我要是跑不了步又该怎么办？没有奖学金的话，我父母是负担不起学费的。没多久，这些对未来的忧思演变成了关于自己的沮丧念头。他内心的批评家管他叫冒牌货、假运动员。

在校园里，哈里没有朋友可以倾诉。他跟谁都不太亲近，于是又因为这种孤独责怪自己：谁愿意跟我这样一个倒霉鬼待在一起呢？

尽管种种不顺，可哈里的 Facebook 更新还是显得一切正常。他倒是有个唯一的倾诉对象，就是他的高中女友朱莉。然而这并没有什么帮助：她的大学在几小时车程外，在那里她适应得很好，有点儿乐不思蜀的样子。每次哈利看到她的 Facebook 主页，只会感觉更糟糕。朱莉在一场又一场的聚会照片里被标记，手里拿着红色饮料杯，跟一群男生在一起开怀大笑着。本来这对恋人已经说好在大学里继续保持恋爱关系，但如今朱莉显然已经向前走了，这让哈里觉得自己被抛弃了。就是高中朋友的帖子，也都会让他感觉更糟，因为他们都在快乐地体验着大学生活的种种，而哈里之前一直以为自己也会体验到的。

父母倒是常常会打电话过来，但跟他们谈自己的问题没有用。为什么他们就是不能好好听呢？他妈妈总是自动进入"加油！"模式，算是"忍着吧"的温情版；他爸爸则简单粗暴一句"坚强点！"就挡回他所有的抱怨。哈里和父母都不知道的是，长期的身体病患会让年轻男性更易患抑郁症和产生自杀念头。

尽管有抑郁症家族史存在，可巴拉德夫妇从未与儿子讨论过心理健康问题。他们用力地在哈里身上投射了一个美好生活的希望，根本无法接受他不快乐。于是每当他们打来电话，哈里都推托"我很忙""我正在学习"。实际上，他逃课、拖交作业。哈里还从未经历过如此难以走出的低落情绪。

孤独、忧虑、痛苦占据了哈里。他任由脏衣服在床边堆积如山。在网上虚掷大把时光，代替了他通常井井有条的生活。高中曾偶尔沾染过的大麻，如今成了每日必需，让他更是无心做任何事情。

同样戕害他的，还有长久以来文化对于"坚强"男子气概的定义。这种思想让大学男生不愿意向同龄人倾诉感情，也阻碍他们去寻求心理治疗。据研究，遵循所谓的男子气概信条，与心理亚健康状态（如自尊度较低、社会幸福感较低）甚至负面心理问题（如物质滥用、抑郁等）呈显著相关性。对"成为他们中的一员"、融入同龄团体的渴望，又进一步强化了这样的信条，于是像哈里这样的大学生就更难求助了。

迷失在抑郁迷雾里的哈里，并没有主动求助。但是，援助找到了他——所有田径队员必做的物质使用筛查，他没有通过。教练告诉他，除非他同意接受咨询和随机毒品测试，否则田径队就会将他除名。田径是哈里跟过去的正面身份和自尊之间的最后一点联系，于是他同意了。

哈里很幸运，学校配有一位专职的运动心理学家，他认为哈里病情很严重，需要转介给罗斯坦博士。每次咨询前，哈里都要填写一份贝克抑郁量表（BDI），这是一种普遍使用的纸上自我评估工具，用于监测患者的抑郁程度。哈里初次的BDI评分是"中度抑郁"，这足以使他失去许多执行功能技能——罗斯坦博士如此说。以前哈里理所当然地认为，自己能一直管理好这些基本事务：洗澡、洗衣服、安排工作和娱乐。但是，这些看似毫不费力的日常活动，现在却需要付出巨大的努力。即使用大麻，也起不了作用。而罗斯坦博士认为，他使用大麻的原因正是抑郁和社交焦虑。

这下轮到哈里向罗斯坦博士提问了："我很困惑。抑郁症我可以理解，但社交焦虑？我在高中总是有很多朋友。我跟他们在一起从不紧张。怎么会冒出这么个毛病的？"

罗斯坦博士回答："你的伤，夺走了你以前的应对方式和交友渠道，那就是运动。没了这个，你和人打交道就难了很多。你的社交形象从活跃的运动员变成了伤病号，造成了一种'模糊丧失'。这种丧失你自己的感受很强烈，但别人却不一定能看见。任何丧失都会带来焦虑，包括社交焦虑，而社交焦虑又造成一种过度警觉和不自在的状态，特别是在觉得自己像个局外人的时候。大脑读取到你对这种焦虑的生理反应：脉搏加快、肚子不舒坦、胸口发闷，于是判断你有危险，然后将你的身体设置为'战或逃'模式。一旦这种模式开启，就很难停下来。"

罗斯坦博士帮哈里认识到，不能跑步，不仅让他失去了身心健康和缓解压力的途径，还让他失去了田径队这条获取社交归属感的稳妥道路。孤独和焦虑驱使的各种念头，使他相信自己的处境永远不会改变，而且这全是他的错。陷入低潮时，他开始觉得自己本来就不是读大学的料子。不堪重负的他，在学习和社交上全面退缩，转而依赖大麻作为安慰剂。

说到大麻，罗斯坦博士请哈里思考一下，他大量使用大麻，是不是一个有效的应对机制。

哈里抗议：“我知道必须戒掉大麻才能待在队里，可抽大麻能让我感觉平静点。”

"抗抑郁药可以起到同样的作用，"罗斯坦博士说，"但又不会像大麻那样让你更消极。现在你需要的是扩大社交、摆脱抑郁，而消极麻木与这个目标背道而驰。"

罗斯坦博士开了抗抑郁药安非他酮，该药可改善情绪，恢复活力并增强专注力。他让哈里放宽心：所有诊断出抑郁症的人当中，大约有 1/3 都服用了抗抑郁药。安非他酮可以控制抑郁症的急性期，为哈利的康复和学习更好的应对策略提供生理支持。

尽管哈里在点头表示同意，罗斯坦博士还是察觉到了他的摇摆不定。于是他让哈里先想清楚，毕竟药物治疗只是众多方法中的一种。罗斯坦博士还鼓励哈里给父母打电话告知实情。因为要摆脱抑郁，很大程度上有赖于承认自己需要支持，所以罗斯坦博士希望哈里的父母为他提供一个安全的情绪庇护所，让他不再独自隐藏。

咨询结束，哈里离开的时候，感到松了一口气，却又很矛盾。拿处方药让他感到很撕裂：吃一种能改变你大脑生化反应的药，这不会很奇怪吗？安非他酮会把他变成一个自己都不认识的人吗？他加倍努力，规律生活、少抽大麻，还洗掉了堆积三周的衣服，然后鼓起勇气给父母打电话。

他们的第一反应是惊慌，接着是释然。取得哈里书面同意之后，他们致电罗斯坦博士，说出了自己的忧虑。他们的问题和许多第一次听说孩子被开了抗抑郁药的家长一样：

- 这种药的作用机制是什么？
- 对哈里会有什么副作用？是短期的还是长期的？
- 这种抗抑郁药的有效率是多少？
- 不吃它的话还有没有什么别的办法？

巴拉德夫妇还询问了与儿子沟通的建议："我们应该说什么？我们不该说什么？我们怎样才能最好地支持哈里的治疗？"

那周晚些时候，哈里的父母分别给他发了电子邮件。下面是他母亲的电邮[13]：

亲爱的哈里：

　　我们很高兴你打来了电话。谢谢你告诉我们你这段日子过得如此辛苦。大学适应期，本就充满了新情况、新人物。除此之外，我知道你热爱跑步，可是你的身体"耍"了你。我觉得，你把很多非你能掌控的事情都怪在了自己头上。

　　我知道你是一个典型的"人际型"人格，身边有朋友相伴才能生机焕发。所以我不奇怪，你的抑郁很大程度上来自社交孤立。

　　谢谢你敞开心扉，告诉我们怎样能帮到你。你已经从咨询中得到了许多好建议。你让我把你告诉我的内容列个清单发给你，因为清单对你有帮助。

　　这是你说过的关于治疗的内容：

1. 制定每周目标，用心理治疗来挑战你的负面思维圈。
2. 做一些愉快的、让你期待的活动。
3. 定下行动步骤，来增加希望和社交支持。
4. 请教练或运动医生帮你找一个减压锻炼方式，作为不能跑步期间的替代。

你说，既没有课上又没有事做的空虚日子让你感觉更糟糕。那也正是你说的不想起床的日子。你是一个有勇气、有胆量的人，即使在低落时，相信你也能爬起来，继续前行。

爱你的
妈妈

巴拉德先生对自己写的电子邮件并不太放心，于是请妻子帮他修改。她建议去掉一些说教之词，比如他自己对精神医学明显的偏见："其实，我一直觉得心理医生就是听人吐槽童年的。"她还建议删掉这句："这不是花钱雇人听你吐槽吗？"

在内心里，巴拉德先生担心心理治疗（或者抑郁症诊断，或者任何"可怜的我"式借口），只不过是递给哈里一根"拐杖"来逃避人生的艰难。对于很多像巴拉德先生这样的家长来说，"严厉的爱"才是良药。然而康复的关键在于，逐渐搭建必要的支持与技能，最后再撤掉庇护。一切都在于时机的把握，关于这一点我们将会在第十章详细讨论。

值得肯定的是，巴拉德先生毕竟意识到了，他的这种硬核风格并不是哈里现在需要的，于是删掉了那些说教意味过重的句子。过了几天（中间又修改了几次），他终于点了"发送"：

哈里，你好：

听说你的第一学期开局不顺，我真的很遗憾，希望你想聊、需要聊的时候，尽管来找我或者你妈妈。我保证，只要你想，我就听你说，或者帮你解决问题。只想让你知道，我们就在这里，想要支持你、帮助你。

如果你能听几句建议，请接着往下看。如果你现在不想，没关系，我不会介意的。

你有没有可能在宿舍套间找到一位舍友，随便谁，跟你一块儿去吃饭？就算你跟人没什么话可说也没关系，有时候，只要出门有伴都会好很多。

你妈妈说，你很担心你的房间。我知道，你在家的时候，我逼你太紧。请放心，我们下次去看你的时候，我会用一个小时和你一起收拾。

坚持住。

爱你的
爸爸

哈里看到父母都那么理解他，心里轻松了很多。他本以为妈妈会想要给他打气，但发现她并没有淡化他的问题，他觉得很满足。同样，他以为爸爸会勃然大怒，或者让他"拿出男人的样子，行动起来！"。那个家伙去哪儿了？

奔向康复

后来哈里才知道，罗斯坦博士给过他父母明确的建议如何支持儿子：保持平静；积极回应，但不要避重就轻，故作轻松；不评判；克制自己，不当事后诸葛亮，不开马后炮。罗斯坦博士确证了哈里的情绪和认知失能，以及他执行能力的下降。他告诉巴拉德夫妇，此时他们给予的理解越多，哈里向他们敞开得就越多，康复速度就越快。

巴拉德先生一直觉得既然妻子"溺爱"孩子，那自己"人生多磨砺"的育儿风格就是一种必要的平衡。现在他知道了，他的负面反应，投射的其实是他自己的不安，却帮不到儿子一丁点。对儿子的问题指手画脚，只能拉开他们之间的情感距离。

他们写的电子邮件，反映了一种积极回应的养育方式，令人赞叹。通过重复哈里倾诉的内容，爸爸妈妈都清楚地表明他们在倾听。这种方式的"镜映（mirroring）"，对于遭受痛苦的人来说是一种认可和抚慰。爱的一个定义，就是体验被了解。当我们感觉良好时，让别人了解自己是很容易的事情。但是，当我们处于脆弱状态时，要让其他人（尤其是父母）了解我们，就需要极大的勇气。哈里冒险让父母更深刻地了解了他。而他的父母则控制了自己的担忧，克制了焦虑反应的冲动（比如"哦，天哪，你会丢了奖学金的"），没有让事情变得雪上加霜。他们也没有因为哈里需要帮助而指责他，没有质疑抑郁症的诊断。他们在电话、电邮中的回应，使哈利感到被爱和被理解。他不再感到那么封闭和孤独。

巴拉德夫妇的邮件里，都提到哈里的抑郁状态干扰了他的自我管理。那么他的治疗就需要重新找到动力，来恢复一些基本生活技能，比如每天洗澡、打扫房间、起床去上课等。

不过，哈里的父母在抗抑郁药问题上意见相左。虽然这是哈里自己该做的决定，但他还是问了父母的意见。哈里的母亲告诉儿子，她能接受这个办法，毕竟抗抑郁药曾经帮助她父亲战胜过一段抑郁症。但是哈里的父亲成长于酗酒家庭，担心药物可能导致成瘾。他并不知道儿子已然陷入大麻滥用，还言之凿凿地对儿子说："你看，成瘾在我们家代代相传，对不对？我可不想你吃药上瘾。靠吃药解决问题是避重就轻。"

搞笑的是，老爸的一番启迪，反倒促使哈里下决心使用抗抑郁药。罗斯坦博士向他保证，安非他酮不会上瘾，大多数人在治疗快结束的时候都会停药。让哈里进一步下定决心的是，他渴望摆脱每天抽大麻的习惯。他希望这种药能帮助他做到这一点。

经过这些讨论,哈里开始服用安非他酮。这种药的效力通常在第一个月逐渐增强。他还参加了罗斯坦博士推荐的一个 8 周正念冥想项目。在这个治疗阶段,他需要学习和长期的练习。哈里发现,冥想对于缓解焦虑和抑郁的效果,跟他以前跑步完全一样[14]。其关键目标之一是:让消极念头流过,而不纠结于它们。

通过咨询、药物、冥想和参加由大学体育部发起的戒断互助小组,哈里开始构建新的应对策略。而参加戒断小组还带来了意外收获:多了一个机会,去结交一些有志于健康行为方式的新朋友。

哈里的康复绝非一帆风顺。像许多其他第一次遭遇抑郁症的人一样,他还有很多东西要学习。但他可以借助的资源也是很丰富的:有治疗上的支持,有父母的同情,有戒断的目标,有理疗复健……终于,在 11 月下旬的一天,清冽灿烂的阳光洒在大学跑道上——哈里又开始了他热爱的奔跑。

哈里·巴拉德和凯琳·萨顿这两个例子,呈现了年轻人的修复力。他们先是做到了求助,之后又告知了父母。他们的故事,可能会激发许多家长脑海中的一个问题:"有哪些具体措施,我现在就可以采取,好让孩子为大学生活的日常挑战做好准备?"请参阅下面的建议。

家长如何帮助孩子

- 减少次生压力;给孩子积极响应,而不是应激反应。
- 实践"玫瑰皆有刺"理念。请孩子倾谈日常生活中的起起落落。谈论失落,可以防止孩子走向破坏性完美主义。
- 讨论一些新生常见的绊脚石,比如头一两个月:同伴压力导致纵酒;头一学期:为分数忧虑;等等。

- 鼓励孩子参与社团、校园活动，以建立社交联系。与参加派对和网上交往相比，社团和活动能提供更好的支持网络。
- 找到可以延续到大学的应对策略，尤其是和朋友一起锻炼。
- 熟悉大学网站，找到重要支持人员和服务，如学习辅导部、残障办公室、大学咨询室以及学生健康中心等。
- 消除对心理健康问题的污名化；独自或与孩子一起浏览网站 www.halfofus.com，了解上面列出的各种常见情绪，如孤独、焦虑、抑郁、压力、绝望，或者仅仅是感觉不对头。

学生如何自助

- 将现有的学习环境调整支持（academic accommodations）设置从高中全盘延续到大学。减轻学习压力可以改善情绪。
- 签署 HIPAA 医疗信息透露授权表格，方便父母与你的医护人员对话。（HIPAA 和 FERPA 隐私法在附录中说明。）
- 为自己制定派对"守则"，并将你的决心告诉一位信任的朋友。
- 上大学之前就练习"问题"对话。
- 了解忧虑与焦虑之间、心情不好与抑郁之间的区别。
- 搜 TED 演讲《大学生谈抑郁症》（College Students Talk About Depression）。
- 指定一位家长或信任的成年人定期"查岗"。
- 不要评判失败；没有人是完美的。

8

危机护理

"休斯敦，我们这里出了点问题。"

——宇航员詹姆斯·阿瑟·洛弗尔

"休斯敦，我们这里出了点问题。"已经成了一个幽默段子，用来"低调"宣布任何一种大麻烦。第一个说这句话的人是美国航空航天局宇航员詹姆斯·阿瑟·洛弗尔，1970年在执行阿波罗13号登月任务时，中途舱内氧气罐爆炸，他用这句话来通知休斯敦的指挥中心。

多年后，洛弗尔在一部美国航空航天局官方历史纪录片里回忆："我们逐渐得出结论：我们失去了正常的电力、照明、水供应，而我们离地球40万公里。"不过，多亏宇航员和地面指挥人员沉着冷静、随机应变，这个故事最后有了一个奇迹般的圆满结局[1]。

送孩子进入外面世界的过程（尤其是，如果这个任务某些方面出了岔子），堪比家庭版的登月发射和意外返航。多年的任务工程建设，对探险任务的已知风险进行了预测和防范。火箭燃料昂贵，经过仔细测算，正好够推上飞往大学的轨道。探险任务虽让人兴奋，但也存在巨大风险。在上一章中，通过凯琳和哈里的经历，我们看到优异与危机的距离只在一线之间。两人在大学期间都遭遇过严重的焦虑和抑郁，但通过治疗和家庭支持，他们都在不中断大学学业的情况下得以康复。

本章将展示，当危机变成自由落体——当学生被甩出大学轨道、升空的喜悦变成发射失败的巨大焦虑——会是什么情形。家中，地面控制人员争分夺秒，极力避免坠毁。不管是将一切送回轨道、让旅行者得以完成任务，还是将其导回基地、重设任务，都可能需要前所未有的伟大创举：父母必须调动一生的养育技巧和倡导能力，而同时还要应对见证一场灾难上演产生的情绪震动。

但是，大学生正常的忧惧，与全面爆发的心理危机有何区别呢？为了帮助父母区分，国家心理健康联盟定义了心理危机的核心要素：[2]

- 意外事件。
- 没有时间做准备。
- 没有以前的处理经验。
- 强烈的情感影响。
- 对自己或他人构成威胁或危险。

心理危机的发生，迫使父母进入分诊模式，要求他们迅速拿定主意，决定学生该如何（甚至是否）继续大学生涯。紧急情况固然来势汹汹，但解决它的过程却很可能是漫长的，其中涉及在各种治疗途径和各种治疗级别之间做出选择。有一些学生，即使历经多种创伤事件引发的动荡，从做傻事或物质滥用到性侵或自残，却依然可以做到不辍学。而另一些学生，则会直接陷入精神危机，被甩出轨道，失去正常学习能力，甚至最基本的自我管理能力，如睡眠、进食、洗澡等。

对于这些大学生来说，心理危机常常以双重打击的形式出现，专家称之为"共病"：如注意力缺陷多动症（ADHD）可能与抑郁症相伴；物质滥用等不良应对方式可能是受某种未经诊断的疾病驱使，如双相障碍（躁郁症）。这些更复杂的心理问题，可能无法在大学环境中解决。这些脆弱青年的父母，往往需要指导和危机护理。

面临危机时大多数父母往往措手不及。导致崩溃的预警信号可能被很多因素掩盖：一方面，学生本人缺乏意识或者直接否认；另一方面，HIPAA（《健康保险便利与责任法案》）保密和隐私保护机制，阻挡了父母的视线[3]，导致当他们得知危机的时候，孩子往往已经面临着迫在眉睫的身体伤害，或者已经出现了学业上的溃败。

不管危机发展到了什么程度，父母依然可以发挥重要作用，帮助孩子度过危机。不过，当面对一大堆让人眼花缭乱的选择：是校内心理调节还是请病假治疗，用哪种治疗方法……父母怎样才能在短得来不及喘息的时间内做出最好的决策呢？本章将分享一位母亲——就是希布斯博士自己——在这方面的经验教训，看她如何在紧迫的形势下带领儿子詹森安全走出校园危机护理的迷宫[4]。

帮助儿子重新走上"正轨"的母亲

从许多方面来说，詹森是一群青少年的典型代表：他们天资聪颖，却在上大学之前就有过精神疾病治疗史。詹森带到大学的行李中，除了他的射箭装备、《龙与地下城》游戏书、攀岩用具，还有一种用于控制他长期焦虑症状的精神类药物。他并非特例。因为在过去的几年里，90%的大学心理咨询中心都发现，带着精神类药品入学的学生数量在增长。[5]

上大学之前，詹森在他就读的新理念高中茁壮成长。尽管他9岁那年就被诊断出患有广泛性焦虑症（GAD），但此后长达10年间，诊断结果和药方如车轮般不断变换，直到他高二的时候，诊断书中加入"阿斯伯格综合征特质"，这才似乎消停下来。儿童期广泛性焦虑症往往是成年期各种焦虑症的预示指征；它与物质滥用、抑郁症、自闭症谱系障碍和自杀意念也存在关联[6]，只是在儿子首次被诊断的时候，我还不知道这些。

詹森的这次危机，导致自杀念头在他脑中盘踞了长达一年。在这段时间里，诊断结论及相应的药物方案，依然在试错中摸索前进。我通过向前看度过了这场危机，又通过向后看理解了这场危机。我跟许多尽职尽责的母亲一样，以为自己已经帮儿子做好了充分的准备。但他的这场危机（抑郁症，严重到大一下学期病休回家）填补了我关于初成年人情绪失调的知识盲区，暴露了我自己的偏见，也要求我自始至终保持希望不灭。

距离詹森最初的崩溃发生，已经过去了3年。现在他状态不错，对自己来之不易的韧性感到非常自豪。七月一个炎热潮湿的早晨，他再次见到了他的精神医师罗斯坦博士。但那天的日程表上并没有咨询——詹森是到罗斯坦博士的精神科住院医师研讨会上发言的。[7]

罗斯坦博士请詹森讲讲自己上大学的感受，作为开场。

詹森说：“上大学之前，我对大学抱着基于流行文化的不切实际的想法：认识很多人、参加很多派对、上课无所谓。第一学期一切都好，我交了朋友、玩得开心、成绩也好。但到了下学期，裂痕就开始出现了。第一学期最好的朋友甩了我，我接受不了，便开始社交退缩。我找了大学心理咨询员，有作用，但不大，因为说到底他们并不真正了解你。不过，我不打算把所有责任都推在他头上。因为，我一直在避重就轻，他并不知道我每一天都会崩溃。我变得更加抑郁——真的是支离破碎——连起床上课都做不到了。我停摆了，整天躲在房间里。”

"我是在你回家之后才见到你的，"罗斯坦博士博士在一旁补充背景，"你离校的时候，抑郁到什么程度？你的心态是怎样的？"

詹森答道："现在回想起来，有点吓人的是，我的抑郁开始的过程是很缓慢的，所以不知不觉它就成了常态。我对于快乐的期望变成了'不受苦就好'。那时候我只知道自己不开心，直到春假回家的时候，才有我的高中朋友麦克斯来告诉我：'兄弟，你状态很差。你得告诉你父母。'说实话，那真是一场灾难。我很庆幸我逃出来了。"

美好岁月

在那个时候，我做执业心理学家已经25年了。但眼看着詹森的危机在自己面前上演，我体会到了那些我很少有过的感觉：挥之不去的焦虑和无助，掺杂着深深的自责——为什么我没有留意到这事的发生？谁都可以看不见，但我怎么能看不见那些苗头呢？我作为家长和专业人士的双重角色，对于我理解儿子迫在眉睫的危机，既有启迪，又有误导。我在脑中播放着他童年的影像片段，勾起了许多珍贵的回忆与希冀。不过这时，我看到了之前错过的线索。

詹森第一次出现焦虑症状以前的日子，是田园诗般的"美好岁月"。跟全世界的父母一样，我把想象中他无忧无虑的人生，乐观地投射到了遥远的未来。他超前的词汇量、无边的好奇心、如饥似渴的求知欲，都让我感到自豪。

三岁的时候，詹森就已经掌握百科全书式的恐龙知识。接下来是伪装昆虫。五岁时，痴迷上有毒植物。那年我父亲的心脏问题急转直下，詹森听说这个消息并了解姥爷的病情后，就催促我去跟他的医生说，要用洋地黄治疗，这种药提取自有毒的毛地黄植物，自古以来就对心脏病有疗效。那些美好岁月蒙蔽了我的眼睛，干扰了我的理解，让我错失了那些初现的端倪。

詹森的症状一开始只是零星出现，但很快就汇流成河。旋转木马上的小小兴奋，他不喜欢，反而抱怨音乐让他耳朵难受。放烟花也是一样。小学一年级时，詹森总是一幅胆战心惊、眼泪汪汪的样子，比他的同学更容易崩溃。在打打闹闹的男孩文化中，他讨厌被人看到自己哭泣——"崩溃了"，用他的话来说。

然而我还是试图安慰自己说：我看到的这些现象，难道就不能是一点小小例外吗？难道孩子就必须总是一副快乐儿童的标准样子——一个"合群的、温柔无比的大哥哥"？

三年级时，詹森的症状行为加速出现。他本来只是偶尔有点轻微的口吃，进了一个必修的沉浸式西班牙语班之后，班上同学的西班牙语程度都比较高，压力之下他的口吃明显加重了。不久，他开始出现"为了选对无法选择"的情况，这成了他焦虑症的一个标志性特征。他不知该在饼干和冰淇淋之间如何选择。于是在他的课外活动中，除了原有的击剑，我们增加了认知行为治疗（CBT）和言语治疗。尽管他的症状有短暂的好转，但由于我们大学医疗系统的儿童心理学家流动率异常之高，导致他的治疗也频频中断。我根据自己的临床经验，本以为让詹森一直在一个高水平的机构接受治疗会比较好。但我没有意识到，一个以医学培训为重的医疗系统会给治疗带来什么弊端，给患者带来多少临床变动。

蝇王

初中是蝇王的领地，霸凌是生活中的日常事实。詹森轻易就成了一个靶子，因为结巴而被人嘲笑，因为容易崩溃而被人戏弄。一些霸凌行为表现为后现代式的微型攻击，琐碎却又挑衅；但时不时也会出现肢体虐待的现象。明面上，学校对霸凌实行"零容忍"政策。但在私底下，监管不到的地方，如午餐、课间老师不在的时候，大量的霸凌依然在发生，而且长期存在。

除了这些社交上的压力，初中的学习要求也加剧了詹森的焦虑感。他的应对方式是，如饥似渴地投入到神话和幻想题材的阅读中，却拖着作业不做。而我也不知不觉地陷入了第七章中讨论过的常见父母陷阱之一：我过度包容了他的焦虑，还帮助他安排功课、赶任务期限，客观上纵容了他继续逃避。

六年级时,他第一次谈到自杀。把指甲咬到出血。该是采取药物治疗的时候了。

大学之前的那几年:挣扎后绽放

从 12~15 岁,针对詹森焦虑症的第一轮精神药物最终没有收到什么效果。其中一种药物——文拉法辛,在减量后还引发了长达一周的恶心。他当时的精神科医师阿曼达·亚伦博士[8]对他的肠胃不适并未引起重视,认为只是病毒性肠胃炎。于是我们放心地把詹森和弟弟菲利普送到了他们最喜欢的消暑圣地——奶奶爷爷营——也就是他们祖父母的家。然而随着剂量的再次减少,詹森开始"钝化(obtunded)"——医学术语,意为"使迟钝,麻木,或失去活力"。

那是一个夜半时分,万籁俱寂,詹森在睡眠中逐渐进入昏迷状态。菲利普听到了詹森被液体呛咳发出的窒息声,醒来看见哥哥仰面躺着,黑色、绿色、白色的浓稠呕吐物从嘴里流到脖子上。菲利普吓坏了,赶紧叫醒了爷爷奶奶。爷爷奶奶将詹森的口腔清理干净,帮他翻身侧躺着,防止吸入呕吐物。紧急电话打给我,又打给亚伦博士,然后又绕一整圈回到我公婆那里,指示他们每半小时唤醒詹森一次,检查他说话是否连贯。如果不能连贯说话,或者呕吐不断,就要立即送医院。婆婆露丝和公公厄尔彻夜未眠,贴身守护。他们让我们不要开车五个小时赶过去,先等等看。于是我提心吊胆、断断续续地睡了一夜。之所以还敢睡一会儿,是因为我完全相信,露丝会整夜守在詹森床边,担起我这个妈妈的护理责任。凌晨 3:40,詹森完全清醒了,觉得肚子饿。按照他的说法,露丝奶奶给他做了史上最好吃的培根生菜番茄三明治。经过 48 小时的不眠守护,白天又呕吐一次,修改了停药方案,后续又到医院抽血检验,詹森终于化险为夷。这发生在就寝时间的恐怖场景,困扰了菲利普很多年。让詹森差点没命的，是文拉法辛停药综合征，一种罕见但可能致命的药物副作用。

感谢老天，詹森很快从中找到了乐子，还把我们逗得哈哈大笑。借着他特有的机智幽默，詹森配音了一集《呕吐镇》，亚伦博士成了里面的"嘎嘎医生"。

警惕副作用

很多开给儿童和青少年的精神类药物，并没有获得美国食品药品监督管理局（FDA）的批准。请询问医生该药是否已获得 FDA 批准，可用于儿童和青少年。如果没有，在开始用药或者停止用药之前，应先查明需保持何种警惕程度，以最大限度地减少或避免不良副作用。在大多数情况下，副作用会在早期出现，之后可能逐渐消失。但也有一些情况下，副作用仅在停药时出现。有些药品并未针对青少年的年龄或体重规定精确的剂量，那么可能需要谨慎再谨慎。

度过这次危机之后，亚伦博士的首要任务就是让詹森逐步脱离文拉法辛。（父母应该知道，大多数精神科药物不能突然停药；为避免不良反应，包括抑郁症复发、胃肠道不适或停药综合征，必须非常缓慢地逐步减量。）在接下来的几周中，她将文拉法辛剂量强度逐渐下降，直至为零。由于意识到自己犯了严重的医疗错误，亚伦博士谨慎地将詹森转介给她的导师艾伦·格拉斯博士。她希望格拉斯博士排除双相情感障碍，因为常用药物对詹森的焦虑症没有作用。

格拉斯博士首先进行了全面的评估——先是对詹森，然后是跟我和我丈夫克雷格讨论家族史。最后，格拉斯博士丢下一枚重磅炸弹：他诊断詹森具有阿斯伯格综合征"特质",属于未早期诊出的病例。阿斯伯格综合征是自闭症谱系障碍(ASD)的一种,往往伴随着焦虑症和执行功能困难。[9]患此症的儿童和成人被认为是"高功能",因为他们的口语和智力发展超前,没有明显的语言和认知发展延迟。他们的兴趣通常局限在一个非常狭窄的范围,同时他们在社交互动上有困难——这往往是由于他们倾向于误读非言语信号,如手势、身体姿态、面部表情等。

可是"特质"又是什么意思?格拉斯博士解释说,詹森并不完全符合阿斯伯格综合征的诊断标准。他极度专注的兴趣、感官上的敏感以及社交焦虑都属于相当轻微的症状,以至于所有的专家(他小时候的儿科医生、三位咨询师、三位精神科医师)都忽略了阿斯伯格综合征的可能,选择了广泛性焦虑症。这是因为,1990年代精神医学界对自闭症谱系障碍的理解还处在不成熟的阶段。在过去的20年中,神经发育医学在理解和检测幼儿自闭症谱系障碍方面取得了长足的进步。然而,在詹森的童年和青春期初期,用于诊断"高功能"儿童自闭症谱系障碍的儿科基础设施还是薄弱很多。直到今天,阿斯伯格综合征还是很容易被误诊,只有当儿童或青少年在学校和家里都开始遭遇社交和学业双重困难时,才有可能被发现。[10]

过去的10年里,我作为一个护儿心切的母亲、一个挫败的专家、一个无助的人,每一根神经都在不断被拉扯;过去10年里,也有许多心理专家陆续评估过詹森的各种症状,都给出了在当时称得上准确的诊断。然而,每一位医生对詹森的发展都是只见一斑而不见全豹。广泛性焦虑症是常见诊断,而自闭症谱系障碍是罕见诊断。医学界有句行话:"听见蹄声哒哒哒,别想斑马先想马。"所以詹森诊断为焦虑症是有道理的——直到阿斯伯格综合征更有道理。

这种走过许多弯路才摸索到准确诊断的现象,远比医学界公开的要多。过渡年龄段的诊断可能会受到多种因素的干扰,包括:其他并存疾病,地域内缺乏合格的儿童和青少年精神科医师,被忽略或者被过度诊断的发展阶段问题(如神经发育迟缓、ADHD)，等等。儿童期和青少年期出现多种情绪和行为症状时，就更是如此了。14 岁前被诊断出的绝大多数病症，是注意力障碍、执行功能障碍和焦虑症。然而，尽管在治疗大脑障碍方面已经取得了巨大的进步，仍然有许多因素可以掩盖儿童期和青少年期外在症状背后的真实病症。尤其是在青春期这个发展阶段，大脑本身的变化就已经如此迅速，以至于有时似乎是在恶作剧式地躲避解释性分析。

前面不是说过亚伦博士担心双相情感障碍的存在？嗯，这事被忘记了，消失了。当时，我的全副心神都用来理解自闭症谱系障碍诊断了，同时也以为格拉斯博士已经排除了亚伦博士的担心，于是就把这事给忘了。她显然也忘了。接着，在詹森向格拉斯博士咨询后不久，亚伦博士接受了州外的学术职位，于是将詹森的治疗移交给了一位初级精神科医师黛博拉·贝尔策博士。亚伦博士的办公室里向来高高堆放着一摞摞文件，就像这个马大哈教授的一座神殿。她走后，詹森的精神医疗记录，连同对这个未解之谜的任何提及，都在混乱中消失了。

你"拥有"医疗记录

✖ 家长必须采取非常主动的态度来避免丢失医疗记录。请始终得索要所有药物及诊断记录副本，以防医方记录有误。初次就诊或诊疗关系转移时即向医生提出要求：每年或每 6 个月向你发送一份以前和最新记录的完整副本。

随着诊断出自闭症谱系障碍"特质"，詹森开始了一轮新的药物治疗，这大大减轻了他的焦虑症状。作为一路摸索着找诊断的父母，我们终于了解到并承认，我们首选的那所竞争激烈的高中不适合他。知错就改，我们将詹森转到了他的首选高中，那里为有能力、有创造力的学生提供了更好的社交情感支持和学习支持。在接下来的 3 年中，詹森在他所称的"高中天堂"里茁壮成长。他每周组织一次他的朋友来我们家玩《龙与地下城》角色扮演游戏（RPG）。他成为一名攀岩健将，场地从高中体育馆的攀岩墙，转到了有技术挑战的西弗吉尼亚塞内卡岩（Seneca Rocks）。他拿到了射箭教练资格，打算在高中开设一个射箭课程。他还获得了第一志愿大学的奖学金，那是一所小型文理大学，符合他的学术兴趣，支持射箭、攀岩、电游等俱乐部活动，还有良好的心理咨询和学术支持服务可用。

尽管詹森一路走来吃够了苦头，但我觉得最大的坎儿都已经过去了，到了社交和知识多元化的大学环境里，他会绽放的。为帮他做好过渡准备，我尽力去了解关于自闭症的一切。我读文献、参加会议。在我参加的那些会议上，挤满了忧心忡忡的家长，揣着相似的担心：怎样才能让即将上大学的孩子保持正轨？那些顺利完成大学学业的"阿斯小孩"成功的秘诀是什么？

1990 年代自闭症诊断数量飙升，这批孩子现在已经到了上大学的年龄。2012 年发表在《儿科学》期刊上的一项研究发现，每年有 5 万谱系青少年年满 18 岁。其中大约 35% 会上大学。[11] 大学里学生的构成变了，然而还没有几所大学做出调整，为第一代自闭症谱系大学生提供适当的社交环境。

在当时美国仅有的几所提供包括个人治疗、团体社交技能训练、内置学习咨询等 ASD 综合社交支持的大学中，我们参观了两所。詹森申请的一所大学宣传说，对一年级谱系学生会有大力的支持——然而最终申请人数太少，项目没有开放。另外一所，詹森直接拒绝了，他不喜欢那里的氛围。好在第一志愿大学还有很多其他支持政策，比如，提供相关文件后，学校给他分了一个单间宿舍。

开学搬进新宿舍的那天，像是一个期待已久的胜利，让人充满兴奋。我们一起欢欢喜喜地开行李、组装书架、买地毯、挂上家里带来的他最喜欢的海报，无暇顾及即将到来的分离。后来詹森巧遇迎新日结识的一群人，我们正好也急于向校方展示自己不是直升机父母，于是说了再见。

在这么一个充满希望的时刻，我觉得终于可以放松一下自己紧绷的神经了。我可以放手让儿子去继续他的生活。詹森兴高采烈地向我们挥手告别。他跟新朋友们已经计划了活动。登月任务准备就绪，可以发射了。

整个秋季，詹森都在 Skype 上向我们讲述他的社交和学习生活。他延续高中的习惯，每周末组织一次角色扮演游戏（RPG）聚会。住在校园各处的朋友都聚在他的房间里，玩《龙与地下城》和《战锤》，几小时沉浸于即兴角色创造和战略。詹森也加入了攀岩俱乐部和射箭俱乐部，但 RPG 游戏才是一周的高潮。

直到感恩节和寒假期间，詹森都在开心地与我们分享朋友们的消息，收到成绩单还和我们击掌庆祝。我们觉得他已经安全趟过第一学期的适应期，于是都放松了警惕。第二学期开学时我们还依然充满希望，然而就是在这一学期，詹森从在校生变成了"住家患者"。

崩溃

春假的到来，为第二学期逐渐累积的压力提供了必要的缓解。詹森很高兴回到家。那个星期他按约定去见了精神科医师和心理咨询师，讨论了用药和最近低落的情绪。假期周大部分时间他和高中朋友厮混在一起，精神头似乎好了很多。很快到了春假的最后一天，那是 3 月中旬一个周日的午后，他已经收拾好准备出发了，但在离前往机场的时间不到一小时的时候，他到书房找到了我。

"妈，麦克斯说我应该告诉你，"他吞吞吐吐地说，"他说你会理解的。"大多数青少年遇到麻烦都会先告诉朋友,[12] 他也不例外。

我停下打字,放下手上的工作,抬头担忧地看着他。詹森脸色有点苍白,声音有点发抖。"告诉我什么?"我问道。

"我觉得不能回去上学了,"他坦白地说,"我一想到要回学校,就感觉越发糟糕。"接下来他又倾吐了更多:第二学期他缺了很多课,也不跟人来往了,一般独自在房间里吃饭。他很害怕,不知道回到学校会发生什么。

我尽量稳住情绪问儿子:"你是说,你担心会伤害自己?"

"是的,妈妈。我是在担心这个。我控制不了自己,"他悲伤地说,"那些念头,它们挥之不去。"詹森说,多年来他都忍受着自杀念头不时地闯入,也一直都能转移注意力,暂时忘掉它们,可是最近做不到了。

我吃了一惊,大脑飞速运转,并奇异地分裂成两半,一半在考虑实际的事情——他的航班还有多久起飞;另一半被情感占用:眼下我儿子情绪上有多脆弱?我感觉自己被扔到了一个新的现实之中。我努力寻找着合适的话回答他,同时脑中纷纷攘攘,拼命想要理出一个头绪:要是现在休学的话,就会浪费他一整个学期的努力,或许可以少修一两门课程;病休跟失去朋友以及大学里的学习节奏相比,得失几何;我和克雷格付的几千美元学费要打水漂了;怎样才能知道这是暂时的假期情绪低潮,还是真正的全面崩溃,等等。我觉得还是休学好,我不敢让他回学校。大学自杀率男女比例为四比一,安全为重!

我不想犯下一个自己永远不能原谅的错误。但我不能一个人做决定。我让詹森在书房等着,我去告诉克雷格,请他过来一起谈。

几十年前,克雷格也宣布要离开大学,被他爸爸泼了一瓢现实的冷水:"你到时候找不到工作可不许回家来住。"老爸的威胁,加上他想起自己暑期在餐馆当服务生和在工厂当钳工的无聊经历,最终让他打消辍学念头,继续学业。所以,他现在的第一反应是跟儿子来一番相似的、"严格的爱"风格的对话,我为什么要感到惊讶?

克雷格像其他许多父母一样，不经思考就用自己的偏见和那些内化了的"应该"做出反应。这些下意识的反应常常驱使着我们与理性思维背道而驰。难道不该像自己父亲多年前做的那样，鼓励詹森控制自己的恐惧和焦虑吗？难道不该叫他勇敢面对？克雷格觉得，没准这只是詹森从前常有的那种焦虑之谈，于是试着鼓励他："要不回去尽最大努力再试一下？这学期也只剩六周了。"

我能看到詹森在犹豫。他是在重新考虑吗？——"或许我可以坚持到底。"还是说他只是想取悦他爸爸？

我们就那么坐着，无话可说，无计可施。没有谁能告诉我们，去或留，哪一个是正确选择——医生、专家、直觉，此刻都无可凭借。当然，作为一名心理学家，面对年轻人的情绪恶化，我比大多数家长还是多那么一点优势。在实践中，我已经见过许多抑郁的表征，能识别一闪而过的自杀意念和隐约成形的自杀企图之间的区别——后者已经足够严重了。而自杀计划，则是一种紧迫程度远胜前两者的危险信号，因为它已经开始将行动的详细步骤具象化了。所以，尽管詹森向我保证他没有计划，我依然心知肚明，他近来的社交隔离已经促成了一场严重抑郁症，而这是自杀的一个风险因素。

临床医生所说的"自杀倾向"（suicidality），用通俗的话来说，就是各种风险因素像魔方色块那样对齐的程度，这些风险因素包括致命手段的获取或试验、机会、冲动，以及年轻男性身份。在当前危机中，我的临床头脑印证了我的母亲直觉：我必须相信詹森的判断。他就是我们现在需要听从的专家。显然，春假期间呈现在我们面前还不错的情绪状态只是暂时的，是因为没了学业压力，加上家乡朋友的陪伴，才轻松起来的。我对詹森安全的担忧，现在已经压倒了从前对他抱有的所有希望和期待。

我打破沉默："我们不能让他回去上学，"我坚定地对克雷格说，"这事儿你必须得相信我。让詹森先去赶他的航班，我坐下一趟航班随后过去，帮他收拾东西，明天递交正式休学申请。"克雷格顿了顿，然后点点头说："我帮你订机票。"

当天深夜，我和詹森在空荡荡的校园里翻遍垃圾箱，搜寻纸箱子来打包他的大学生活。每找到一个特别结实的箱子，我们都发出胜利的欢呼——这场母子贴心的冒险，提供了一个不错的消遣，让我们暂时忘却了即将到来的失落。然后我们打包了4个行李箱、1个弓箭箱，以及装着他的书、床单、毛巾、台灯、海报、打印机的8个纸箱。收拾完毕，累瘫了的我们沉沉睡去。

周一上午10点来钟，我们会见了教务长。我一边解释说詹森患了重度抑郁，一边递上病休需要的文件。让我惊愕的是，教务长态度很冷淡。他公事公办地宣读了学校关于一年后重申重录的规定（保留学籍、直接复学，那是不可能的），我和詹森各签了一套知情同意书。20分钟后，我儿子便不再是大学生了。

择校参观、家长日参观时的种种憧憬闪回脑中，很快又退散而去，我努力消化着悲哀的现实。"想跟谁道别吗？"我问。

"不想。"回答是硬邦邦的。那就让Facebook充当不告而别的信使吧。

好几个月之后詹森才对我说："妈妈，很抱歉这样说，不过当时如果留在学校的话我恐怕活不下来。"

我平静地回答："我知道。"

自杀风险

哪些人存在自杀风险？对此进行预测，长期以来一直是心理健康中最具挑战性的问题之一，但到了21世纪就更加紧迫：在一项纵向研究中，美国的自杀率从1999年至2014年跃升了24%，从每十万人中有

10.5 人上升到了 13 人 [13]。自杀现在是 15~34 岁年龄段的人群第二大死亡原因 [14]。70% 的高中学生承认在一年中曾认真考虑过自杀，且 2.7% 自杀未遂并因此需要治疗 [15]。

某些因素已经为大众耳熟能详，如身为男性、有抑郁病史、近期失业、失去某种人际关系，等等，这些的确是风险因素，但它们其实不能准确预测自杀行为。尽管抑郁症经常与自杀意念相关联，但其他三种情况——焦虑、难以控制冲动、成瘾——与自杀行为之间关联更强 [16]。大多数初次自杀行为出现在自杀念头首次出现后一年内。很多尝试自杀的高中生、大学生当时并没有进行治疗。而导致自杀的典型路径或环境似乎也有所改变。比如，成绩优秀的学生，在其社会地位即将失去或自认为即将失去的时候，也可能会在一时恐慌中采取自杀行动。美国国家精神卫生研究所和哈佛大学正在进行研究，以更好地预测风险人群。

由于这些不确定性的存在，我在面对自己儿子的危机时，选择了一个古老的办法——"直接问病人"。很多家长害怕，要是一问孩子有没有过自杀念头，就会把这个念头"植入"到他们脑袋里去。好在我知道有几项研究，其结果都显示这种暗示效应微乎其微。不过，由于我们的社交媒体文化过于追求表现"幸福"，太多年轻人从中得到的信息是，不开心的想法还是放在自己心里好了。但只要做到开口问对方是否有自我伤害的想法，你就已经在给你所爱的人一个机会——甚至是许可——来摆脱自己的痛苦了。

留意预警信号

我们家算是很幸运的了。不仅仅是说我们儿子有一个颇有见识的知心好友，能给他关于抑郁症的明智建议，詹森本人也有足够的底气告诉我们他不能回去继续学业。我们反思时觉得，这么多年坚持正面养育，在最关键的时刻起了作用，怎么说也值了。这些年来，我们鼓励詹森敞开他的痛苦与失落，陪他做心理治疗，从"下意识型"父母成长为"有觉知型"父母，努力创造可以安全表达情绪的家庭氛围。我曾试图帮詹森在大学里争取的一些支持——设立学习辅导室、把他的咨询服务从家乡咨询师那里转过来、找一位家庭友人作为紧急联系人——都不了了之。最终救了他的，是他与家人和朋友亲近的情感关系，和对心理治疗的熟稔。

不过这场危机前我还是忽略了许多预警信号。在高中，孩子有家长的引导、高中一体化的学习服务、每天按部就班的充实学习和社交常规，这些组成一个天然的支持系统，而我却低估了这个系统的力量，跟太多大学生家长一样。孩子上了大学之后，我们之间的日常互动没有了，我没有途径了解他的情况到底有多严重。我还觉得，他的诊断拼图中关键的一块当时依然下落不明，也导致我错失了一些预警信号。这块拼图后来找到了，叫作双相Ⅱ型障碍，仅在危机发生时才会暴露。

心理学家和母亲的双重身份放大了我的责任感和负疚感，我为我的盲区，我的错误，以及周围蒙蔽我的一切感到内疚。我希望以下"教训"能帮到跟我身处相同困境的家长。

教训一：大学第一年，安全为先。

有过心理疾病史的孩子离家上大学的时候，原有的心理诊断图谱可能是不完整的，而新环境下的新压力可能会引发新的症状。因此我强烈建议这类孩子的家长在帮孩子选择大学的时候，考虑离家距离在方便每周回家的范围内。或者，孩子也可以当走读生，这样在第一年关键过渡期可以住在家里。如果孩子开学时还在服用精神类药物，需要密切监控，那么这种选择就更加有利了。

我的盲区： 由于詹森离家的时候情绪非常好，于是我以为家这边的医生贝尔策博士制订的计划——放假回家时复查用药情况，必要时在学校做心理咨询——就够了。

我的教训：詹森在高中诊断为自闭症谱系障碍的时候开的药大大缓解了他的焦虑症，但是在环境恶化的情况下，还是不足以"托住"他。

给你的建议：每月安排一次复查，找孩子目前的精神医师，或在校内、学校附近找一个后备精神医师都可以。如果是第二种选择，可以向大学的心理咨询中心索要联络清单。另外，除非孩子在当地能找到信任的亲友作为倾诉对象，否则还是安排你自己和家乡作为他的"安全网"。

教训二：处于危机中的孩子可能意识不到情况的严重性。

被抑郁症或其他精神疾病控制的时候，人们往往无法看清自身情绪恶化的程度，以及自己日常功能丧失的程度。他们可能也没办法让你知道情况有多严重。很多学生以为只是社交问题或者大学学习要求的升级让自己"压力太大"。当考试和作业期限压力缓解，他们可能就会把自己情绪恶化、注意力下降等问题看作是正常现象，但实际上这可能预示着精神疾病的来袭。

我的盲区：我当时并不知道，詹森患上了一种未诊断出来的双相障碍，需要更高级别的药物来稳定他的抑郁症状。

我的教训：一个人无论什么年纪、有多成熟，抑郁症和其他精神疾病都可以夺走他们的独立生活能力。家长最好不要指望身陷深渊的孩子自己伸出手来求助，对于不够了解精神疾病和学习障碍的青少年和初成年人来说，那实在是艰巨的挑战。

给你的建议：告诉你的孩子，你知道精神疾病是大脑神经通道受损导致的，并不是性格弱点引起的。不要让孩子感觉到，你无法消化他们对大学生活适应不良的事实。直接告诉他们：无论他们有了什么样的麻烦，你都愿意听他们说！

教训三：否认压倒现实。

否认，可以强势阻挠家长辨识出一场酝酿之中的危机。以我为例，客观事实就让位于我舍不得放手的一幅图像：一个快乐、积极的年轻人，在课堂上表现良好，与朋友相处融洽，偶尔去见见大学咨询师迈克。

我的盲区： 第二学期我们视频聊天的时候，摄像头拍不到的地方，是成堆的中餐外卖盒、比萨盒，喝了一半的汽水瓶、汽水罐，地板上，到处扔着没洗的衣服。

我的教训： 由于保密法规，教授和咨询师都不能将学生缺课的情况通报给家长，有时甚至连教授和咨询师之间都不能互相透露。同样，如果没有获得医疗信息透露授权，大学心理健康中心通常是不会将学生来咨询或者开药的信息告知家长的。不过，如果认定学生对自己或他人构成威胁，咨询师可以将他送往医院，或经他同意致电家长。然而，要是学生不同意，那么咨询师联系家长唯一的理由只能是为了维护公共安全。

给你的建议： 不妨询问校方，教员和主要辅导员在识别学生抑郁症和其他精神疾病征兆方面，受过多少训练；在帮助学生找到心理健康专业服务方面，他们能起到什么作用；如果教员和辅导员怀疑学生有麻烦，他们可以向学生健康和咨询中心透露哪些信息、需要填写哪些授权表格？

教训四：编织一张安全网。

在大多数大学，从学生出现需要，直至约到专业人员，中间可能相隔好几周。所以，提前收集大学附近校外咨询师或者私营咨询师的推介信息，是一个有备无患的好主意。

我的盲区： 詹森并不了解自己抑郁的程度。大学咨询中心派给他的咨询师迈克，他倒是挺喜欢，只是他们之间的契合程度最多只能算是在表层。咨询中心不使用标准化量表来评估情绪状态，迈克也没察觉詹森的情绪在恶化。

我的教训：迈克未曾听取过詹森家乡治疗机构的意见，也没有向詹森的大学教授了解过情况。不过迈克能做到按约与詹森一对一视频咨询，而且也正是因为詹森喜欢跟他聊，所以在每次咨询过程中都会情绪好转。

给你的建议：大学入学前或者入学时，鼓励你的孩子签署保密信息透露授权书，让你可以与学校工作人员对话（包括教授和辅导员），这样在挂科或危机发生之前，就有可能从他们那里获取警报。如果孩子有精神疾病史，那么在入学之前就要跟大学咨询中心沟通；最好要了解清楚，学校对授权表的格式、种类是否有特别要求，如果有，该交到哪里。最后，一旦孩子开始到某家心理服务机构就诊，就要确保他们已经妥善保存孩子签好的医疗信息透露授权表，因为只有这样，临床医师才有权跟你以及孩子过去或现在的咨询师、医师沟通情况。（由于FERPA 和 HIPAA 隐私法规都相当复杂，我们会在第四章和附录中详细讨论。[17]）

教训五：要过问教学调整安排。

孩子在高中享有的任何教学调整安排（比如说，考试加时）都应尽可能延续到大学。其实这些在詹森的大学里都是有的，而且他还向我们保证，一有需要他就一定会使用学校帮扶办的资源。

我的盲区：很多执行功能障碍的学生都羞于求助，因此也并没有准备为自己在学校争取权益。詹森也不例外，他的一句话，暴露了他的自我羞耻感："人人都知道你为啥要去那栋楼（学习辅导办）。"

我的教训：詹森的私立高中为那些智力天赋高但受困于学习困难、执行功能障碍、条理紊乱、注意力缺乏多动障碍的孩子提供了强大的系统性支持；我没有意识到，当詹森从高中这样一张结实的支撑网，转换到大学这种每遇到一个教授都得重新为自己的情况解释请求一遍的环境，这中间的跨度有多大。他以前从未"演练"过这种为自己发声的感受，所以当在大学里需要开口争取帮助的时候，他都意识不到自己会产生这种自我羞耻感。

给你的建议：

· 训练你的孩子成为自己最好的代言人。从高二开始，就可以让他自己去学校参加个别教育计划（Individualized Education Program）讨论会，自己去提教学调整安排的细项。一上大学，学生就得直接向教授提出类似要求，包括存档的教学调整安排文件也得他自己去谈。

· 选大学的时候，留意学校有没有心理健康互助小组。也要考虑自己孩子在出现情绪、社交等问题时，会不会愿意主动去找寻这样的小组。

· 如果孩子已经因为心理问题求医了，不妨和他们开诚布公地谈谈社会污名化。当前，由于越来越多的大学生正在公开与各种心理问题作战，社会污名化这个问题逐渐被正视，这是一件值得感恩的事。在全国各地的大学校园，旨在促进学生心理健康、消除陈旧偏见的同龄人互助网已经搭建起来，一年比一年更强大。学会拒绝对心理疾患的污名化，这是可以救命的；而拥有这个技能，也是需要不断练习、持续从外界获取支持的。

教训六：充分利用你的人际支持网。

我们的一个好友马克住在詹森的大学城附近，他主动提出，如有需要，可以救急。我们想过安排他们俩见一面，可一直就没凑上时间。最后，我们只好把马克的联系方式留给了詹森。

我的盲区：抑郁会夺走一个人向外求助的能力。而孩子们就算求助也会去找他们自己的朋友，而不是你的朋友。

我的教训：人是很容易视而不见的。所以，在需要到来之前就把可以求助的名单列好，并让孩子和你一起确认选谁做后备联系人，而不是你来替他确认。

给你的建议：如果在备选大学附近没有亲人或者熟悉亲近的成年人，不妨考虑把择校范围限制在离家 160 公里半径内。这样的话，紧急联系人自然就是你或者孩子人际支持圈里的一员了。在启程上大学之前，务必让孩子和联系人碰个头！

教训七：社交生活出问题，大学生活就出问题。

通常认为孤独往往与衰老相关联，然而事实是千禧一代和 Z 世代却是最容易感到孤独的一群人，也容易因此而感到抑郁。[18]

我的盲区：家长对大学里的派对感到担忧，这情有可原，不过有关研究可以让我们放下心来：社交关系其实是学习的前提条件。实际上，不能交到朋友的大学生更容易脱离大学，要么直接辍学，要么情感退缩。[19] 和朋友一起派对、厮混、做傻事，似乎是与大学任务南辕北辙，但它们都是社交联系的必要部分。转学生和留学生都是抑郁高发人群，因为环境的变动切断了他们原有的重要社交网络。

詹森在大学里已经建立了一个五六人的朋友圈，其中一个被他视为最好的朋友。然而第一学期好友往往是易变的。第二学期一开学，他的社交图景就变化了。朋友们课程表各不相同，有人新交了女朋友，于是他的核心朋友圈就这样散掉了。雪上加霜的是，他第一学期的最好朋友为了讨好一个不喜欢詹森的室友，就把詹森给"甩了"。

我的教训：很多年轻小伙子不会向他们的男性朋友主动求助。他们在一起是为了开心，不是为了分担情感上的包袱——不像年轻女性，在友谊中享有这样的余地，或者说福利。詹森觉得，其他朋友并不理解他被最好朋友突然冷落的困顿。用他自己的话来说就是："我想他们搞不明白。"

给你的建议：家长并没有什么轻松的补救办法。不过，如果长期坚持鼓励孩子倾诉自己生活中的跌宕起伏，你就能向孩子示范一个支持求助的环境。另外，当你从孩子的话里听出社交问题、室友问题的苗头，就要问他，有没有可以跟他谈心、消磨时间、一起吃饭的人。

教训八：抑郁几乎总是由某种失落触发的。

就詹森这次的情况而言，他的失落就是被那位第一学期好友残忍抛弃。

我的盲区：后来，詹森的其他朋友再喊他一起玩的时候，他常常会拒绝他们。他已经深陷抑郁，无力与人交往了。打电话回家时也只是说一部分留一部分，没让我们察觉他的痛苦有那么深。我们鼓励过他重拾攀岩和射箭。为了帮他找回跟高中朋友的联络，我们还付费订购了网络游戏《魔兽世界》。然而詹森的飞行器已经着火冒烟，而我们对坠机着陆毫无准备。

我的教训：育儿就像开车穿行于浓雾中，一边驾驶，一边要时时查看后视镜，以免跑偏。从育儿的后视镜中，我才看到自己错失了什么，为何而错失。慢慢地，我学会了原谅自己从前的无知。

给你的建议：密切关注孩子的失落，如果孩子觉得失去了重要的东西，不要说，那没什么稀奇，没什么大不了。伸出你的援手。

危机渐强

让我再把画面补充完整：其实，早在春假詹森宣布他不想回去上学前，我们就已经发现一些迹象，表明问题在酝酿中。在原计划放假前一周，他曾给我打电话说他有自杀的想法。他保证，没有按这些黑暗冲动行事的计划，但是我们已经被他的状态吓到了，赶紧让他周末就提前飞回家了。我天真地以为，家里的温柔关爱和高中朋友的陪伴就能给他打足气了。

当他从机场到达口向我走来的时候，样子看起来很陌生。他步履缓慢，仅仅6周没见，他就胖了一大圈。这真是个残酷的悖论：儿子体重增加了，精气神却消失在了抑郁症里。我给了他一个欢迎的拥抱，他被动地接受着。他的言语、他的表情都毫无生气。我的心直往下沉。

尽管人在眼前，可詹森的心无法触碰，情绪漠然。我们之间像是失了联，陌生而悲哀。我意识到，我正遭受着一种模模糊糊、定义不明的失落。[20]

当年轻人患上严重抑郁症或其他精神疾病，且不知具体何时能康复时，父母往往由焦虑陷入悲伤。模糊不清的失落，可以看作是一种冻结的悲伤，[21] 因为情绪从有到无之间的转换，没有一个仪式来标记。这是一个只能独自承受的失落，外部世界是看不到的。

几个月后，为了整理自己的情绪，我在日记中随意倾泻了几段文字：

> 我惯用的应对策略——跑步、工作、忙碌——统统失效。我被詹森带到了茫茫海面。他漂离浮标线太久，我都开始觉得累了。
>
> 回到岸边，其他人都在担心我们。弟弟害怕詹森淹死，气恼他怎么不游回我们身边，好像他真能游回来似的。丈夫也抗议，因为我们的一个孩子在海上漂流，占据了我太多精力。
>
> 我只能孤身一人游过去托住他。我每游一趟都逆着潮流。我害怕出海，也害怕入水，可我停不下来，只有在浮标线外跟詹森待在一起的时候我才觉得安全。我抱着这样的幻想不放：只要我在那里，就能托起他来。
>
> 我现在的生活，像极了他们小时候留给我的一段挥之不去的可怕记忆：一个美丽的夏日早晨，一片空旷的海滩上，克雷格和詹森筑着沙堡，我抱着开心的婴儿菲利普，跳进齐腰深的浪花里。一个大浪打来，我脚底一下子踩空。我把菲利普举过

头顶，惊恐地意识到我可能会害他小命不保。经过了几秒钟漫长的恐惧，我终于踩到底，将菲利普安全带回岸边。每次回想那一刻，我都能清晰地感受到当时的恐慌：我就快撑不住、无法将孩子托出水面了，他太重，我的胳膊太无力，浪头太大。

而旁边没有救生员，不管那时还是现在。唯一能托着我们不沉下去的，只有爱。

但是当春假危机爆发时，我不能允许自己的心痛消耗太多心力，我需要打起精神来寻找、调度所有的资源。面对詹森的绝望，尽管我也无助，但我依然宽慰他：会好起来的，我会尽我一切力量，让他一定好起来。我和克雷格一起，帮他拉好安全网，安排他会见家乡的心理咨询师和精神科医师，又计划让他每周或隔周飞回来继续咨询，直到剩下的 6 周结束（那时候还是希望他能把这学期上完。）

不过，我还是开始制订后备计划——我把它想象成"从大学高速路下匝道"。为了有备无患，我请他的精神科医师准备了一封通用信函，不论是申请"缓修"还是"病休"，都用得上。

现在回头去看，当时我们更应该花力气去思考的问题是："詹森现在有能力独立正常运转，继续大学生活吗？"答案无疑是否定的。可是非要等到两周后的周日下午，詹森直接来请求——"我不能回去上学"，我才被迫从否定转为接受：我儿子不再是一个大学生，他现在的身份是一个居家病人。

三楼病人

在家的第一周，詹森离开大学的解脱感很快被一波又一波的自杀念头替代。在家里待了快一个月的时候，詹森在 Facebook 上贴出他的痛苦：

你能感觉到吗？……

有没有可能，从前的我是死的，只有在那一刻，我才是活的？

有没有可能，只有在死后那5分钟，当大脑还在运转，还有记忆，还在指挥我破碎的身体工作，只有在这片刻的"死亡"中，我才能瞥见，什么是"真实"？不，这就是真实……我想？

灼烫的，我的胸腔，我还在吗？还在这个凡人之境，没有走到头？哪里都痛，所以一定是了，我一定是活着……可是梦想呢？

梦想会让你痛，让你感觉鲜血淋漓、支离破碎，尽管身体完整无缺。

……没有什么是真的，没有什么是假的，可也并没有什么存在。

治疗的第一步是脱离让他坠入危机的环境。第二步，还没有具体决定，中心应该是保证他的人身安全：对于一个严重抑郁的年轻人来说，居家治疗到底可行吗？

没有专业意见参考，家长很难对孩子需要的治疗级别（见下表：治疗护理级别）做出靠谱的决定。不过可以提供帮助的地方也不少，决策过程通常从大学附属一线危机咨询师、急诊室医生或者病人以前的医生那里开始。我选择信任詹森在家乡的精神医疗团队：他的认知疗法咨询师拉斯·拉姆齐博士，以及他的精神科医师黛博拉·贝尔策博士，来对是否住院、如何用药、门诊治疗方案等事项做出最终决定。他们的决定是，詹森住家里，由他们一起对他进行密切监控。

> **治疗护理级别**
>
> - 一级：每周或每两周个人心理咨询。
> - 二级：精神科与用药评估。
> - 三级：附加团体咨询（联合个人咨询）。
> - 四级：密集门诊治疗，日间住院项目。
> - 五级：住院治疗。

这也是我所希望的：詹森在密切监控下居家治疗。因为我的工作生活方式是所谓的"前店后家"：一楼是我的办公室，在那里我是家庭心理咨询师希布斯博士；二楼三楼是我家，住着我、我丈夫、两个儿子、一狗一猫，在那里我是克雷格的妻子、詹森和菲利普的妈妈。当我动用自己的专业知识来考虑詹森的治疗选择时，我的个人身份和职业身份之间的界限越发模糊了。

那年春季的每一天——然后是夏季、秋季、冬季，然后又是春季——我都在楼下的咨询工作和楼上的儿子之间来回穿梭。我害怕让詹森一个人一次待一两个小时，于是每周的三个接诊日我都会整天频频去看他，不接诊的那几天就更是密集了。这样做能缓解我的担心——一点点，但是我对他安全的焦虑是长期存在的。

我总是一步跨两级地爬上两层半楼梯，来到走廊尽头他的房间。我在他门外停下脚步，想着，"他起来了吗？"每次我悄悄往里看时，他都把自己用毯子裹得紧紧的，像个木乃伊似的。"我要让他睡多久？"我思忖着。"12 小时……14 小时……16 小时？"回家以来，他的最高连续睡眠记录是 19 个小时。仿佛进入冬眠，等待着他抑郁的冬天过去。

> **是正常睡眠还是嗜睡？**
>
> ✘ 青少年和年轻人的生物钟偏好晚睡和长时间睡眠。而"嗜睡"，则完全是另外一副样子：它是一种极端睡眠习惯，一次要睡 14~16 小时，同时伴有醒时亦浑浑噩噩、状如僵尸的特征。

跟所有其他遭遇孩子精神危机的家长一样，我面临着一个迅速分权的决策树：

- 他是否需要住院，居家治疗是否安全？
- 如果他进行门诊治疗，我们应该选择什么样的医疗服务——社会工作者、心理学家、精神科医师、咨询师，还是家庭治疗师？
- 心理治疗流派多达几百种，哪一种是最适合他的？
- 如果使用新药，什么样的级别和剂量适合他？
- 药物可能会有什么样的副作用，尤其是当几种药物联动时？

跟所有家长一样，我也需要有人来帮助我做这些决策。

在居家治疗的这段时间，詹森每周会见一次拉姆齐博士，如有必要则增加次数；另外，每两周会见一次贝尔策博士。两位专家定期会诊。在危机爆发之前，我曾偶尔陪詹森去门诊咨询或者开药。危机爆发之后，我成了他的治疗盟友，陪他参加所有的会见，回顾一周情况，充当外接存储设备，汇报他的情绪状态、睡眠模式、遇到的困难、下一个目标、策略方法。抑郁已经挟持了他的认知、活力、记忆、兴趣，还有希望。

詹森病休第二周刚刚开始，我就已经累到筋疲力尽。虽然我是那个

24小时待命的"心理专家"家长，但我还是请求丈夫克雷格，一个建筑师，下一次帮我"代班"陪詹森去见精神科医师。他们去之前，我们还没来得及讨论我认为重要的事情：为我们深陷抑郁的儿子制定一个更积极些的药物方案。所以，当我看到贝尔策博士开的药并没有任何变化，就给她发送了一封带提醒标记的电子邮件：

3月25日

你好，黛博拉：

　　感谢你向克雷格和詹森介绍不同的药物级别。我写这封邮件是因为急需你的建议，因为恐怕詹森不能等到两周后与你见面时再开抗抑郁药。他有着活跃的自杀意念："这些汽车跑的速度够不够撞坏我？要是我从这座桥上跳下去会怎样？"阻止我送他住院的唯一理由是，他咬定自己并不想实施这些想法。再加上我在家办公，可以一天去查看他两三回，也能天天在家守着他。即便是这样，他还是处于很快的螺旋下降中。确实有好转的时候，但只要出现一个小小的遗憾，他就又往下走了。

　　我知道，你的建议是换掉喜普妙（詹森已经遵嘱停药），加上百忧解或者欣百达，并在适当的时候撤掉安立复。我们一致同意詹森需要一种抗抑郁药。不过，我对于撤掉安立复感到相当忧虑，因为那是自他从极度焦虑和烦躁中有所缓解以来沿用至今的唯一一种药品。我并没有挑选药品的专业资质，作为他的母亲也没有足够客观的立场。只是，我希望新药方尽快开始使用，强度提升速度也快一些，看看效果如何。

　　目前已知的是他处于重度抑郁之中，同时属于阿斯谱系。但我不知道有没有可能是双相Ⅱ型，像我母亲那样；或者是焦虑/抑郁/发展等危机与阿斯伯格的混合。由于双相Ⅱ型没有确定的诊断，似乎你介绍的更谨慎的选择是欣百达。根据以上简单回顾，他的抑郁程度加重的可能性会有多大（25岁以下患者这种情况似乎不算多）？你也提到过择思达，这两种有没有哪一种药效比较快？择思达在注意力或者活力改善方面有没有什么优势？因为他的抑郁具有植物性特征。安立复应该保持剂量吗？

感谢你的建议。如果你更愿意当面谈，请告诉我什么时间方便。克雷格今天随时可以过去拿处方单。

非常感谢

B.珍妮特·希布斯

鉴于大部分家长没有我这样的临床背景，此处的主要经验是，如何为自己的孩子发声。为心理病患发声，需要有数据和问答。

数据：孩子最近有哪些行为让你感到最为困扰，将你的观察描述出来。

问答：礼貌地提出你不理解的问题。为什么用这种药？具体有哪些影响，包括副作用和好处？预期什么时候能看到积极变化？回答：医者提供的建议应说清减轻症状的长短期目标。

在詹森康复的过程中，我慢慢接受了一件事，那就是，我不可能做一个完全客观的代言人。我跟所有孩子陷入危机的家长一样，随着诊断过程的展开，我个人的恐惧和偏见也纷纷登场。

我迫切地希望詹森能躲过极其麻烦的双相Ⅱ型障碍。我宁可儿子遭遇的是严重但单纯的抑郁症。原因是：我亲爱的妈妈和外婆都曾遭受双相障碍的袭击。在那个年代，双相障碍的治疗意味着收治精神病院、电击疗法、服用严重副作用的药物，我目睹她们受苦太多年。

在重度抑郁症反复发作、绵延多年之后，我母亲得到了准确的诊断，经过药物治疗，终于过上轻松的日子。她是一个受教育程度很高的职业女性，是子女的榜样，勇敢而坚韧，从不屈服于疾病的束缚。而我现在，在詹森经过了一轮又一轮的诊断，似乎总也看不到头的时候，像一个坐车太久到无聊的小孩，踢着后座不耐烦地问："我们还没到吗？"

我们一路上已经经过几个诊断节点：9 岁时的广泛性焦虑障碍、15 岁时的迟发阿斯伯格特质、19 岁的重度抑郁症。每一个诊断在当时看来似乎都很对，但我拒绝接受双相Ⅱ型障碍可能就是终点站。背负着家庭精神疾病史给我留下的创伤，我无声地抗议着："不要再来一遍。不要落在我儿子头上。"

显然，个人恐惧和偏见挡住了我此时最需要的东西：希望。詹森的整个童年，我都一直期待着一个明确的诊断，以便得到更好的治疗。但年复一年，我们从一套治疗方法跳到另一套，从一个用药级别换到另一个，我越来越沮丧，越来越困惑：詹森的病到底是什么？这有关系吗？折腾了 10 年，我已经不在乎精确诊断是什么了，我只想要我儿子回来。

沮丧之中，我冒着得罪贝尔策博士的风险，向罗斯坦博士寻求专家意见。两位精神科医师很快达成一致，本着对詹森最有利的原则，治疗由罗斯坦博士接手。

双相障碍征兆和症状[22]

✖ 躁狂状态常见征兆：
- 感觉极度快乐。
- 语速比平时快。
- 感觉躁动不安。
- 过于自信。
- 睡眠减少。
- 易怒。
- 思绪奔腾。
- 冲动行事。

- 高风险行为，如鲁莽驾驶、赌博、过度消费等。

✖ **抑郁状态常见征兆：**
- 感觉悲伤或绝望。
- 易怒。
- 低自尊。
- 放弃喜欢的活动。
- 难以集中注意力、记不住事。
- 睡眠习惯异常，如睡太多或睡太少。
- 考虑死亡或自杀。

任务重置

没错，第一次登月任务出了问题。为了避免从轨道自由落体坠落的灾难后果，詹森已经被迫放弃了他的独立、他的学生身份、他的大学朋友，还有他的自我价值感。现在，是该从失败中往前走，并从中学习的时候了。詹森的危机教给了我很多从前不知道的事。从危机护理中学到的经验教训，将会成为父母课程、婚姻课程的一部分。父母需要这样的学习，才能更好地支持孩子再次出征，无论孩子是出了问题暂时回巢，还是从精神疾病中康复。在詹森以及其他大学生的故事中，康复和重启的路径是多种多样的，我们将在后面几章具体讨论。

最重要的是，我从詹森的危机中学到，我必须改变自己才能挽救孩子。有所失（心理的、经济的、理想的），终会有所得。曾几何时，我以为靠着自己的研究和争取，就可以解决儿子碰到的任何问题——我一直在这样的妄想支配下行事；如今我不得不放弃对"解决问题"孜孜不倦的追求，转而臣服于情感的临在。在我的日常生活中，在育儿中，我都拥抱觉知。渐渐地，我学会了接受我无法控制也无法改变的事情。在这个过程中，我将从前对成功的狭隘定义，换成了对孩子长远幸福的全新认识。在詹森重新踏上漫漫成年之旅时，我一定不会让他感到孤独。

最终，我从母亲那里获得了理解，从她对我和她孙儿的慈爱中得到慰藉。小时候，我照顾遭受抑郁症和双相障碍情绪波动凌虐的妈妈；现在她老了，她来照顾我。我诉说，哭泣；她倾听，关怀，始终充满希望。既然妈妈都康复了，我相信詹森也能重拾生活自理能力。尽管前路上种种障碍不可避免，但让我感恩的是，我在临床上实践的"在家庭系统中寻找力量和资源"模式，让我能够将新的希望传递给儿子和家人。

直到整整一年后，詹森才开始从抑郁的深渊中上浮。他将这段深不见底的抑郁纹刻在了自己的左前臂，用大大的黑体大写字母纹成一个单词：PRAY（祈祷）。

9

适应回巢子女

> 某些思想是祈祷。有时候,无论身体的姿势如何,灵魂却总是双膝跪下的。
>
> ——维克多·雨果,《悲惨世界》,1862 年

只要有一个孩子过得不好,父母就过不好

回巢族一代横空降落,恐怕让家长们头大如斗。受 2008 年经济大萧条影响,18~32 岁的人选择与父母住在一起的,比选择其他任何一种居住方式的都多——上一次出现这样的事情,已经是 130 年以前了[1]。

在很多情况下,回巢族只是临时返巢,大学毕业后暂时住家里,为将来独立生活省点钱。这样的安排有时候是一件一举两得、皆大欢喜的事情:一方面,这是年轻人再次起跳的一块跳板;另一方面,这也是在大学离家 4 年之后一段可以再次亲密相处的额外时光。不出意外,父母通常更支持正在做适当努力准备再出发的回巢子女。[2]

然而,如果孩子大学都还没毕业就飞回来了,家庭该如何应对呢?尤其是,如果大学生和家长都因为从预定轨道摔落而又急又愁呢?导致

这次返航的原因，有时只是一个"航行计算错误"——比如，学生对大学里的社交和学习压力准备不足，于是承认无法自己继续招架，返航重整旗鼓；有时则是未经诊断的精神疾患，如焦虑症、抑郁症、物质滥用等，触发了这场自己给自己放的长假。

如果是因为精神健康问题导致返航，那么父母就必须面对他们的天之骄子如今成了居家病人的事实。父母们可能会思考，哪些生活能力是再起航所必需的呢？什么情况下，一个俯面门板摔就等同于发射失败？同时他们还要努力适应家庭动力的剧烈变化——因为家庭动力对回巢子女顺利长大成人有至关重要的影响，所以首要任务当然是支持回巢的孩子。一个积极的家庭环境，能搭起"自然疗愈"的安全网，支撑孩子的康复，并提供最好的防复发保护。然而，由于父母要承受子女在情感需求和经济需求上的双重压力，他们的婚姻往往会出现"应力性裂痕"。如果没有额外的支持，这些压力会减弱父母的复原力、挫败孩子的重启，并让家里其他孩子感觉自己被忽略。

本章阐述如何采取具体措施，从全家人的利益出发，应对意外返航，促进成功重启——无论你的孩子只是航向不明，还是出现了精神健康问题。

帮助受挫子女回归

如果家长第一次接到孩子从远方大学发来的求救短信、电话、视频，感到束手无策、无援无助，这里可以吃一颗宽心丸：大学环境给予学生的，是一个三脚凳式的支撑。首先是每周课程表带来的规律和稳定，然后是朋友带来的社交支持，最后是学校服务团队提供的心理专业支持。

有一位单亲妈妈，她的儿子在春季学期因躁狂发作入院治疗，她一边坚持工作，一边在网上与咨询师保持沟通，每到周末就坐飞机跨越全国去学校陪伴儿子。经过深度治疗，孩子康复了，还完成了本学期的学习任务，秋季学期顺利回归课堂。

但是，如果"以大学为治疗基地"不再是一个可持续的选择呢？当挣扎的孩子回到家中，父母的感觉可能是，那个支撑孩子的三脚凳被踢走了。这种情形对于哪怕坚如磐石的父母以及他们的婚姻都是一种考验。同时你还要当心，夫妻一方或双方可能因不同的育儿观被拖入自我破坏式的冲突之中。

对于父母来说，他们突然就成了青少年子女的精神康复护理员，却没有一个"完全指南"式的大纲给他们。当孩子漂离大学这个充满各种日常活动和社交生活的教育世界，一下子，作为家长的你，就必须给他们提供规律的生活节奏——姑且不谈人生目标。你得既当情绪教练，又当生活技能经理人。你经营的是家庭作坊，也是全天候值守的治疗支持团队。你的岗位责任描述让人望而生畏，而报酬却语焉不详，且隐藏在缥缈的未来。你的居家病人会不会配合居家规则，不得而知；会不会遵守用药方案，也不得而知。而其他家庭成员胡乱发表高见，当事后诸葛、放马后炮，倒是很有可能。

有时候让大学生打道回府的，并不见得是一场多大的灾难。有些孩子回家的原因，只是不成熟和"一连串不走运事件"（借用儿童作家丹尼尔·汉德勒的说法）的叠加。安洁丽卡·琼斯就是这样一个例子。她上公立大学的第一年顺风顺水，于是觉得可以停服自13岁起一直使用的、以减轻注意力缺陷多动症症状的兴奋药物。

安洁丽卡没跟父母和精神医师商量，就在大二第一学期擅自停了药。没过多久，她就在一场校外派对上因公共场合醉酒闹事而被逮捕。大学撤销了她的高额奖学金。尽管那学期她念完了，但寒假回家后她决定不恢复用药。她不愿意下学期重返大学，却也没有什么像样的其他打算。

她父母看着她坐在家里"无所事事"（她父母的说法）了两个月之

后，坚持让她去找个工作——不管什么工作，尽量攒钱将来付学费。他们让她签了一份"虎妈"式住家协议，十分强调承担责任和后果[3]。安洁丽卡在暑假做服务员，然后在下一个秋季学期重回大学。这一回，她同意恢复用药，以更好地支持学业、压制冲动。她的这次回巢，最终让琼斯家多花了四万美元的奖学金费用——用一个高昂的代价，买了一个叫作"双人原则"保险措施的教训。

双人原则

✖ 这是一项决策保险措施，做法是：学生同意在做重要决定之前，将与两名事先指定的（或商定的）可信成年人协商。指定的人可以是父母、成年哥哥姐姐或朋友、其他家庭成员、医疗专业人员、学习顾问或导师。这种对判断进行复核的做法，能为所有的决策提供可靠的指导，而且对于服用（或停用）精神类药物而言，这种指导至关重要。当学业或职业的前景不明朗时，双人原则对于选择从事何种活动也很重要。

当家长为了容纳跌跌撞撞、意外回巢的子女而努力调整家庭秩序时，必须谨防自身能量耗竭的情况发生。这是孩子最需要你们支持和团结的时候，所以要小心，别让父母之间的分歧越来越多。没错，你们可能会经历某种形式的哀伤，因为你们暂时"失去"了曾经熟悉的孩子，和对他寄予的梦想。但重要的是将目光放在长远的收获上：你们将保持韧性，也将重塑对孩子未来的希望。当然，说总是比做容易，从接下来的路和迪雅卓的故事中我们就能看到这一点。

三人成众：居家患者与父母的矛盾，以及父母之间的矛盾

夜半三更，一个漫长的工作日刚结束，一个星期刚结束，尼克失败的一个学期也结束了，路和迪雅卓又因为儿子吵起来了。尼克的抑郁症让他的大学学期提前结束。迪雅卓做完晚饭的时候路也回来了，她一见到他便诉苦："我都提醒尼克两次了，他还是忘了去取续开的抗抑郁药。我都懒得再提醒他了，可又怕他断药。"

迪雅卓的全职工作已经超负荷了，回来还要上"第二班"——监控尼克的情绪、整理他的返校文件、跟咨询师沟通；另外还要帮女儿安排SAT备考班、大学择校、大学参观——真是忙到冒烟。她尽力给尼克耐心和理解，但最近感觉这两项"家长宝贵资源"在自己身上的储备已经流失殆尽。

路一边心不在焉地听着迪雅卓的每日唠叨，一边调了一杯马提尼酒。他这一周的工作也不顺心，可能正是因此，他的回答听起来硬邦邦的："迪雅卓，你做得太多了。我觉得你应该就让尼克自己搞定。他在耍你——让他搞砸吧，他会汲取教训的。"

"他的药太重要了，根本不可能像你说的那样让他自作自受，"迪雅卓反击，"如果他少吃一两顿，收拾残局的不是尼克，而是我！"

为了强调自己的观点，迪雅卓又向路细数了将尼克拖进眼前这个深渊的一连串厄运：尼克先是被女朋友甩了，接着又因为滑板事故摔成脑震荡，没多久他就抑郁了。"尼克的天就是在那个学期塌下来的，"迪雅卓说，"而我们是应该托住他的人。不过算了——现在我去打游戏，你去当恶人。"

路端着酒杯气冲冲离开厨房，临走撂下一句："我教育孩子的每一个

决定都被你给破坏了。他要能大学混毕业，太阳得打西边出来。根本就是浪费我们的钱！"

所有的夫妻争吵话题中，孩子（无论什么年龄）都是位列第一的。随着儿子意外回巢，罗卡夫妇又一次深陷育儿观的冲突中——坦率地说，正是因为他们的育儿观分歧巨大，所以育儿效果也大打折扣。然而不管怎样，他们还是必须调动自己的内部资源，才能保持自身身心健康、保护共同的婚姻、保障尼克的妹妹茁壮成长。实际上，他们的支持极大关系着尼克的进步：他能否完全康复，部分取决于他父母团结作战的能力。希望和坚韧，是罗卡战队眼下挥霍不起的两大资源。

情绪表露将决定孩子是复原还是复发

在初成年孩子因遭受精神疾病而回家时，父母解决育儿观争议变得格外重要。当孩子遇到困难，我们做家长的该如何对待他？这件事在我们自己的想象中，和实际的执行中，其实是存在很多差异的。家庭研究员乔治·布朗是最早发现这些差异的人之一。布朗认为，一个家庭的情绪表露（Emotional Expression，简称 EE）——在本语境下，即家庭对罹患精神障碍的年轻人是支持的还是不支持的——将决定孩子是复原还是复发[4]。在过去的大约 50 年中，临床医学应用 EE 的概念帮助许多罹患精神疾患的人改善了家庭环境。其目标是帮助父母和兄弟姐妹采用正面的方式与患病的家庭成员沟通，减少批评和指责的习惯。

父母可以通过表达积极情绪，来加速年轻人的康复。温暖积极的关怀将惠及所有家庭关系。正面表达不仅会对患病孩子及其兄弟姐妹产生有益影响，还可以降低照顾者抑郁的相关风险[5]。在为居家病人安排必要支持的忙乱之中，父母普遍经历焦虑值、抑郁值、责任压力值上升的体验，而这些又很容易被忽略掉[6]。接下来的话题，将回到父母的需求：作为照料者，他们必须保持自身心理健康，才能更好地帮助孩子和全家。

在下面的图表中你将看到，情绪表露包含从有害到有益 5 个元素。[7] EE 值高的元素被认为是负面的，EE 值低的元素被认为是正面的。

有害情绪表露

让我们回顾一下上文案例的情形，就能看到高情绪表露环境的一些典型表现：

1. 敌意。路指责尼克，认为他并非控制不了自己的病情，而是在以此操纵母亲。这种对于"控制"的误解，往往导致父母把问题行为归结为"故意使坏"，于是冲动地责罚有问题的孩子。这样的家长，也常常会将试图理解孩子行为背后压力与需求的努力视为"惯纵"。

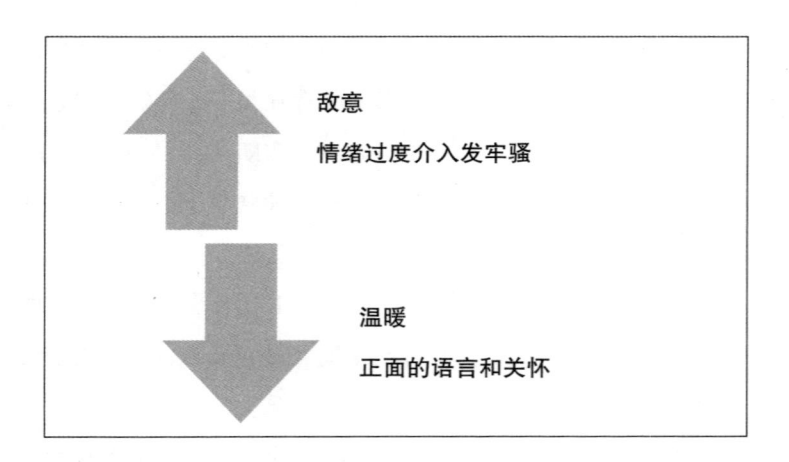

敌意
情绪过度介入发牢骚

温暖
正面的语言和关怀

2. 情绪过度介入。过度监管加上过度保护，再来一点入侵调味，便是一份炮制情绪过度介入的必胜菜谱。这类家长不会去指责正在渡难关的孩子，而是会想：让我来为你牺牲，因为我知道你很无助；你搞不定，我来帮你解决。路指控迪雅卓的罪名就是过度介入：说得太多、做得太多,却让尼克以退缩来应对。情绪过度介入也可以表现为其他形式,比如逼迫有情绪障碍的孩子"联络感情"。

3. 发牢骚。发牢骚是敌意和过度介入的一种奇怪混合,家长主要指责别人:"那个教授根本不让你喘口气";"我觉得你的咨询师对你一点帮助都没有";"只有我懂你,你爸/你妈根本不理解"。这种拉拢策略从很多方面来说,都是在给自己挖坑:或者,它把父母双方置于矛盾的对立面,迫使年轻人选边效忠;或者,它把大学教职员当作"恶人",弃之如敝屣。

父母家人的敌意行为,会减慢年轻人的康复速度,甚至导致退行。愤怒以及父母的疏离,都是年轻人的抑郁症后来恶化的预测因子。令人吃惊的是,生活在敌意环境中的确诊患者,反倒有可能被指责为自私:"看看你把你妈害成什么样子了。"在很多家庭,父母双方对"怎么做才是好"各执一词;还有一些家庭,父母不得不分心处理兄弟姐妹的敌意。

受了爸爸的怒气感染,尼克的妹妹苏冲妈妈发脾气:"凭什么尼克整天躺在床上,而我还要去上学?"

面对不讲道理的女儿,迪雅卓以情感支持来化解:"我知道你很沮丧。尼克得了抑郁症刚从大学回来时,你真的很担心。但几个月过去,你有点儿心累了。"苏点点头。迪雅卓又说:"要是觉得受够了,你随时可以跟我说。尼克今年运气不好,不过他正努力好起来。但我们还是要保证,你能见朋友,享受生活。"

这时苏平静多了:"谢谢你,妈妈。我就是觉得太糟心了。"

敌意是有害的高情绪表露环境的一个典型特征。它的存在或许情有可原:碰到合适的环境,人人都有可能崩溃,或者展现出自己最不堪的一面。然而父母也要提防表面上更友好、实质是伪帮助的情绪过度介入,因为这会无意中加深病人的依赖性。而父母之间对伴侣感到抓狂的时候,发牢骚这个"友军炮弹"也容易走火,而它对夹在中间的年轻人无疑是有害的。如果你发现自己或其他家庭成员，表现出这三种高情绪表露形式中的任何一种，请采取行动，寻求帮助和支持。除个人咨询、伴侣咨询和家庭咨询外，我们在附录中还提供了支持小组名录。

有益情绪表露

有益的低情绪表露，在罗卡家也有迹可循：

1. 温暖。当苏对哥哥的危机生出愤怒，迪雅卓报之以同情和认可，帮助苏找到了从一种更接纳的角度来看问题。此时迪雅卓就示范了一种反思自我、肯定对方的育儿方式。在和路争吵的时候，她也为尼克抑郁症的情有可原做了辩护。

2. 正面的语言和关怀。迪雅卓对待儿子的态度是更加积极正面、充满希望的，尽管她显然每天都处于精力透支状态。

通过正面的语言、温暖和关怀，有益的低情感表露家庭环境可以促进孩子的康复。重要的不是说什么，而是怎么说：积极响应型育儿方式，通过微笑、拥抱、关切的语气，传递出善意、关怀和共情。响应型家长会从当下独特的形势出发，衡情酌理。当孩子偏离航道，无论是因为抑郁、愤怒、焦虑发作，还是问题行为，他们的第一反应通常是去共情，去解读，去发现问题背后的原因，接下来就能给出更多的支持。不过大多数父母的情绪表露都是好坏掺杂的，有益的、有害的，多少各有一点。

无论我们多么努力去做善意和共情的父母，任何家庭环境在遭逢孩子精神疾病之时，都会经受严峻考验。在罗卡家，你能看到一条明确的分界线，父亲和母亲在高情绪表露和低情绪表露两端分化，并把对方越推越远。夫妻俩陷入了"金发姑娘困境"①。

育儿中的"金发姑娘困境"

金发姑娘的寓言促使我们去思考走极端可能带来的危险。这十分像养孩子,只不过,父母想在这件事上达到"刚刚好"的要求,无异于走钢丝。规训、支持、期望,什么样的度才是合适的?父母在育儿这场马拉松中,面对的要求太多,拥有的时间太少,于是他们通常套用两种极端角色,要么当"专家",要么当"帮工"。父母中的一方往往做得太多(功能过度),而另一方却做得太少(功能不足)。太多的婚姻触礁,就是因为做不到"刚刚好"。

让两口子倍感压力、更添倦怠的是,当孩子脱离大学轨道,他们的情绪化也不期而至。没有了日常课程和校园活动,年轻人很容易陷入社交隔绝和绝望。这种随波逐流的状态也会触发家长最深层的恐惧:"接下来怎样?他长大以后会过得好吗?他什么时候能长大成人呢?"患病的年轻人会需要父母大量的帮助:帮他们发声,给他们引导。可是到底帮多少才是"刚刚好"呢?

处于金发姑娘困境的一类家庭,父母双方都有工作,却依然受到老观念的影响:母亲持家,事无巨细;父亲赚钱,威严而疏离。[8]可是,这种性别分工的刻板印象往往就是现实:如果父母中必须要有一个

---

① "金发姑娘困境"来源于童话《金发姑娘和三只熊》。金发姑娘发现了三只熊的房子,每只熊都有自己喜欢的食物和床。在挨个尝试过三只熊的食物和床后,金发姑娘发现一个要么太大、太热,一个要么太小、太凉,只有一个是"刚刚好"。由此引申出"金发姑娘原则",即凡事必须找到合理的度,不可超限。反之"金发姑娘困境"则表示未能适度,陷入极端。

人充当孩子的精神护理管理员,那这个人往往是母亲。罗卡家就是这种情况。

迪雅卓并不是路指责的那样,主动选择了过度介入;她属于功能过度——做得太多,因为路出于愤怒抽身不管,做得太少。母亲接触孩子更多,担负的日常护理责任更多,同时她的情绪应对方式也让她更容易受到孩子退行或危机的影响,于是她只能扛下照顾孩子的大部分重担。有人感谢她吗?没有,倒是随时随地感受到指摘。而孩子患病或者康复不顺利,就是每个人对她指手画脚的理由。[9] 这种情形很容易导致家长失能。

家长自身的精神健康

精神健康护理员的角色压力

目前已知的长期家长压力源,主要存在于部分母亲的生活中——他们是长期患病或残疾孩子的主要照顾者,孩子的病症从癌症、唐氏综合征到长期的精神行为障碍,不一而足。[10] 这些病症看起来毫不相关,但对照顾者的影响却是共通的。照顾者的负担其实并不在于具体病症的某种功能障碍,因为很多身体精神疾病都有着共同的压力源。照顾者的负担实际上是变化的,当诊断无法确定、未来不明朗、病程迁延,压力也随之加剧。[11]

父母还必须做好准备,这是中长跑,不是短跑:比较严重的精神健康问题,康复的过程可能是长期的、逐步的。依据诊断和治疗方式的不同,你的孩子可能需要数周、数月,甚至一两年,才能恢复到从前的状态。

居家病人的父母必须成为走马上任的专家，善于发现新的症状，精于解读情绪背后的意义。首要护理家长的职责包括：用表格记录睡眠、饮食、活动水平等每日指标，并汇报给心理专家；督促孩子吃饭、重拾兴趣爱好、找到方向，同时控制自己对未来的紧张和忧虑；确保遵循药物治疗方案；执行日常心理评估，并将其翻译成大白话，以备家人朋友询问。

这么一顿忙乎下来，夫妻关系往往承受巨大压力。不像抚育幼儿时期的身体疲累，现在主要是情感上的长期消耗。孩子遭遇挫折，前途未卜，成长疗愈却没有必胜的把握。

一位父亲曾被迫就任儿子"精神护理管理员"，仿佛一夜之间就需要掌握一门新专业，他如此描述自己的经历：[12]

> 我必须承认，自己彻底晕头转向了。我们的关系有时相当紧张，而完全不知道该怎么办。对我来说，就好像眼看着他在漩涡中挣扎，我站在岸边几米远的地方，却没有任何办法帮他。我能感觉到自己对儿子的爱和同情，夹杂着完全无能为力的感觉。

仿佛照顾孩子的责任还不够沉重似的，如果孩子具有严重的行为或社会情绪问题，其父母要比其他"正常"家庭承受更高的失能风险，也更有可能离婚[13]。[14]有一个叫作"唐氏综合征优势"的悖论，就诡异地展现出这种模式。[15]尽管唐氏患儿天生具有身体缺陷，智力低于常人，却很少产生心理问题和行为问题。他们的父母，虽然很可能肩负着终身照顾患儿的责任，他们的离婚率却显著低于常值，只有7.6%。[16]相比之下，最常被引用的美国总体人群离婚率是40%。[17]

这种"优势"的原因何在？唐氏家庭拥有许多支持性缓冲保护，而精神疾病患儿的父母是得不到这些的。相比前者，后者欠缺的有：明确的诊断、对孩子发展轨迹和预后的准确理解、给父母带来社会关注和同情的身体特征以及服务的易得性。[18]

缺少了这些医疗、社会、社区的支持，又承受着精神疾病耻感带来的孤独，充当精神健康护理员的父母被诊断和治疗中的不确定性轰炸着。他们可能会被误导，走进治疗的死胡同。面对无法预料的未来和结局，焦虑不请自来，挥之不去，让他们几乎时刻感觉元气耗尽。所以"精神健康护理员"家长最需要的，就是另一位家长的感激和支持，以及家庭成员的给力。然而太多时候，这种支持都被双方意见不合所切断。

克服夫妻之间的压力

当一对父母为陷入困境的大学生子女寻求治疗方法的时候，他们很少认识到，自己的婚姻关系也需要照顾。初婚就已经够复杂了，再婚继亲家庭更不用说——继父母与青年继子女之间通过法律绑定的关系往往软弱无力（其实疏离的亲生父母也一样），于是父母育儿方式的差异就进一步加剧。且不论婚姻质量如何，夫妻通常意识不到回巢子女打破家庭秩序的同时，自己所要承受的附带精神损害。他们可能预见不到担起护理员角色之后，夫妻双方的育儿差异将会给伴侣关系投下长长的阴影。所以大多数出现严重矛盾的伴侣，平均延误6年时间才会为自己寻求治疗，[19] 这在我们看来算是一个小型悲剧了。拖延太久后，成功化解矛盾变得难上加难。

而既然母亲通常担任精神健康护理员的角色，那么伴侣之间如何善意地互相支持，而不是陷入刻板的性别分工模式，变成其中一个功能过度、另一个功能不足的失衡状态？在这种模式下，母亲往往觉得不堪重负、精疲力竭，父亲却像个局外人，袖手旁观之际，看到母子关系如此密切，不禁感到失落、挫败、愤怒，于是以进一步疏远来报复。两口子终日相对却各自孤独，终于渐行渐远。

如果伴侣希望回到有给予、有付出的健康关系，那么双方都有责任评估这一反应循环链。通常充当"专家"的护理者往往包揽太多责任，在需要求助的时候又觉得愤愤不平；而充当"帮工"的一方可能想帮也不敢帮，担心做了反倒受批评。在有些情况下，重新平衡精神护理工作的担子也并不是多难的事，只需要经常表达感谢与欣赏，避免指责与批评。而另一些时候，则可能需要更切实地在伴侣之间重新分配角色：功能过度的照料者必须厘清自己最需要哪些具体的帮助（同时哪些其他任务可以放心交给别人）；而功能不足的家长也必须厘清自己需要增加承担的是哪些责任，并妥善执行。不管是哪种情况，都要警惕历史性的育儿分歧阻碍关系恢复健康。

这正是路·罗卡和迪雅卓·罗卡的惨痛教训。他们本来就忙于招架工作和家庭琐事，突然一下子又要应付尼克的精神护理重担。其实警报在尼克上大学前就已经出现。尼克14岁的时候，迪雅卓就已经开始戏称自己的手机为"巴甫洛夫"——只要手机一响，她就条件反射地觉得坏消息来了：会不会是校长打来的，说尼克上课骂人被留校了？会不会是其他家长打来的，说尼克朝她儿子扔铅笔戳了人家脸？这些电话，隐隐透着对父母不称职的指责："怎么就管不好你的孩子？你哪方面没做好？他怎么就不明白，他的行为到头来还是要害他自己？"

尼克后来被诊断为注意力缺陷多动症，但就算对他的困难有了更多的了解，也还是不能阻止路和迪雅卓的育儿分歧扩大。路凭直觉认为，应该让尼克去承担自己冲动行为的所有后果；而迪雅卓则认为必须采用更柔和的方式，同时诟病路的苛刻要求以及应激反应式、惩罚型的风格。

随着时间的推移，这些分歧逐渐固化成型。路紧盯着尼克的行为问题，认为儿子是"故意使坏"，于是越来越倾向于打压。很多父母喜欢重复自己的童年经验，路也是这样。他认为自己就受益于继父那种强硬风格，那么这肯定也能帮助尼克成长。路的另一个错误是，指望在儿子身上复制一个锐意进取、坚忍不拔的自己。希望落空之后,路的失望几乎无法掩饰,都化作了对尼克的暴躁训斥。而迪雅卓为了修正路的做法,就变得对儿子越发宽容、越发过度介入;她不忍心看到尼克失败,哪怕只是一些小小挫折,从长远看或许还会帮助他成长,她也受不了。不过,尼克凭着天生一副好脑瓜,顺顺当当上了大学,倒是给路和迪雅卓带来不少安慰,两人之间的分歧也表面上消除了。

可是上大学之后的第一学期,尼克就拿出一份糟糕的成绩单。路对着迪雅卓火冒三丈地说,儿子恐怕是读了个"嗑药与滑板专业"。这话说了没多久,大一下学期,尼克就因玩滑板出了严重事故,接着就抑郁了,只好病休回家。一下子,他父母脑袋里塞满了各种"先有鸡还是先有蛋"的问题:他是因为抑郁才有了自毁倾向,所以容易出事故吗?还是他的失恋和脑震荡后遗症导致了抑郁?尼克和父母都有所不知:哪怕一次轻微的脑震荡,都有可能损伤数千个神经元、加重注意力缺陷多动症症状,而且与自杀风险升高有密切关联。[20], [21]

然而,在外人面前,还是"一切都好"。面对家族成员的询问,自觉颜面无光的两口子尽量淡化尼克情绪问题的程度。夫妻俩联手打造了一个统一阵线,一个"假装"的现实:假装尼克没问题,假装家庭没有被每天的无常压垮。他们努力维持着这样的公众形象,哪怕代价是与朋友家人越来越隔阂,压力越来越大,感觉越来越透支。

眼看暑假就快过去,尼克的抑郁还是没有好转,他父母的忍耐力也像漏气的皮球一样,慢慢瘪下去。尼克已经注册了秋季课程,但是直到仲夏,看起来也还并没有做好9月回归的准备。尝试过找暑期工但失败了之后,他每天早上睡懒觉,也不主动帮忙做家务。连续几小时上网打游戏,父母警告他老用屏幕会加重脑震荡后遗症头痛,也会延缓康复进程,但他置之不理。尽管尼克已经开始了心理治疗,也在服用一种抗抑郁药,但他看起来无精打采、心不在焉。

这个夏天的"疗养"撕开了某些旧伤口上的痂。迪雅卓发现自己总是在路的面前为尼克辩护，而路总是发牢骚说，尼克给妹妹做了个坏榜样，说他"在用脑震荡、头痛和所谓的抑郁打同情牌"。一次，他大发雷霆道："他早该往前走了。成熟起来吧，赶紧滚出去！"

随着尼克抑郁症加重，迪雅卓越发拼命努力。她觉得跟咨询师交流、陪伴尼克减少他的孤立，都是她的责任。她甚至开始像儿子小时候那样提醒他洗澡换衣服。

尽管两口子之前也曾努力想达到一种可操作的角色平衡，但如今迪雅卓还是变成了筋疲力尽的照料者，路变成了缺位的那一个。迪雅卓告诉自己，控制好尼克的情绪对他的康复很关键。实际上，她忙忙碌碌的过度介入，是一种无意识的防御，用来缓解她越来越强烈的失落感：她曾经熟悉的儿子现在去哪儿了？他还会回到她身边吗？记忆中的那个尼克，现在凝固在了时光里，在她案头的照片中微笑着。

为了寻求一点慰藉，迪雅卓经常一见到路，就用连珠炮似的"今日忧虑"来迎接他。而路却把这解读成隐性的指责，是在怪他做得不够。他的防御同样也是无助、无力，以及对儿子患精神疾病的否定。为了应付每天的挫败感，路经常加班，做更多家务，但也会沉迷于电视和马提尼酒。两口子慢慢失去了彼此都需要的联系和情感支持。

让罗卡夫妇渐行渐远、育儿方式越来越针锋相对的，是他们对尼克抑郁的高情绪表露（负面情绪表达）。用案例笔记来描述这种动态关系，大概是这样：

情境	育儿方式	情绪表露
尼克忘记取药	父亲：严厉、温度低	父亲：不原谅、批评
	母亲：宽容、温度高	母亲：关注、过度介入

路的敌对态度加上迪雅卓的过度介入，产生的不仅仅是有害情绪表露，还有情绪姿态的下漩涡流：当路指责尼克该为自己的病负责时，迪雅卓为了维护儿子，就反击路说是他乱发脾气制造了紧张的家庭环境。

空气中的紧张气氛影响了每一个人，就连妹妹苏也跟爸爸结盟针对"懒惰"的哥哥。可以预见，迪雅卓和路将越来越多地把自己的挫败感丢向对方；而尼克就会感觉更糟糕——自己只能待在这样的家里，而不能像朋友们那样在学校生活。

如何打破恶性循环

说回到罗卡夫妇周五晚上的冲突，是时候该罚两人"隔离思过"了。他们必须搁置争议，直到一方平静下来。从最初的爆发，到火力全开的争吵，他们只用了短短几分钟，最后的角色互换也没有解决任何问题。迪雅卓和路陷入一个周期性的怪圈，称为"情绪劫持"。大脑的设定是：保命比幸福要紧，当它察觉到危险，便会启动"战或逃"反应，于是一瞬间情绪劫持就发生了。接下来就会出现种种自我挫败的行为：

抱怨：迪雅卓为尼克最近的问题发牢骚，路受她的痛苦感染，反应是指责迪雅卓做得太多，又说尼克忘了拿药就该后果自负。迪雅卓反击回去，然后两个人都关闭了自己。

责任：路觉得自己对迪雅卓的超负荷负有责任，于是用提建议来为自己正名。他没有提出帮妻子分担任务，而是告诉她，她哪里没做好，应该怎么做。

建议：将建议等同于解决问题，倒也可以理解。所以发表建议似乎是一桩有益的举措——可惜只是理论上。现实中，不请自来的建议是一种逃跑反应，隐藏的意思是："让问题消失吧。"

防备：可想而知，被给予这种建议的人会觉得受到了威胁，于是还击。

战斗与撤离：提建议的人觉得自己好心被当成驴肝肺，于是也反击——第二场战斗爆发。但其实有一种方法可以化解这场危机：学会辨认这一恶性循环的阶段和触发点，伴侣就能从同归于尽的边缘安全撤退。然后，一旦风暴过去，他们就需要"一起思过"，从复盘中学习，消除误解，重新达成一致。

路和迪雅卓后来致力于培养新的、更健康的习惯，上面所说的情形真的发生了。这需要有意识的努力和大量的实践，但最终他们找到了更健康的方式来解决冲突。事实证明，以下工具包发挥了关键作用：

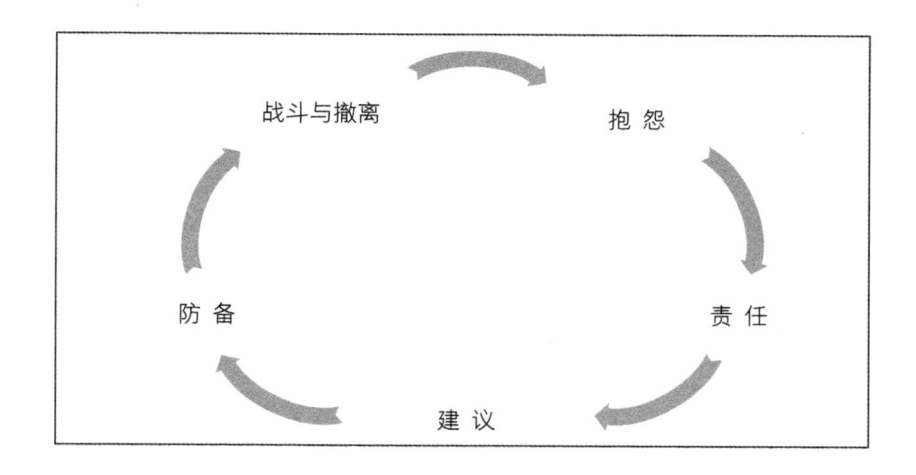

战斗与撤离 → 抱怨 → 责任 → 建议 → 防备 → 战斗与撤离

修复关系九步法：

- 不要回避冲突。掩盖问题是无法让双方亲近的。
- 认清自己的情绪状态。如果你的情绪晴雨表上显示"风暴"，即刻停止。只有在显示"晴朗"的时候才可以继续。
- 学习如何建设性地争论。对事，不要对人。
- 先说正面的，再说担忧的。
- 练习站在对方的立场。要获得理解，首先要给予理解。
- 化抱怨为具体要求。
- 承认自己在问题中的责任。

- 努力为对方在乎的事情做出改变，才能增加信任和希望。
- 对有效的努力做出肯定——包括你自己的努力。

为了进一步净化氛围，路和迪雅卓还在伴侣咨询中寻求支持。对他们来说，最艰巨的一个挑战是学习如何在意见不一的情况下，既不发起攻击，也不反击防御。希布斯博士建议罗卡夫妇想出一个"安全词"作为信号，只要一方觉得他们又要进入一个情绪劫持的恶性循环，就说出这个词。他们最后选了"土拨鼠日"来做自己的信号，意为"又来了——我们停一停，待会儿再重新集结"。

几年后，路这样描述伴侣咨询如何帮助他的态度从愤怒转变为善意关切：[22]

> 我完全没料到，我儿子会成为一个瘾君子、大学失败者。这不是我想要的。我把尼克的问题怪到迪雅卓头上。他的抑郁持续了好几个月，我却不敢告诉我父母，因为我不想听他们的建议，也不想让他们认为我没当好父亲。但我一面担心父母可能指摘我，一面又在指摘自己儿子。当然，那时的我并没有意识到这一点——我只知道愤怒。
>
> 现在回头再看那一年，能看到我对自己感到羞耻，也感到孤立无援。但我妻子和儿子看到的都是我的沮丧，以及，我在酗酒。一天，我喝了太多杯马提尼，跟妻子又吵了一架，她对我说："我爱你，我不想离婚，可是如果你逼我做选择，我选孩子们。"
>
> 这话像警钟一样敲醒了我。她一直都在求我和她一起去咨询，但在那之前我都拒绝了。我觉得一旦去做伴侣咨询就意味着完蛋了。我没有想到，咨询真的有用。
>
> 希布斯博士提醒我，尼克仍然需要我的参与。"他是你儿

子,"她说,"他还是个宝宝的时候,你把他抱在怀里。现在他依然需要你。"她鼓励我重建感情联结——带他出去吃顿饭,看场电影,好好相处。那场咨询是我的另一个转折点。过去的我是多么虚伪——我骂尼克抽大麻,自己却酗酒。于是我少喝了很多,再也不一下班回家就喝酒了。

然后我第一次就物质滥用问题跟尼克进行了开诚布公的谈话。他跟我一样,是在给自己的伤找药。我们开始变得对彼此更加坦诚。然后,我越跟尼克相处密切,我的婚姻就变得越好。我承担了情绪照料的任务,迪雅卓的担子就没那么重了。当我不再一副黑口黑面的样子,迪雅卓就能够对尼克实施更严格的要求了。我们终于又并肩作战。

通过做出这些改变,迪雅卓和路得以放下针对对方的愤怒和失望,腾出空间安放各自深藏的悲伤。他们一起正视了"模糊的丧失"——失去梦想中与记忆中的那个孩子。当他们学会互相支持,就有了更多的资源去支持尼克的康复。

那个"好"孩子

家长全神贯注于居家治疗的孩子,因此很容易忽视掉最近的事件对家中其他孩子的影响——他们承担了"好"孩子这一角色,并且感受到无形的压力。这个标签有点讽刺意味,因为那个健康的孩子往往过得一点也不好;只是,她在用自己的方式帮助父母:承担起"表现正常"的隐形情感义务,不给父母造成额外负担。

"好"孩子角色可能意味着要求学习成绩更出色,或者,要求他们对父母、手足展现出如大人一般富有同理心的支持。"好"孩子还可能要表现得坚韧不拔，或者天使般没有任何问题。然而，"好"孩子角色的代价是沉重的，因为病孩子的兄弟姐妹必然也会经历他们自己那份失落。愤怒、沮丧、怨恨都有可能滋生，给家庭关系进一步带来压力，并给复杂的局面再添一层心理变数。

尼克的妹妹苏就体验到了所有这些情绪，并且有过之而无不及。一开始是担心，后来是对"失去"哥哥感到愤怒，最终她决定不再烦爸爸妈妈。对于苏来说，"好"孩子的角色意味着在校做一个好学生，在家做一个"不麻烦"的青少年——一个需要费尽气力扮演的小大人角色。随着时间过去，更加成熟，她就会明白自己需要摆脱"好"孩子身份的束缚。造成尼克情绪自由落体的脑震荡发生3年后，苏在大学的一篇回忆主题作文中，写了她扮演"好"孩子角色的经历。苏答应公开其中一段，[23] 希望可以帮到其他人：

> 我16岁时亲眼见证了抑郁症。我哥哥这一年大部分时间都处在抑郁中。妈妈一直督促他定期会见咨询师和精神科医师，但还是花了很长时间，他才恢复到一半的正常程度。
>
> 一开始我非常担心他：他会自杀吗？可就在第一年间，我和爸爸从担心逐渐变成愤怒。我受够了他的生病，烦透了他的抑郁。我不禁想问："为什么尼克要这样？为什么他不掌管好自己的人生？"但我把这些问题都憋在心里——我也庆幸当时没说出来，因为他的日子已经够难过了，我真心不想给他添加任何负担。
>
> 尼克的咨询师帮我认识到，我们所有人都在经历一种"模糊的丧失"。她解释说，我还有"同情疲劳"，就是你时时刻刻担忧一个你在乎的人，无法摆脱，最后消耗过度。这帮助我更好地理解了自己的经历，也更好地理解了哥哥的挣扎。

随着苏的认识慢慢加深,深到足够分析清楚自己在家庭中的独特位置,她终于可以从"好"孩子的角色里破茧而出。她学会了表达自己的需要,知道了即使放弃那个过早承担责任、成就斐然、过度付出的自我,还是能感受到爱和珍惜。

在大学里,她加入了一个精神健康互助小组,以求更全面地理解这个问题。在小组同伴中,她找到了共鸣,也接纳和肯定了好孩子经历给自己带来的积极面:更成熟,更有耐心、更富同理心,懂得为自己的精神健康和修复力而感恩。

从忧虑到希望

> 希望跟乐观绝对不是一回事。希望不是坚信某件事必定成功,而是认定那件事必有意义,不论结果如何。
>
> ——瓦茨拉夫·哈维尔,《打破静默》,1986 年

正如哈维尔所言,希望跟乐观截然不同。乐观是闭着眼睛相信未来会更好,是"不要担心要开心"式的不真实。而希望是努力争取的。它不仅仅是一种感觉,而是要求个人具有能动性和面临问题依然追求目标的能力。家长保持希望和投射希望的能力,是居家病人病情好转的必要条件。这种珍贵物品对于家长和青年病患来说,既是祝福,也是恩赐,护送他们规避康复路上的种种不确定。回巢子女进步的过程中总会有挫折,为了缓冲这种痛苦,想想看,希望可能以很多种形式存在于我们的生活中。[24], [25]《希望的力量》作者、心理学教授安东尼·修利认为,希望有 4 个核心元素:[26]

1. 依恋:保持对他人的信任和联结。

2. 掌控：行动会带来改变；你拥有改变自己生活或他人生活的能动性。

3. 生存：现在的境遇是暂时的，不是永久的，你一定会走出来。在经历痛苦的同时，也是可以坚持正向思维和正向感受的。

4. 灵性：天地何其广大，自我何其渺小。

拥有以上4个方面的人，更容易心怀希望，也更坚韧，更善于帮助其他有困难的人。如果你觉得难以找到希望，不妨试试以下练习。

锻炼你的"希望肌"

- 列一个清单，写下你生活中所有有助于以上4个方面的人和事。
- 借助励志的引言或音乐，进行一段视觉化的冥想。[27]
- 花时间去拜访一个让你充满敬畏感和幸福感的地方。
- 访问网站 www.gainhope.com/hope/test_form.cfm，做一套希望自测题。

心怀希望的人，会制订一个非常周全的行动计划以迎接改变。这意味着放弃不切实际的目标，代之以可行的目标。对于年轻人和家长来说，有时这可能意味着将"常青藤"从你对成功的定义中剔除；有时则是放弃高大上的文凭，寻求技工类职业；还有的时候，这甚至意味着放弃大众意义上的独立成年目标，代之以极不寻常的方案。

为了保持充盈的希望，争取他人的支持非常重要。希望是有感染力的，所以，让自己身边围绕着关心你、愿意助你实现目标的人吧！

编织社会支持网

对于家长的支持，既可以来自伴侣、家人、密友小圈子，也可以来自线下或线上的家长互助小组圈子。绝不要低估最后这个资源的治愈力，它可以保护家长，抵御社会耻感和孤立感对"问题小孩"父母的打击。美国精神疾病联盟（NAMI）就是这样一个组织，在全美范围内提供家庭对家庭的教育互助小组活动。同样，网络聊天论坛也能带来这样的慰藉，我们在附录中会列出资源。最后要指出的是，有些回巢子女的停歇时间比较长，必然给每一位家庭成员都造成一定的副作用，因此，你可能在某个时候需要考虑进行家庭（或伴侣）心理咨询，以缓解护理者压力、改善应对能力、构建更健康的关系。

虽说在育儿上求助伴侣看起来是再合理不过的获取支持渠道，但父母双方并不总是能从对方那里获得抚慰——尤其是，当家庭危机暴露出双方信念、风格、经历的不同。或者，有时候你就是想独自驾驶育儿飞行器。

无论来自何方的支持，都一定包含着善意、同情、不评判的倾听。请注意：你的伴侣、家人、朋友对此并不一定训练有素，所以你可能得自己稍作干预和引导："我并不是来寻求建议的，所以现在请你只听我说就好了。另外也请你时不时关注一下我的状态。"

如果没有这样的引导，你的倾听者可能会变成"正能量宣讲者"——这是一种常见的回应方式，通常会拼命劝你：孩子的情况没那么严重，不需要那么担心。试举几个正能量言论的例子："我敢肯定她很快就会好起来的。""他很可能只是需要一份工作而已。""每个孩子都会有不顺的时候。"那么反过来，如果你需要的是真正的共情，就不要犹豫，直接提要求吧。

自我关照

长期充当家庭精神护理员带来的慢性压力，会损耗你的情绪健康。

在忙乱中，最容易忽视的就是自我关照——这个说法似乎有点过时，但是科学研究证实了它的有效性。以下三种途径可以确保你获得足够的自我关照：

1. 锻炼。定期进行有氧运动可对保持身心健康起到重要作用。对于1/3的轻度抑郁症患者来说，它和抗抑郁药物一样有确切疗效。[28]
2. 冥想。有助于保持护理者的身心健康，[29]正如一位父亲在女儿遭遇危机时的体验：

> 莉安的男友一天深夜打电话告诉我们，莉安说要自残。我们请求他报警并送她去急诊室，但是他觉得那样不妥。于是他守着她，同时我们开车两小时从家里赶过去。
>
> 接下来的几个月，莉安找了一位独立咨询师咨询。而我则通过冥想保持平静，专注思考要解决的问题。我觉得我的这个方法让大家都能更好地去应对问题。

3. 预留放松时间。安排时间重拾自己的兴趣爱好，计划与朋友相处的时间，在日历上写下偶尔停下忙碌放松的时间。

接纳

受精神疾患之苦的年轻人，他们康复路上的另一块踏脚石就是接纳。对于他们的父母来说，接纳就像是苦旅中的驿站，庇护他们少受悲伤和沮丧的侵袭。如果没有接纳，人就会有受困之感，并有能量耗尽之虞。

接纳是一个逐渐养成的习惯。我们最初为了找回掌控感而拼尽气力,可以看作是反抗的一种形式。反抗是经典的哀伤五阶段之一,而最终阶段就是接纳。[30] 当我们接纳某些目标无论如何也无法实现的时候,就可以将精力转向设定新的、可实现的目标了;然后也可以帮助我们的青少年孩子设定新的目标。

有一位母亲将她一开始对待儿子精神疾病的方式称为西西弗推巨石。她反复将儿子康复这块巨石推上山坡,却一次次无奈地看着它又滚落下来。对她而言,接纳意味着,与其不断寻找新的医生、不断让儿子尝试新药,不如跟他一起享受各种小小的快乐片段,这才是加强母子关系最好的途径。[31]

另一位家长,被女儿的一次自残行为吓坏了。她这样描述自己随后的接纳之路:[32]

> 我提醒自己深呼吸、平静下来。要让自己平静下来,需要我能够接纳自己无法掌控的事实。如同信徒的臣服,这么多年来我第一次放弃了控制。我接受了这个事实:无论我多么爱塔妮娅、决心多么坚定,我都无法保她万全。我努力去理解她的问题,去询问医生,去想办法,但我现在完全接纳,自己控制不了塔妮娅如何管理她的情绪。我管不了她的行动是否出于其情绪困境的虚假紧迫感。我唯一能控制的是保持平静——为了塔妮娅,要平静下来;平静下来,才能教她如何管理以后的事情。
>
> 塔妮娅过去经受的一切,看在我眼里,积攒成这一刻。但此刻我不再去解决问题,不再提供建议,不再焦急地发问;也不再有行动步骤。我只是听着,只是陪着她。我只是和她在一起——这才是爱的真谛。
>
> 再也没有按部就班的轨道。依然心怀希望,但不再附加期待,不再自我安慰地幻想。我神奇地找到了安宁,同时我依然是、始终是塔妮娅的捍卫者,永远是她血脉相连的妈妈。

接纳并非简单的自我放纵，相反，它赋予家长力量去忍受精神疾病固有的未知。接纳意味着勇于见证孩子的痛苦挣扎，同时不放弃两大目标：一边寻找机会解决问题，一边随时提供情感响应。接纳，还能在年轻人和家长之间打造一条更紧密、更稳固、更可靠的通道。在大多数人看来，那才是真正可以抵御暴风雨的庇护所。

并不是只有成年人才需要这样的至善之境。对于青少年和初成年人来说，不管受到何种情绪问题困扰，接纳都能使他们更积极地参与治疗，包括谈话咨询和精神药物治疗。接纳还意味着不指责自己——你既不是一个"坏人"，也不是一个"废物"，只是因为你生了病，影响了大脑的正常运作。

设定新目标

通过化解家庭矛盾、编织社交支持网、实践自我关照、接纳精神疾病的现实，尼克和父母逐渐找到希望。路和迪雅卓付出了巨大的努力，终于成为一个和谐的团队，他们决定放弃儿子秋季回归校园这个不切实际的目标。尽管尼克换了一种抗抑郁药之后已经开始有改善，但罗卡夫妇接受了家庭的集体新现实：尼克（和他的大脑）需要更多的时间，更清晰的规划，以及额外的帮助来管理他激烈的情绪、更好地应对他的大麻使用问题，也需要稳定积极的家庭环境来巩固康复成果。在第10章，我们将了解像尼克、詹森这样的年轻人和他们的家庭，会用到哪些策略来重建康复后的生活，成功再起航。

到目前为止，罗卡团队至少创造了两个正面成果：

1. 迪雅卓和路重燃希望，同时也重获满足全家需求所必备的复原力。

2. 父母和妹妹的状态变好，这也托起了尼克。他跟妹妹、爸爸的关系改善之后，就敢于更自由地向父母倾诉自己的忧虑了。现在他相信自己会被倾听，既不会被教训也不会被拯救，这帮助他更直接地处理自己的问题。前方还有不少艰难险阻，但是这家人知道，他们会团结一心，直面并解决哪怕最棘手的问题。

10

从康复到再出发

> 这一天终于到来，紧缩在花苞里的风险，比开花的风险更痛苦。
>
> ——阿内丝·尼恩

当一个大学生遭遇困难打道回府时，父母免不了忧心：这次归巢的结果，会是"重整旗鼓"，还是"一败涂地"？回家后的孩子重回依赖状态，这可以理解，希望也是暂时的；但在这种状态下存在一个非常真实的危险，那就是过度养育。父母出于同情可能会改变自己的行为，帮助年轻人回避焦虑或减轻压力。这种家庭格局可能会向年轻人发放一大堆"免罪卡"，让他们逃脱长大成人的责任，比如做家务、学习、找工作等，进一步加深他们对父母的情感和经济依赖。[1] 这样一来归巢就真的成了"发射失败"。

如果说归巢这个说法还颇有些亲昵的味道，那为什么一提到发射失败，似乎就会勾勒出一幅"懒惰、娇惯的小青年＋过度溺爱的父母"这样的图景呢？那是因为，归巢意味着"临时状况"，而发射失败则预示着，年轻人永远培养不出成功重启和今后人生所需要的关键能力。在工业化世界，发射失败这个现象似乎正在蔓延。在意大利，那些长期宅家、啃老的成年子女被称为bamboccioni，即"巨婴"。在英国他们被称为"奇葩族"（KIPPERS, Kids in Parents' Pockets Eroding Retirement Savings, 在父母兜里蚕食他们退休金的孩子）或者"尼特族"（NEETs, Not in Employment, Education, or Training, 失学兼失业）。日语给这些年轻隐士的称呼或许更加意味不祥：蛰居族（hikikomori），指蛰居宅所、自我封闭者。[2]

再回到美国，目前在千禧一代和Z世代中，男性情况要比女性差，宅家的人数和时长均高于女性（对于非大学毕业生尤其如此）。根据美国劳动统计局的数据，父母每周至少要花8小时来照顾这些抛锚的成年子女。[3] 由于"失败"意味着某一过程结束，而很多年轻人并不能说已经被他们遇到的挫折打败了，而是还在走出来的过程中，所以我们更愿意使用"启动不顺利"——这个由心理学家伊莱·勒波维茨（Eli Lebowitz）发明的说法。[4], [5]

这些年轻人的父母有着相同的苦水：孩子大学辍学、不愿工作、需要经济支持、电脑网络成瘾、作息日夜颠倒。[6]

启动不顺利的大学生，不仅仅要面对那些令他们不顺的问题，如学习障碍、执行功能困难、情绪失调、物质滥用等，还要忍受与优秀的同辈或兄弟姐妹之间暗戳戳的比较。最痛心的或许还是跟"理论自我"相比较。那是在轨道故障之前的自我，"本应该"被人追赶的自我。所有这些困难合在一起，打击了他们的自信心和自主性，对康复造成了更大的障碍。

在本章中，我们将介绍一系列战略战术，为不顺利的启动点火助推。你将学到一些康复干预措施，避开过度保护的陷阱，减少家庭迁就，实施"尤利西斯契约"（年轻人和家长之间一种自我约束的"君子协定"），并了解如何动员困在自己房间里拒绝长大的年轻人走出来。我们将向你展示一些来自真实生活中很快康复的场景。然而，即使已经调集了全部力量，一小部分年轻人可能还是需要漫长而密集的门诊心理治疗,才能让他们人生的巨轮在向着错误的航向行驶数月之后,缓慢掉头回航。还有一些人甚至会需要住院治疗,导火索通常是自杀未遂、精神错乱、危及生命的饮食失调,或者需要快速医治来稳定情绪。不管是哪种情况,父母的引导和期望都必须既灵活又坚固——灵活到能接受暂时的大退步;坚固到能抵挡年轻人复杂精神疾患的严重影响。我们还将继续讲述尼克和詹森的故事,他们的父母将生动诠释康复重启之路会如何"山重水复疑无路,柳暗花明又一村"。不过为了展现一个更常见的困局,我们先从万妲(Wanda)说起:正是她对孩子的迁就,产生了事与愿违的后果。

名为保护的陷阱

万妲是一位单亲妈妈。她总担心,自己的独生女丽兹大学前的学习成绩不错,是由于自己从中帮了太多。现在丽兹上着一所小型文理学院,正处于退学的边缘,万妲决心要采取预防措施。丽兹大一念完,平均绩点分2.5,两门课程未完成,每门各欠15页的研究论文一篇。万妲暗暗担心,丽兹可能会把"未结课"变成彻底辍学回家。丽兹表现出焦虑型拖延的全部特征,但所幸还没有出现任何焦虑症的严重症状。

"这个周末我充当了情绪急诊室,"万妲倾诉道,"暑假到了,我完全不知道丽兹会怎样做。"这是75%的美国家庭每年都要面对的难题:漫长的暑假,如何保证自家青少年生活积极、有事可做,或许甚至是找份工作赚点钱?[7] 眼看暑假已经过去了4周,而丽兹尽管周末在当服务员打工,却完全没有重拾课程学习的意思。

催丽兹完成作业已经是万妲根深蒂固的习惯行为了。"你那篇文章写得怎样了?不要等到最后一点时间才复习备考啊。每天晚上做一点,你会感觉更舒服的。"在女儿上大学之前,万妲就一直害怕她松懈,更别提女儿拖延导致低分是有案可查的。

尽管这种担心是合理的,但程度已经失去平衡,从保护滑向了依赖。万姐可能还没有意识到,正是自己造就了丽兹的拖延。进大学的时候,丽兹对于如何规划、完成文理学院课程中典型的长程作业完全没有准备。眼下,她正一个人躲在房间里,每天数小时跟朋友网上聊天、煲剧《权力的游戏》、在社交媒体发帖,而她跟妈妈信誓旦旦说的是,会在房里完成未结课的论文。

万姐看不到丽兹的任何成果,自然气恼,于是策略从哄骗变为威胁最后到发作。丽兹的反应也是一整套,从委屈掉眼泪——"你看不见我压力多大吗?"——到愤怒爆发:"别烦我!我可能本来就不是读大学的料!"这种情绪变化,从崩溃大哭到激烈反抗,时不时还捎带点威胁,正是焦虑驱动型拖延者防卫抵抗变化的典型表现。最后,万姐只好建议丽兹找导师或咨询师谈谈,可丽兹暴躁地顶撞道:"我又没事——你才是需要帮助的人!你总是逼我!"丽兹对"需要帮助"的狭隘认知,暴露了她的不成熟。

这一切让万姐陷入思索:她应该——或者说,任何一位家长应该——允许孩子随波逐流多长时间?

名为家庭迁就的陷阱

眼见丽兹说不得打不得,万姐急火攻心,只好自己去寻求心理咨询。她描述了自己为改变女儿行为所做的种种徒劳努力,然后用一个反问句来强调自己的束手无策:"我该怎么做才好?不上班守在家里,盯着她完成未结课程?"万姐还倾吐了自己的疲惫和愤懑,因为丽兹仍然在生活上依赖她:洗衣服、采购食物、打扫卫生、做饭,跟小时候没什么区别。

希布斯博士一眼看到了家庭迁就的典型迹象。这种降低期望值的做法，把家长和受挫年轻人困在一张错综复杂的网里，互相拉扯、恶性循环。[8]

有的大学生辍学或者毕业回家，却躲在房里打游戏混日子；也有的是因精神疾病回家休养。如何给这些受挫的初成年子女当父母，并没有一个放之四海而皆准的万灵药方。不过，如果把重心从家长调适转移到增加年轻人的责任，倒是指向了一些颇有希望的治疗干预方法。

如何在家庭中实施这一概念呢？首先我们要求父母专注于自我改变。当父母逐步减少家庭迁就的做法，通常受挫年轻人的独立能力就会相应增加。就像一段我退你进的舞步。

希布斯博士建议道："我们先制订一个计划，减少你的迁就行为，否则丽兹只会更加依赖你。我们不妨'冷处理'，不动声色地抛出一个不伤丽兹面子的提议。告诉她，你同意她的说法：你插手她的学习太多了——所以你决定放手。说你相信她会做出有利于自己的决定，无论是完成未结课程，还是租房自立。至于那一大堆的家务劳动，最好避免正面硬碰，因为丽兹一定会抵制；不如就让其中一些乱下去，看她先做哪件？"

照着这份建议，万姐开始行动，目标从以前的"帮助"丽兹完成学习，变为现在的：让她自己去挣扎，或许会失败，那也由她。的确，丽兹很任性，但她并不瞎，她一定会自己担起某些责任的。

接下来的一两周，万姐向女儿承认，自己管得太多了。"我以为高中时催促你、提醒你都是在帮你，其实我错了。而现在我又在犯同样的错误。我保证不会再这样做了。"

万姐也没特意宣布家务分工会有什么变化，只是决定需要女儿帮忙时就直接说。一天丽兹问："什么时候开饭？"万姐说："我啥也没准备，今天工作太累了。不过你随便做点啥都很好。"

万姐心里清楚，面对这些要她长大的无言信息，女儿是一定会抵触的，可她必须坚定决心不动摇。果不其然，丽兹冷战了几天，既不怎么跟妈妈说话，也不做家务。但万姐对此早有心理准备，态度依然春风和煦，只是继续不做饭、不采购、不洗衣。

丽兹终于醒悟了。她从一开始的怒气冲冲，转变为接受新的现实。她承认了自己对母亲像个孩子般的依赖，然后开始在厨房里帮忙。她每做一件小事，万姐都会专为这件事对她表达具体的感谢。这样，又进一步巩固了女儿的行为转变。

还有一些转变是丽兹自己单独完成的。妈妈不再催促她完成课业，让她反而感到更多的内在压力，于是她重新用上了高中时代使用过的日程系统。她设置了完成课业任务的每周目标期限，并向大学学习支持办公室预约了秋季报名。

改善应对

✖ 改善应对，可以看作是你有机会往年轻人"康复技能包"里增添的又一件利器。不过要趁早打消这样的想法：只要驾驭得了意志力，就能够自动获得这件利器。实际上，要实现持久的改变，首先需要认识到并且承认自己的问题行为，然后制订一个具体的行动计划来做出改变。改变步骤包括（一开始可能会显得徒增额外负担）：

- 认识有问题的应对行为。
- 找出该行为的触发因素。
- 看清习惯背后的情绪逻辑。
- 拿出动力和决心，将过去默认的应对行为替换成更健康、更有效的方式。
- 拥有改变的技巧。
- 退步时拥有复原的弹性。

万姐从河边撤离,反而帮助了丽兹破釜沉舟、真正跨入成年。当丽兹感到河水漫上她的腿,就丢掉了从前拉着她下沉的逃避和依赖行为。丽兹学会如何承担与年龄相称的个人责任之后,挽救那两门未结课程就不在话下了。秋季开学时,她顺利回归校园。

亲子协定

家长无条件的爱是一种无言的交换:我给孩子爱、教育、满足他的物质需求,但期待他达到与年龄相称的成熟,走向独立,并通过满足这份期待来回报我的爱。不管孩子是两岁还是二十岁,父母的诀窍就是找到激励措施,让孩子为自己的个人成长和未来目标投资。不过精神疾病一来,这个交易就破产了。依赖、分心、破坏冲动往往接踵而来,此时父母可能需要采取特殊的干预措施,来推一把受挫的青年子女,让他们重新振作起来。

这不仅要考验你的耐心,还要考验你的创造力,以及勇气:如果父母害怕推一把脆弱的青年子女,那自然也不会愿意让他们面对那些看似无法逾越的挑战。于是危险就来了:一旦认定家庭迁就是支持"患儿"之必需,那么它就会变得更加根深蒂固,然后强化青年子女的依赖,进而加重其障碍。接下来父母或不满,或焦虑,或透支,虽然偶尔奋起求变,但是一遇到强烈的抵抗便马上丢盔弃甲,决心不再。

然而父母的决心和智慧,往往正是青年子女康复的基石——我们马上就会看到。

烦躁、气盛：抑郁的征兆

之前我们讲过尼克的故事。尼克先是出了滑板事故，然后得了抑郁症打道回府。他的父母，路·罗卡和迪雅卓·罗卡，为了重燃儿子的生活热情，已经是绞尽了脑汁，想尽了办法。他最好的朋友是电脑，唯一的消遣是游戏，特别是 MMORPG，即大型多人角色扮演游戏。他越是深宅，情绪就越是低落。

一开始，他的父母觉得尼克玩网络游戏只是在抑郁情绪下一种消磨时间的方式。他们甚至还觉得些许安慰，因为尼克在网上跟高中朋友一起玩游戏，也算是有人做伴了。毕竟，从初中起他就一直在玩网络游戏。迪雅卓和路那时也曾担心过，但是当尼克和朋友一起加入魔兽世界或其他流行游戏，房子里便充满了（网络传来的）欢笑声和友好的喧闹声，这让他们放下心来。新闻里宣称的那些游戏的好处，比如，解决问题的能力、社交的能力等，也给了他们一些宽慰。[9]

但事实上网络交流，无论是通过互动游戏、社交媒体，还是发信息，都对缓解抑郁情绪无益。根据发展心理学家苏珊·平克的发现，孤独加上与家人、同伴缺乏真实交流，"比抽烟和肥胖更容易给健康和生命带来风险。"[10] 实际上，根本没有什么可以替代跟家人和朋友面对面的互动。

后来，尼克的烦躁型抑郁让他暂时失去了现实生活中的朋友，使他陷入更加孤立和社交退缩的境地。接着他没日没夜地打游戏，似乎又加剧了这些趋势。尽管尼克尽量不直接针对家人和朋友，但他觉得自己已经失去了控制："我一旦怒气攻心，就会几小时走不出情绪。如果开车碰到有人抢道超车，我就会又叫又骂，完全失控。我控制不了自己的怒火。很小的事情都能惹怒我：网上愚蠢的政治争论、用词不当、别人用奇怪的眼光看我，等等。当战或逃模式启动，我就开始怒气上涌，接着大发雷霆，这一天就毁了。嗔念一起，我就身不由己。"

路的耐心日渐消磨，便开始反复说教乖戾的儿子。而迪雅卓认为儿子没有能力应对，只好给他满腔的同情。不管是父亲的怪罪，还是母亲的干着急，都改变不了他的行为。不过，偶尔会有一丝微光闪过，那是在他为游戏辩护的开场白中："我知道你们讨厌它，但是……"

"我并不讨厌你打游戏，"他妈妈回道，"我只是担心你用游戏来逃避现实生活中的交往。"

尼克反驳道："可是人人有他们自己的生活要忙啊。我高中朋友要么在上大学，要么在工作。我又没女朋友，就只有这个了。我知道自己对谁都是个累赘，纯粹白占地儿。"在尼克这些自暴自弃的话里，明白无疑地透露出，他觉得自己被大家疏远，是家庭的负担——这是自杀风险上升的信号。[11] 很可惜，迪雅卓和路还为此吵了一架。迪雅卓担心尼克会因为觉得自己拖累了他们而自杀，而路认为儿子的话不过是怨天尤人，用不着太当回事儿。评估自杀风险，可参考下页列出的一些问题。[12]

每多一个肯定的回答，风险便升高一级。但是父母不可能了解所有的因素，也不可能具备专业的评估能力。此时寻求家庭社工支持可降低风险，然而尼克的父母对这种支持的看法不能统一。

一开始，路和迪雅卓主要盯着尼克以日夜打游戏为表现的不良应对方式，试图从这里入手驱散他的抑郁。然而他们的努力没持续多久，便收到了事与愿违的结果。那是一个可怕的夜晚。路威胁尼克说要没收他的电脑，两人对吼起来，一声盖过一声，最后尼克使劲推搡了他爸一把，跑出家门。

过了几个小时，尼克回来了，一副心烦意乱又充满歉意的样子，说："我是个毫无价值的废物，没有我你们还好些。"迪雅卓试图宽慰儿子，而路，看都不看他一眼。

最后夫妻二人各退一步，一致认同无论是迪雅卓的共情，还是路

"严厉的爱",都没有起到任何作用。他们向希布斯博士寻求治疗,希望能获得更有效的育儿技巧。首先要做的就是调整:路调整他的专制风格,迪雅卓调整她的同情式保护。

与此同时,尼克也在向罗斯坦博士寻求单人治疗。每过一段时间,两位治疗师和一家三口就一起碰头,比较治疗记录。根据一两个月中所了解到的情况,治疗小组建议启动行为激活疗法(behavioral activation),这是一种以规划增量活动为重点的抑郁症疗法。[13]

行为激活疗法从增加愉快的活动入手,逐渐引入被回避的活动。由8次咨询组成的"由外而内"疗程,推动治疗对象更多参与有趣有用的活动,从而改善其情绪状态。其间通过价值澄清、活动监控、日程规划等方法,全面提升个体的情绪、自信、能力。

那尼克该选择什么活动呢?答案是他自己喜欢的事情,所以尼克提出了滑板。他父母自从事故以来就一直劝他不要玩滑板,但他们现在同意:玩滑板带来的社交收益大过他们的担心。很快,尼克在附近的滑板公园消磨的时间就超过了在房里上网的时间。在滑板公园他认识了一个滑友,通过这位朋友他又在本地的滑板店找到了一份兼职工作。尼克非常享受这种以滑板会友的社交,常常下班后就和同事一起去玩滑板。

康复之路有了这样一个立足点,下面就该重新面对游戏问题了。这一次会用到强有力的协作干预。

绝不要轻视自杀风险

- 抑郁症患者中约 1/3 有自杀念头。家长应求助专业人员评估风险值。
- 个人史、家族史具有重要参考价值:在孩子过往人生中,本人或重要他人是否有过自杀企图?

- 孩子有没有做出具体的自杀计划?
- 孩子是否有将个人珍视的财产、物品送人的举动?
- 孩子是否缺乏来自重要他人的理解与支持?
- 孩子是否感到孤立,或者觉得自己是他人的累赘?
- 孩子是否有难以控制冲动的表现?

育儿黄金三原则

当青年子女患了严重的精神心理疾病,同时又对变化强烈抵触时,父母亲角色中的一大祸患就是失败主义。不过,通过注重育儿黄金三原则,就能战胜无助感,引领心爱的孩子踏上康复之路:

- 提供无条件支持。明确表示,不管怎样你都会陪伴支持孩子直到康复。
- 暂缓评判。眼下不是审判孩子的时候。建议家长尝试写作治疗练习,记录下孩子最可爱的几个美好片段,比如婴幼儿时期,或者就是上周你们一起看视频开怀大笑的情景。用这种方式与你感觉已经"失去"了的青年子女重建联结,可以让你将他"争取回来"的决心大增。
- 设置底线。要减少父母的两极分化,则双方都必须向中间靠拢。如果一位家长期望值设置太高,就需要往回调一点;而另一位如果对孩子太过纵容,那就需要收紧一点。目标是,调校双方的理解,就"何谓坚定而有爱的养育"尽量达成一致。

行为激活

✂ 几十年前，心理学家查尔斯·费斯特首次提出"抑郁习得理论"时，也同时提出了称为"行为激活"的治疗方式。[14] 费斯特的理论是，当人变得抑郁时，可能会抓住某些无益或重复的行为来逃避或缓解负面的思想感情。结果无一例外，就是越来越消极。下图是心理学家瑞切尔·莱纳德据此编绘的，反映了负面事件是如何导致抑郁反应以及接下来的逃避模式的。[15]

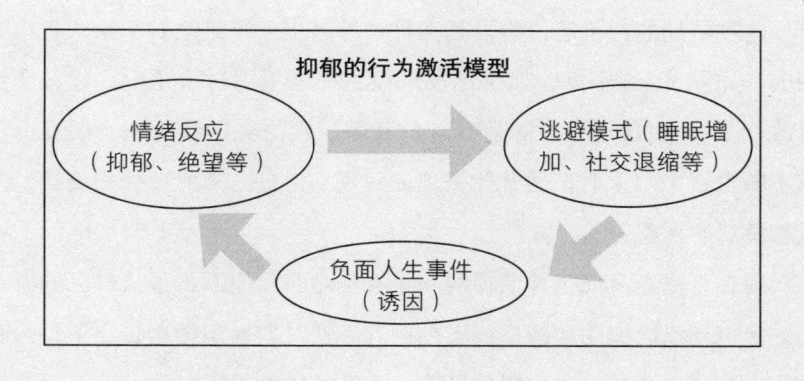

抑郁的行为激活模型

情绪反应（抑郁、绝望等）→ 逃避模式（睡眠增加、社交退缩等）→ 负面人生事件（诱因）→ 情绪反应

"尤利西斯契约"

在一次家庭咨询中，罗斯坦博士出手干预了："尼克，你该控制你的游戏问题了。那是一种非化学物质上瘾。"迪雅卓和路以前没有听过这种说法，它用来统称各种能导致依赖的物质和活动：不仅仅是毒品、尼古丁、酒精等化学品元凶，还有很多非化学祸首：购物、赌博、色情、垃圾食品以及网络游戏。每种都会对大脑造成刺激性影响，释放出大量神经递质，一种叫去甲肾上腺素，其作用是动员思想和身体采取行动；

一种叫多巴胺，直接参与激活奖赏回路。

这种刺激过程或许能解决短期的情绪问题，但是大脑会迅速适应这种兴奋，然后渴求更多的去甲肾上腺素和多巴胺，也就是索要下一个"刺激"来维持这种高涨的情绪。这也正是尼克的大脑所经历的过程：游戏点亮了他的"奖励控制板"，但是不断的刺激扰乱了他的睡眠，削弱了他在生活中前进的动力。

尼克最后肯定会承认自己打游戏成了问题，但像每个瘾君子一样，他一开始也会试着讨价还价，想要保住这个习惯。他向父母保证："好吧，我会限制游戏时间，只在晚饭后玩。""好吧，我到十二点就下机。"

这种早期的讨价还价阶段其实是一种进步——是瘾君子承认自己失控的一道曙光。（毕竟，如果你没失控，那也不用讨价还价，你就会直接改变了。）讨价还价意味着否认的瓦解。当尼克的讨价还价期在退步和不断食言中结束时，他开始被迫面对现实：自己需要额外的支持，来抵御游戏的诱惑。

现在，尼克身处精神治疗的一个真空地带：他不再否认自己的游戏瘾，但也还没能成功地减少或者控制它。这时罗斯坦博士提出了一个新策略："尼克，你或许可以跟父母签订一份尤利西斯契约。"

尼克疑惑地问："那是什么？"

罗斯坦博士解释说："荷马史诗中关于尤利西斯和海妖塞壬的故事非常精彩，它告诉我们，人的自控力并非恒定不变。在某些条件、情境或是诱惑下，再明白的头脑也会被蒙蔽。你心里有一部分是了解自己的，但却赢不了当下被蒙蔽的另一部分。"

"你需要像尤利西斯那样，找到一个方法去对抗你的那份诱惑。对尤利西斯来说，那是塞壬催眠的美丽歌声，引诱着水手驾驶船只去寻找声音的方向，最终触礁而沉。所以尤利西斯与他手下的水手订下契约：他们要用蜂蜡塞住耳朵，然后把他绑在桅杆上。这样他就可以聆听塞壬的歌声，却不会受其蛊惑。"

"像'尤利西斯契约'这样的工具,让年轻人可以预见自己在真实生活中可能遇到的'诱惑情境',具象化其中的风险,然后提前制定抵御措施。"

尼克很感兴趣,同意签订一份尤利西斯契约,以帮助自己实现控制网游的目标。他和父母共同拟定并签署了以下文件:[16]

尼克的尤利西斯契约

本契约的目标是支持我的抑郁症康复。其原则是,若我在工作和自理中不能遵循自主规划的各种措施,将得到经双方共同认定的后果。

目前我通过服药、按时咨询、承担更多家务、在滑板店兼职工作,已经取得长足的进步。

我的目标是:减少上网(尤其是玩"魔兽"),以增加我与人接触的机会和倾向,并通过每天锻炼建立更健康的生活习惯。

我承诺非周末期间:

1. 先工作再玩。任何以游戏为目标的电脑活动开始时间不早于晚餐后,结束时间不晚于半夜十二点。一天的开端应为积极活动,而非消极活动。
2. 保持生活自理。包括规律的作息:自己起床,按时上班。
3. 管理自己的收入。攒钱,准备搬出去住。
4. 通过与医生、父母谈话来防止退步。

如有退步,则承担以下后果:

第一后果:家长将对我的电脑进行时长控制。

第二后果:每犯规一次,我的电脑将被没收24小时,其间我可以借用家长电脑来查看邮件和脸书。我不得在他人电脑上安装游戏。

路和迪雅卓此时已经明白，跟孩子赌气是必输无疑的，因为从行为上来说，孩子憋气的时间可以比任何家长都长；他们也知道了，只要是年轻人自己做的选择、自己定的结果，他们就更有可能遵守。不过，给一个受挫的青年子女当父母，没有什么是板上钉钉的，所以他们焦急地等待着，不知道这份尤利西斯契约能否被遵守。

尼克第一个月执行得很好，只有一两天犯规被没收电脑。不过这次不像上次，没有因为收电脑而发生任何冲突。又过了一个月，父母还是绷紧神经，如临大敌，却在一个晚上听到尼克不经意地宣布："哦，我从昨天起戒掉游戏了。"

事情的经过是这样的：尼克在打了一场很闹心的游戏之后愤而退出，接下来的一个星期都没有再登录，因为他说战队里尽是些菜鸟，搞得游戏都不好玩了。一周的停歇，给了他一个机会去重新审视自己的网络沉迷。一周之后，他重回游戏，却感觉之前玩的那些游戏"都是垃圾……一点挑战都没有……浪费我的钱"。

路和迪雅卓如释重负：尤利西斯契约真的有用！他们希望将来碰到需要用正规手段管控风险的情况时，这个方法也能派上用场。

现在，尼克从一个抑郁的掉队大学生，渐渐成长为一个有目标的青年。用他自己的话来说，他的康复是一个非常缓慢的转变过程。几个月之后他回忆说："我是在抑郁缓解之后才意识到前后区别的。这个过程不是魔杖一挥、吃颗神奇药，'一二三，变！'——你就全好了。但是，我通过把自己一点点逼出舒适区，逐渐找回了自信，回到了我原来的生活。"

渐渐地，路和迪雅卓也想通了"父母替儿子着急大学学位"这件事有多荒谬。尼克找到了新的使命感和希望，觉得自己今后可能会想开一家滑板店。不过眼下，他很满意自己的工作和新交的朋友。随着工时增加，他的收入也多了，最终他攒够钱搬进一套公寓和几个室友同住。重启成功了。

万姐只是通过减少家庭迁就就预防了丽兹的发射失败，但尼克和父母面对的门槛更高。他的抑郁虽不算严重，但由于运气不好、时机不好、习惯不好、家长分歧大，各种因素酝酿成一个不利的精神环境，导致抑郁病程迁延了很长时间。如你所见，尼克的成功重启，基础是耐心、治疗，以及亲子双方都拿出一些勇气来改变。

接下来，我们将继续第 8 章的话题，总结希布斯博士在詹森从致命危机到康复的过程中获得的经验。他们一家在罗斯坦博士的照管下，克服了很多个人和家庭的障碍，现在我们把这些教训汇总到这里，希望对经历这场长跑的其他人有所帮助。

"有时我感觉我们比他自己更想要这个学位。"

从崩溃到突破

> 所有旅程都有着旅行者并不知晓的秘密目的地。
>
> ——马丁·布伯

就像一个人刚做完心脏手术不能隔天就跑马拉松一样,严重精神心理疾患的康复也是一个缓慢的过程,往往长达数月,有时甚至经年。只不过,在精神康复这场马拉松的赛道上,没有里程标记,没有个人最佳成绩记录,终点线上也没有欢呼的人群。一路所到之处,都如同海市蜃楼;直到跑完回头看,才发觉一切竟然真实不虚。

已近午夜时分,我和詹森还在家中被飓风艾琳淹灌的地下室里忙活着。我们组成双人水桶抢险队,一边舀水,一边用纸箱当海绵吸水。我打开最后一个、以前装过大煎锅的厚纸箱,看了一眼马上又关上盖子,将纸箱放回架子上。

"里面有什么?"詹森好奇地问。

"哦,就是我收起来的一些厨房用品,"我说,"这个箱子不能用。"

时光仿佛一下子跳转到两年半前,我正在藏詹森的两把原生态装饰刀,那是他童年迷恋中世纪武器时期留下的见证。藏起来是为了他,为了减少抑郁带来的危险。我把它们藏得太好,以至于自己都快忘了。突然之间再看到它们,让我胸口一紧,那几个月无边无际的焦虑、疲惫、悲伤,刻在我身体里形成生理记忆,此刻像开闸的洪水,倾泻而出。与此同时,我依然掩饰着内心的波澜,来保护儿子。

詹森接受了我含糊的解释,然后开始赶我离开地下室。"妈妈,睡觉去吧,"他说,"这里交给我。"于是他一个人充当了人力抽水泵,每次拖着5加仑的污水,从地下室角落里坏掉的水泵处运到两米开外的卫生间。

第二天早晨 5:30，他光着膀子、挽着裤腿出现在我面前，一身大汗却满脸笑容。我向他打招呼。

"詹森，你真是我的英雄，"我说，"你一夜没睡吗？"

"是啊，"他说，"地下室淹了，我放心不下，睡不着。"

"我也是。现在我起来了，你回去睡觉吧。"

我在心中无声欢呼：他回来了，我体贴、热心的儿子回来了。

詹森摆脱双相Ⅱ型中的重度抑郁、恢复良好精神健康状态的过程是断断续续的，总共耗费了大约 3 年时间。康复过程这么漫长，双相障碍是其中一部分原因。尽管双相障碍是完全可治的，但其诊断和用药难度会比较大。那三年，詹森用过 5 种精神药物，清醒、应对、入睡都靠它们。他自己还加了几味提升状态的"药"：香烟、能量饮料、垃圾食品。抑郁症治疗接近尾声时，他已经减到只剩一种药，还戒掉了那一大堆坏习惯。

康复路上，年轻人要面对的一大挑战就是重建生活规律，为再出发和独立生活做准备。詹森历经两次大学退学，从创意写作文学学士学位转到应用科技副学士学位，最后在生物医学行业找到全职工作。他成功重启的标志还包括：搬离父母家、有朋友陪伴以及后来找到相爱的伴侣。

詹森来之不易的康复经验，对父母和子女都适用。这些经验包括：不放弃希望、保持共情、改善应对技巧以促进行为变化、制订积极的治疗计划、增进自我接纳。我们或许可以从最重要的一条说起，那就是：希望。

经验一：不放弃希望。

对于重大精神心理疾病，光靠时间治愈是不可能的。治疗之道，最好包括诊断、用药、谈话咨询、家庭支持。有时候你会走进死胡同；有时候需要去寻求参考意见；有时候尝试各种药物但效果不好；有时候必须给孩子一些迁就，但有时候又必须减少迁就才能鼓励孩子成长。当你回望过去，可能会后悔自己曾经的无知。不要停留在过去，而要活在当下，相信自己的支持会带来变化。你可能感到一时的无助，但千万不要让它变成挥之不去的绝望。你的希望、你的关照、你对孩子权益的维护，都对孩子的康复至关重要。在康复的早期阶段，孩子恐怕不会对你的努力给予多少认可和感激；别往心里去，要知道这是疾病在捣乱。

有一位大学生，在抑郁严重的阶段，不想让父母去大学里看他。后来他写了这样一张纸条向父母表示感谢："感谢你们教会了我，需要帮助不是错。感谢你们在我需要帮助的时候挺身而出，也感谢你们在我无法接受帮助的时候给我空间。"[17]

当那场危机让詹森返回家中，他在松了口气的同时，又不免涌起对生活的愤怒、对自己的绝望。病休的第一年春季和夏季，詹森抱着对大学那种"伪成年"生活的渴望，痛恨自己困守家中的处境。他抵制我们施加规则的意图，拒绝承担哪怕一丁点的责任。他要么对生活满腔愤怒，要么对自己满心绝望。他"应对"的方法就是整天睡觉，将良好的作息规律抛诸脑后。

在最初的那几个月，康复似乎是件不可想象的事情。后来詹森大方讲述了当时的体验。

2014年，詹森在接受罗斯坦博士和他的住院医师们访谈时说："从第一所大学回家休春假时，我意识到自己非常害怕回去。我爸希望我把那学期上完，但由于我有自杀倾向，我妈坚决反对，于是我就回家了。当时我焦虑到什么程度呢？这么说吧，我妈妈的航班当时晚点了（她来接我和帮我搬东西回家），我就认定她是存心要我，要让我自己一个人回家。"

"很长时间里，我就像一副空荡荡的躯壳。回家头两年的日子过得一塌糊涂。我染上了烟瘾，很快就发展到一天一包半，可真了不起啊。"他幽默地感叹道，"因为之前我还尝试嗑药来着，那时能让我嗑的就只有抗抑郁处方药了。"

"我知道，那段时光对你来说真的很艰难，"罗斯坦博士也感叹道，"那些画面感十足的自杀念头一直纠缠着你，深入脑海。你妈妈跟我说过，那时你跟她一起出去散个步，都会说想蹿到某辆车前头去。"

"是啊，"詹森说，"要我亲自动手了断是不可能的，但卧轨、撞公交之类我做得到。曾经有一天深夜，我在新泽西的区域轨道 PATCO 高速线上，根本不相信自己不会跳下去，最后只得打电话让我爸来接我。"

在那几个月的可怕日子里，詹森从未曾将自杀当作威胁或者情感勒索手段；相反，他总是不加渲染地描述有时让他感到无法承受的某个冲动。最早的时候，他每次出门都会有一个家长或朋友陪着他。

渐渐地，随着状态改善，詹森开始独自在周边走动，后来范围扩大到整个城市。努力的方向是，一边保护他不受伤害，一边提高他的独立生活能力。在这个指导思想下，我和克雷格鼓励他去外面活动；他也答应：只要发现有伤害自己的风险，就打电话给我们。而只要他打电话，他爸爸就会开车去接他。

在这个过程中，我始终相信，他一定会好起来。我一次又一次地宽慰他："我妈妈的抑郁曾经非常严重，她都好了，我相信你也会好起来的。"

而他悲哀地看着我，仿佛不得不向一个幼稚小孩戳破世上没有圣诞老人这件事，答道："我知道你相信。"

他能支撑下去，靠的是我们——他的父母——始终不放弃的爱与希望。

经验二：既要共情，也要按部就班。

重度抑郁夺走了詹森的动力和兴趣。他过去的理想——那是通过一二十年的鼓励、各种成就带来的满足以及朋友的陪伴，慢慢种下的理想——如今再也激励不了他。

病休了 5 个月，尽管用药仍在调整之中，但詹森最严重的抑郁症状已经开始出现一点缓解迹象。根据这个变化，我们开始重点采用增加乐趣活动的行为激活策略。詹森每周邀请朋友过来打一次《龙与地下城》游戏。他还同意重拾射箭活动。每天也会出去走走。然而，当我和克雷格一提到让他在日常生活中增加一些固定活动，比如报读一门课程，参加志愿活动，找份兼职工作——立马就遭到了他强烈的抵制。但我们顶着压力没有动摇。

很多像詹森这样的大学生，患上虽可治疗、但程度严重的情绪失调，在恢复期的那种焦虑、与同龄人的消极攀比以及随之而来的社交孤立，叠加在一起，为重启制造了一道似乎不可逾越的障碍。因此，父母必须克制自己面对孩子抑郁、焦虑、惊恐、回避而产生的担忧，要看清楚：过度保护只会减少完全康复的机会。目标应该是通过逐步增加要求来促进独立性，同时要扛住青年子女自动逃避的倾向。通过缓慢、稳步、系统地接触可预见的压力触发场景，他们就能知道，自己所遇到的现实并非想象中那么无法承受。

一位母亲的"狠心的爱"时刻

对有自杀意念的受挫青年减少家庭迁就程度，是充满风险、伤透脑筋的过程。因为詹森过去一直热爱学校，所以我和克雷格坚定不移地要求他到社区大学报读两门课程。我们希望他的热情能被重新点燃。

第一天上课的那个早上下着倾盆大雨，詹森的焦虑也倾泻而出。他很害怕出门。尽管到学校只需步行 30 分钟，我还是决定开车送他去，一方面是确保他进入课堂，另一方面是为了缓解我自己的忧虑：我担心他跑到马路中间去。

一路上，詹森都在试图跟我讨价还价。"别逼我去上课。我可以去找工作，我可以打扫房子，我可以做别的。可我觉得我不是上大学的料。"

我尝试讲道理。"詹森,我知道你对回到课堂感到忧虑。可你离开大学不是因为学习问题——你第一学期成绩很好,还拿了奖学金。之前上中学你也很享受的。"

"不是,"他反驳,"我第二个学期就跟不上了。"

我尝试安抚。"我知道。你那是抑郁太严重,上不了课了。可那也没写在你的成绩单上,因为你是病休的。"

"求你别逼我去上课。"他哀求。

我又尝试坚持。"詹森,你现在的生活中需要一些按部就班的事情。"

"我讨厌那个词!"讨价还价失败逼得他焦虑发作。"求你别逼我去,"他眼泪汪汪地请求,"我害怕重回课堂,太痛苦了!"

我抽离出来观察自己:活脱脱一副"妈妈对你严是为你好"的样子,面对孩子的央求毫不心软。只不过,我从来都没真正当过那种"严是爱"家长。我从来都遵循心理学上的最佳做法:提供正面的鼓励、让孩子参与选择(这样他们就不会断然拒绝家长的建议)、使用合理的负面后果、绝不使用体罚、以善意对待孩子。

实际上,我意识到,一直以来我太过体谅,太过保护,太过迁就。

当我铁了心要帮助詹森打破最近眼前这场焦虑依赖危机,直觉突然告诉我:他此刻需要的母亲,给他的该是一只坚定的手,而不是一双同情的耳朵。

不过我心知肚明,自己的决心最多只能再撑几个街区。透过雨刮器固定的节奏,我望着前方缓慢移动的车流,在学校门口吐出一个又一个的学生。我开口了,语速放得很慢,心却在狂跳:"詹森,我需要你走进教室。吃一片氯硝西泮,它能帮你在15分钟内平静下来。药在你背包里,现在就吃。"

他缓慢地从背包里取出药片,吞了下去。然后我才继续说:"我觉得你正处于创伤后压力之中,因为这是你第一次重新踏入大学课堂。如果你后面决定退课,没关系。但你今天不走进去、坐下来,是永远判断不了的。"

谢天谢地,我们终于到了下车点。可詹森似乎黏在了座椅上。我块头可能还不到他一半,但我坚决地推着他的左肩,严肃地让他下车。他顺从地打开车门,把身子挪出去,然后夹在一群学生中间,步履沉重地拾级而上。我看着他走进大门后驾车离开,那副"狠心的爱"面具掉落下来,碎成一地的悲伤、疲倦和忧虑。

詹森那天上午下课后是自己走回家的,还挺兴高采烈地宣布,他打算退掉一大早的建筑史课,但会保留哲学课,因为他喜欢那个教授。对于詹森和我来说,至少那天,一场情绪风暴已经平息下来,我们都松了口气。

经验三:无聊可以通向意义。

从风暴中心向外看

我父母推着我重回社区大学。第二年我上了我的第二个四年制大学。先是走读了一年,之后开始住读。但我对课程没有真正的兴趣,却总有办法说服一个朋友出去玩、打万智牌(Magic)或者光环(Halo)游戏。

所以不出意外,我又开始挂科了。服药乱七八糟,睡眠也乱七八糟。到了年底我又退学了。尽管有三个英语老师都跟我说过,我不需要大学学位就可以当创意作家,可这些话对我并没有什么帮助,倒是让我开始想:"那我在这儿干吗?"感觉一切都没有什么意义,无论是上课,还是上大学这整件事。我实在不知道做什么才能让人生有价值。

——詹森

詹森第二次退学算不上一时冲动,但也绝对说不上深思熟虑。他的鲁莽行为在减少，自控力有所改善，但轻度抑郁仍然迁延不愈，消耗着他的责任心、自我管理能力和主动性。接下来的几个月是一段令人心焦的空窗期，詹森本人、他的父母、治疗团队，谁也不知道接下来该怎么做。

詹森的这一段康复期算是一个教育上的自我流放期，至少在一开始，是以无聊为特征。这么一段无网络的居家假期，没有了那些寻常消遣，竟然从不知该干吗的无聊中催生出一股强大的创造力。不到两周时间，詹森就写出了一篇70页的中篇科幻小说《流氓审判官》。他还意识到，自己想找到一个渠道通往一份工作，一份有福利又不可能被外包的工作。这是一个重大的进步。

为了减少他对家庭的依赖，我们考虑了一些本州以外的大学，然后对他进行了职业倾向测试，结果显示詹森高度适合技术工作。他也接受了：当他害怕的"按部就班"有了目标，毕竟要好过无聊。于是他先在一家电脑修理店完成了6个月的实习，然后在一所城市社区大学报读了两年的生物医学技术课程。

慢慢地，詹森重新投身于生活。第一学期他就荣登优秀学生榜，并且接下来的全部3个学期都保持在榜。尽管面对挫折还是会有些脆弱，但他正在学习看到障碍背后蕴藏的必然变化。

经验四：改善应对能力是目标。

与詹森的教育和职业探索同步的是，寻求更好的应对策略。长期的情绪失调往往会导致良好的行为习惯丢失，所以重建这些习惯对于康复来说是必不可少的。这个过程的第一步是列出策略和目标。这不仅可以给年轻人一个可追求的目标，还可以提高他们的自我意识。比如，在詹森的清单上，列出了几项"要做"：良好的睡眠习惯、日常自我管理等；以及许多"不要做"，其中包括逃避、冲动、消极的自我对话等。

詹森与他的CBT（认知行为疗法）心理咨询师拉姆齐博士以及父母

家庭支持团共同协作，制定并实施了一系列的行为策略，旨在取得好的教育成果、保持稳定的情绪。

有益精神健康的行为策略

改善情绪状态的建议
- 坚持服药。
- 完成该完成的任务，这会让你自我感觉更正面。
- 不逃避、不拖延。
- 如果对自己的判断没把握，就使用双人原则：让一位家长或信任的朋友听听你的想法。
- 每天至少有氧锻炼半小时。
- 遵循良好的睡眠习惯。

建立良好就寝习惯的建议
- 卧室是用来睡觉的，不是用来打游戏的。
- 每天基本保持在相同的时间就寝；同样，也保持一致的起床规律。
- 至少在就寝前半小时停止使用电脑。将所有的电子设备留在卧室外。
- 如果半夜醒来，拿本书看看，有助于再次入眠。

在情绪特别糟糕的时候如何应对
- 大多数问题都是暂时的、可以解决的。
- 向人倾诉出来往往有帮助。
- 写下几个可以致电求助的名字。
- 坚持某个计划，用来对抗情绪低落时的有害行为。

- 采取以下措施驱散坏情绪：听舒缓音乐、散步、看卡通片或搞笑节目。

保持良好学习习惯的建议
- 挑战完美主义思维方式。需要帮助不等于失败。做一件事没达到一万次，就不能算精通。
- 新的一天不要从上网开始。
- 每天早早开始工作——这是克服拖延的必杀技。
- 学习的时候不要上网。
- 把每件事情都按你预想的两倍时间来计划。
- 利用好大学里的各种学习支持服务。

经验五：坚持用药。

在詹森抑郁症的深渊，医生曾开出5种精神药物，如同5把神经化学飞镖，掷向他的自杀意念、嗜睡、焦虑和睡眠不安。然而这套药物"鸡尾酒"中的前四种都没能击中缓解症状这个靶心。

第五种药物，是一种新级别的情绪稳定药，刚刚开始使用的时候我祈祷了两件事。第一，这种叫拉莫三嗪的药会有效；第二，这种药不会要他的命——因为我依然忘不了多年前文拉法辛停药综合征带来的伤害。我知道拉莫三嗪可导致一种致命的皮疹，称为史蒂文斯－约翰逊综合征。通常皮疹会出现在用药的极早期，此时停药即可。可是，在詹森的治疗过程中，没哪件事是符合"通常"情况的。开始使用拉莫三嗪两周不到，詹森上臂开始出现小片红疹。由于还没有扩散到脸部、躯干和其他区域，罗斯坦博士沉着老练地减缓了加量速度，但没有停药。我不敢出大气。一个月过去了，拉莫三嗪慢慢爬升到治疗剂量。终于，一年来头一次，詹森的自杀念头不见了。

詹森在电子邮件中说：

尊敬的罗斯坦博士：

我是詹森，写这封邮件是想告诉你我的近况。虽然自杀意念消失了，但抑郁还是很顽固。我很难睡醒，还烦躁、疲乏，从日常生活中感受不到乐趣。

继续加大剂量之后，抑郁症的枷锁终于开始松动。

并不是所有的年轻人都会同意使用药物，其中一些拒绝的理由仅仅是——吃药得按时。詹森后来说，他一直按计划服药，是因为他无所谓，懒得去抗拒。后来，当抑郁有所好转，他更是不敢少吃任何一种药，哪怕是那种让他明显增重的药。他更害怕的是复发。

经验六：抛弃坏习惯。

在等待有效的药物方案期间，詹森不幸养成了一天抽烟一包半的习惯。在美国，患有情绪和焦虑障碍的成年人消费的香烟数量高达全国销量的40%。[18] 其中的一个原因是：香烟提供一种无须处方便可获得的精神活性物资，作用强大但后果致命。其效果取决于情境。吸烟可用来放松，也可用来刺激。

詹森跟大多数烟民一样，知道吸烟有害健康。然而知道归知道，不等于就能下定决心、停止消费这种让你感觉一时爽的高度成瘾物质。

我和克雷格对詹森抽烟的事感到非常难过，因为这确实危害到了他的健康。然而根据我们决定采用的自我改变模式，我们相信并接受这样的事实：只有在詹森摆脱抑郁困扰之后，才会有能力来对付那些危害身体健康的事情。

果不其然，在詹森的康复之路走到第一年年末，随着情绪的改善，他决定戒烟了。我们热切支持，马上给他买来尼古丁口香糖，然后是普通口香糖。他坚持戒烟满一天、一周、一个月，我们都会向他表示祝贺。即使有退步，我们也不会责备他，只是鼓励他去寻找探查勾起他烟瘾的诱因。

其中一个诱因是饥饿。

一天晚上，我们在一家餐馆等餐的时候，詹森扔下一句"烟瘾犯了"，就急急离开餐桌冲了出去。我等了几分钟才跟出去，发现他正踱来踱去，嘴里烦躁地念叨着："我就不该答应戒烟的，太难受了。"我知道，此时要是拿他决定戒烟的好处来劝他，实为不智；所以我只是附和着说，戒烟真的很难。我陪着詹森沉默地走了一段，直到他觉得平静一些了，才回到菜都凉了的餐桌。

在我们不远处的一桌坐着一家人，带着一个 8 岁左右的重度残疾孩子。那个画面让我深刻醒悟到：尽管詹森的康复之路有着种种不确定，但他的病情毕竟还是可逆的。

詹森用了几个月的时间，戒掉了每天一包半烟的习惯。他还特意观看美国癌症学会可怕的禁烟宣传片，来加强自己的决心。在其中一段视频里，一位食道癌患者接受了气管切开术，用机械的声音说："不要吸烟。"他听进去了。

詹森的下一个目标是垃圾食品。很久以后他回忆说："在药物对我起效以前，我只吃重口味的东西，要么很甜，要么很咸，要么辛辣刺激，而且我必须吃到撑才会停。我还用激浪饮料（Mountain Dew）来调节能量水平，所以我喝那玩意儿就跟喝水似的。"

他的体重上升，加上药物组合的代谢催化作用，造成了糖尿病前期症状。詹森这时才终于同意逐步减药，从 5 种到 3 种再到 1 种。同时，他下决心让饮食更健康。为此他做了一个简单的战术转变——改变步行路线，绕过附近的 7-11 便利店；还意外招募到了一个战略伙伴——他爸，正好也在想办法改善饮食习惯。此外，詹森还提高了运动强度，终于在几个月之内，慢慢回到之前的正常体重和健康的血糖值。

经验七：不要害怕让孩子为自己的错误承担责任。

詹森这个原本诚实到会让自己吃亏的孩子，在他复健的早期阶段，却养成了说谎的习惯，来逃避我们对他的不赞同。最离谱的一次，他有鼻子有眼地捏造了一门课程：学的什么内容、布置的什么作业、他喜欢和不喜欢教授的哪些方面、课程在周几什么时间……后来他全招了：他一开始倒是去上过一两次课，但后来就觉得，上课还不如去本地书店有意思。所以在原本的上课和往返时间，他都待在书店里。之前在春季学期他就已经养成逃课的习惯，最终导致他病休；逃课很快演变成隐瞒事实，现在又变成了直接说谎。尽管我秉持不评判不指摘的态度，他还是说他害怕让我知道他逃学，后来又羞于让我知道他撒谎，再后来就觉得太迟了告诉我也没用了。他表示很懊悔，显得很难过，"都是我的错"，结果到了下学期又故态复萌。

要打破这种惯性，詹森需要了解自己的情绪逻辑。在咨询中我们谈了很多，他同样谈了很多，也反思了很多。然后他心里的一盏灯亮了起来："（自从危机爆发导致病休以来）我对重回大学课堂产生了负面思维和恐惧症般的害怕。我害怕尝试后又失败，于是索性不尝试——因此也就不会失败，这在当时看起来像是个更好的选择。"这个怪圈一再重复，直到转不下去。到那时，他终于坦白交代，虽不情不愿，但显然还是很懊悔的。

在詹森康复治疗的早期，我们不敢让他为自己的行为承担责任。在他具有自杀倾向的时候，这个问题是无解的，因为自杀就是"我不管"的终极表达。后来，当习惯性逃避（即"逃学、躲藏加撒谎"）给他带来严重影响，他开始迅速陷入自我厌恶。他被困在了自我挫败的陷阱里："我太差劲了，不配拥有这些。""你在我身上花钱是浪费。我根本就不该上大学的。"根本就不需要父母再去责备或者表示失望，他已经把自己贬得一钱不值了。

再后来，抑郁有所减轻的时候，他好像开始在乎了，但似乎又没有能力集齐改变所需要的魔法原料。

随着时间的推移，我们目睹詹森扛过了抑郁深渊中的许多难熬阶段，渐渐对儿子的信心也增强了很多。他不再需要我们小心保护，倒是需要我们推动他对自己的行为负起责任。不让年轻人承担责任，潜台词其实是：他太过脆弱，无法面对真实世界里的后果。我会鼓励处境相似的家长在适当的时候采取行动。我们也是这样做的：后来，我们要求詹森为他再次逃掉的一门课程拿出解决方案。

克雷格说："这部分的学费算你欠我们的，得还。"

"我自己都烦透了，"詹森答道，"我真的很抱歉。"

"这是个好现象，"我温和地说，"记住这种糟糕的感觉，以后能帮你抗拒说谎的冲动。现在，你觉得怎么做能好受些？"

我们仨安静地坐着，紧绷的空气似乎在嗡嗡作响；詹森整理着他的思路。"我感觉真的糟透了，"他再次哀叹道，但很快他就下定决心，"我必须赚钱把逃掉的课程学费还给你们。我犯了错，但现在我可以弥补。"

"这真的对你有好处。"我们表示支持。

詹森用参与大学心理实验赚来的钱逐渐还清了这笔债。最关键的是，一旦他体会到了减轻情绪包袱给精神带来的益处，将来就会更愿意对自己的行为承担起责任。

这是真正的进步。詹森不再像过去那般苛责自己，而是着眼于改变一些行为习惯以利于前进。承担了责任，自我接纳也就不远了。

经验八：自我接纳。

自我接纳是一种飞跃式的体验，有时候甚至意味着开启一段崭新的人生——当我们终于了解并拥抱了自己的怪癖、局限和优势。面对生活中难以避免的各种打击，自我接纳可以提供恰到好处的缓冲。但是，在完美主义或 / 和精神疾病耻感的折磨下，一个人是很难实现自我接纳的。

幽默感是自我接纳的积极征兆，詹森最后一次与罗斯坦博士的精神科住院医师们访谈时就清楚地展现了这一点。此时距他大一那次崩溃已经过去几年，詹森对自己的经历已经积累了足够深刻的见解，有能力剖析自己走完这一征途的过程了。

"你会如何向别人描述我们称之为'神经非典型（neuro-atypical）'的状况？"罗斯坦博士问他。

"我通常不会使用'我是阿斯''我有双相障碍'这样的说法，"詹森答道，"我更倾向于当个玩笑开过去。比如 CliffsNotes 摘要版：'我爱着急，又不善于解读你，所以常常看不出你是不是在开玩笑。'不过我尽量不去声张。我会用素描方式去勾勒，而不是照片式的呈现。焦虑是很多行为背后的原因，我相信越来越多的人现在都知道了。尽管解读陌生人还是比较难，但对于家人和朋友，我通常能够提前知道他们的感受。"

罗斯坦博士："你的这些经历改变了你的父母吗？"

"嗯，我妈是个心理咨询师，所以这是一个加分项，"詹森说，"我初高中的时候，每当出点什么状况，她都能化身'复仇天使'保护我。而我爸因为我，逐渐意识到了他自己身上的强迫症问题。在我小的时候，他对自己的表现还没有这么清晰的认识。现在的他变得宽容了很多。我想说的是，没有他们，就没有现在的我。"

事实上，詹森本人也变得更为宽容。他说，无论这一生将会取得什么样的成就，都不会比战胜抑郁症更让他自豪："知道自己的大脑出了什么问题、也知道该怎么应对，这已经是一件非常了不起的事情了。我现在已经摆脱抑郁，找到了正确的药物，认真投入生活，有朋友和一份好工作。我曾经以为自己不正常，现在我认为自己只是不好意思太正常——但我也认识到，其实没有人是完全正常的。"

康复：你的、我的、我们的

一个年轻人从患上精神心理疾病，到康复并重新上路，需要两代人的脱胎换骨和深度自我接纳。对一部分年轻病患来说，在家多待一段时间、避免外界压力，是一个行之有效的策略；但对于另一部分来说，这会成为一个依赖陷阱。每个人的康复之路都是独一无二的。

不过有些道理还是普遍适用的。一次不顺利的启动，是环境、生理、自我管理等多种因素的合力。我们都需要警惕：当年轻人对父母的依赖升级到孩童般的程度，将会形成一股潜层逆流，阻碍年轻人走向独立。对于一个正经受严重精神健康问题折磨的人来说，哪怕是一些适龄的要求，通常也会显得无法承受；这往往又会造成"孩子逃避——家庭迁就"这样一个让人心焦的循环。但只要家长能够意识到：他们可以改变、可以同情认可孩子的挣扎却不必就此缴械投降，这个恶性循环就能打破、康复就能开始。

迎接这个挑战，需要家长接纳自己所能和所不能，同时拓宽家庭从前对成功的定义。将某件事列为"加分项"（借用詹森的说法），不再需要走一条唯一正确的道路。你的、我的、我们的未来，不会是降级版的人生，而只是一种和最初的想象不同的人生。

11

重撒安全网

养育一个孩子，要举全村之力。

——非洲谚语

无论是从这些章节中，还是从自己的个人经验里，现在的你一定已经得出了结论：将一个年轻人安全送入高等教育轨道，就像仪仗表演中的抛接棒一样，是需要一些娴熟技法的。不过，跑道上不仅仅有你和孩子，跑道边还站着大学管理人员——兼任这场马拉松的赛事职员，随时准备在运动员绊倒或摔跤的第一时间冲上去救治。通过与他们的协作，你可以采取措施来确保孩子身心健康地完成这个艰巨的赛程。

鉴于前几章讨论过的那些风险和挑战，也因为大学生倾向于放大自己所承担的学习要求，所以家长有必要了解清楚大学为帮助学生适应新环境而提供的所有支持。如果能持有一份清晰的路线图，列出大学所有资源（毕竟你是要为这些资源付费的），尤其是旨在促进学生心理健康、出现问题时实施干预的那些资源，那么家长和学生都可以从中获益。

本章将从大学行政管理者通常的思维决策角度去探视一所大学的宝贵资源，是根据什么原则分配到大学生的身体健康、心理健康和其他支持服务等领域。这听起来像是个简单的算术题，但事实绝非如此。因为校方需要家长和学生与自己并肩作战，首先就要让他们理解大学的体制局限，并充分利用大学能够提供的支持。接下来我们将带你一览当前最普遍采用的公共健康政策模式，了解它如何运作以促进健康和修复力、预防自杀和性侵等问题、识别有危机的学生并给予他们帮助。我们将向你介绍一些在加固安全网方面走在前列的重要组织，如杰德基金会（Jed Foundation）、高校咨询中心主任协会（the Association for University and College Counseling Center Directors），以及大学生权益倡导组织"积极心灵（Active Minds）"。

各大学咨询中心近来在加固大学生安全网方面发挥了核心作用，我们将探讨它们在承担这一角色的过程中面临的挑战。我们还将思考学生、家长和其他家庭成员可以发挥重要作用的两个关键领域：一是挑战精神健康方面的消极成见；二是鼓励需要帮助的学生寻求帮助。

首先我们来看看现有大学安全网的运转情况。

为所有人编织安全网

随着过去几十年角色和职能的进化，各高等院校已建立起学生事务管理部门，专司课程教学以外的学生生活等各方面。学生事务部的职责，依院校规模和资源而有所不同，但通常包括以下：

- 住宿事务 [由宿舍辅导员（RA）负责住宿安排及秩序监管]。
- 学生活动，如学生会、运动队、学生组织、兄弟会姐妹会等。
- 宗教事务。
- 为少数群体设立的支持中心，如少数族裔、女性、LGBTQ 等身份的学生。

- 学生行为监管（也称为纪律系统）。
- 学生活动中心运营。
- 迎新活动和家长、家庭活动。
- 残障学生中心。
- 健康、精神健康及危机干预服务。
- 其他的学生支持服务，如职业咨询、财务咨询等。

学生事务部门的负责人（通常由一位副教务长或副院长兼任）除了监督这些服务的提供外，还必须与其他管理部门进行协调，确保在所有部门的共同努力下，院校的基本使命得以推进，资源分配可以服务于全体学生的需求。

一所大学安全网的牢固程度取决于以下三个因素：

1. 院校在多大程度上承担"代职父母"的责任，引导学生在大学成长。
2. 院校资源是否充足。
3. 院校如何解读联邦和州法律，尤其是《家庭教育权利和隐私权法案》（FERPA）、《美国残疾人法案》（ADA）、《健康保险便利与责任法案》（HIPAA）、《教育法修正案第九条》（TitleIX）等法律，以及关于处理安全危险（暴力、自杀等）和校内外酒精物质使用等问题的法规。

近年来校园性侵、枪击和其他安全问题频发，促使大学在辨别面临危险的学生方面做出了彻底改变——这里所说的危险，既可能严重到威胁公共健康，也可能仅仅只是快要挂掉一门课程。在如今的新形势下，高等院校不仅要开设预防暴力和危机应答项目，还要积极追踪评估其影响。

正如本书通过案例所展示的：全国各地大学校园的学生安全网，正在一天天加强补牢，好接住那些特别难以察觉的，也可以说是潜藏特别深的坠落者。人们逐渐意识到，社交孤立、酒精物质滥用、精神心理疾病等不仅仅只是影响学习成绩，还会诱发辍学，于是对于促进学生心理健康、幸福感和修复力就有了新的紧迫感。在实践中，努力的方向是减少对精神疾病和发育障碍的病耻感、提供方便快捷的身心健康服务。

尽管大多数家长和大学管理者都认同，编织这张安全网的责任在于院校，但这张网绳子够不够粗壮、网眼够不够细密，在不同的校园之间情况是完全不同的。对于家长来说，若能一窥大学管理者和支持服务工作者如何处理那些保障学生身心安全的任务，或许能打开眼界、拓宽思路。通过熟悉学校和周边社区的可用资源，并尽可能与学习顾问、宿舍辅导员、教牧人员等"关键帮助者"积极合作，家长就可以及时参与处理学生在适应大学、追求成功的过程中遇到的新困难，不至于使其发展成一场危机或悲剧。

那么教育服务的最终消费者——大学生们，自身需要承担哪些义务呢？就像家长会对孩子有期待，高等院校对大学生在这方面应该做出的努力也有着合理的期望：照顾好自己的身体和心灵；避免不必要的冒险；遵守学生行为准则；保持学习成绩合格；用积极正面的态度参与校园生活；遇到任何困难，寻求老师或工作人员帮助。

如果你觉得自己的孩子可能还没透彻理解这一信息，请记住：多数大学都会希望家长鼓励学生遵守这些原则，同时如果有很担心的事情，则及时通知相关工作人员。听起来像是居高临下的威胁？恰恰相反：学校和家长的担心是共同的。双方都非常乐意看到年轻人在认知与非认知领域学习、成长、成熟、获得技能；双方都希望学生能最大程度地利用好大学提供的一切；双方都愿意不惜一切代价防止伤害发生。

有意思的是，过度养育制造出来的麻烦，给大学管理者提出了两个相互关联的问题。一个是大学如何避免掉进同一个陷阱——也就是如何避免帮学生扛下太多的责任；另一个是如何制定一套合理的政策和方法，来促使学生更勇于承担责任。这可不是一个小任务——鉴于目前的学生群体普遍缺乏应对逆境的经历。

如何结绳成网？

大学管理层、教授、校园工作人员该如何协作，才能搭建出一张鼓励学生对自己负责的安全网，同时确保资源合理分配？目前很多大学都在使用的一个模式，大量借鉴了杰德基金会（JED）的做法。该基金会在促进情绪健康和减少校园自杀方面发挥着领头羊作用。

该基金会由唐娜·赛托和菲尔·赛托创建于 1998 年，起因是他们的小儿子杰德自杀离世。自创建以来，杰德基金会就成为学校、学生、家长和无数其他人的信息宝库。基金会采用一种公共卫生模式来从事自杀预防工作，如下图所示。

战略规划

杰德综合法

- 发展生活技能
- 促进社交联系
- 识别有风险的学生
- 增进求助行为
- 提供针对心理问题和物质滥用的服务
- 遵循危机管理程序
- 限制致命手段的易得性

"杰德校园"是基金会的一个分支机构，旨在"引导学校进行多方参与的项目开发和政策制定，为学校提供个性化的支持，推动现有的学生心理健康、防止物质滥用、自杀预防等方面的工作更上一层楼"。[1] 任何大专院校，只要同意在四年项目期的开头和结尾参与一项自我评估，就可以成为杰德校园项目的会员。参与该项目的学校可获得由杰德基金会派出专家组提供的技术支持。

杰德校园项目包括几个板块，第一个板块是量身定制的，旨在帮助学校"预测和评估在临床和项目设计方面的需求，检视学校如何部署人员和财务资源以应对挑战，并评估项目设计效果。政策、制度、战略规划可以表明，学校在严肃地对待这些问题，并以一种周全、务实、正规的方法去解决这些问题"。[2]

杰德校园项目的另一个重要方面是针对生活技能的，比如如何经营友情与爱情、如何解决问题、如何做决定、如何应对压力、如何找到人生使命和个人身份等课题。还有一个方面，称为"联系"，强调了社交关系对顺利完成学业和保持心理健康所具有的举足轻重的作用：

> 研究表明：孤独与孤立是精神健康问题和自杀行为的重要风险因素。因此，拥有支持性社交关系，感觉与校园、家人、朋友有连接，将有助于降低风险。促进社交联系，不能仅仅是鼓励学生参与校园活动。比如说，一些学校建立了小型的"生活学习社区"，让学生可以选择与其他同专业或兴趣相近的学生一起生活；一些学校还开放了学生会场地，供学生聚会、社交。

杰德基金会医疗主任维克多·舒华兹说："只有10%的学生最终得以面见大学咨询师。更多的大学生有症状或有疾患，然而没有得到咨询治疗。他们需要其他形式的支持。所有大学都必须面对这一关键问题：怎样才能最好地让学生与其他同学、与支持性社交网络、与学生支持服务相连接？我们毫不怀疑，修复力、生活技能、连接，是预防精神疾患最重要的应对因素。"

舒华兹博士使用"杰德框架"来评估一所学校能否提供到位："一套条理清晰、完整统一的服务方法，来帮助学生获得基本的生活技能，如解决冲突、沟通交流、压力管理等"。接下来杰德校园评估组还会考察，如何用该模式帮助学校建立一种积极、包容、尊重差异的校园文化。

"我们希望，所有高等院校都能真正做好促进校园精神健康的方方面面的工作，"舒华兹博士补充道，"我们想要清楚地看到，它们理解以下工作的重要性：预防、社区扩展、消除污名、筛查、快速反应、团队协作、学生参与、家庭沟通。"

不过，要达到这些目标，很多学校可能需要从根本上变革其校园文化。杰德基金会还认识到，家长可以发挥重要作用，倡导校园文化的积极转变；因此基金会会引导家长去了解孩子的学校如何处理精神健康相关问题，在预防、施援、干预等方面做得怎么样。

一个工作组可以改变一种文化定势吗？

2014年初，宾夕法尼亚大学短短数周内接连发生两名学生自杀，整个学校为之震撼。由于上一个学期已有两起自杀发生，这几起悲剧引起大量媒体报道，迫使该校上下去追问：宾大是否存在问题？为何死亡如此集中发生？为了回答这些沉重的问题，宾大校长艾米·古特曼和教务长文森特·普莱斯组建了"学生心理健康与福祉工作组"。

工作组被授权："检视影响学生心理健康与福祉的不利因素；审核评估宾大在帮助学生应对心理问题、压力、短时危机方面的资源使用效能;推荐旨在改善学生生活质量与安全的项目、政策、实践方法。"为此，工作组邀请了学生代表，以及感兴趣的教师、关键岗位工作人员、业内专家，共同构想一幅蓝图，来应对宾大学生——以及更广泛而言，所有大学生——身上显然已经不堪重负的精神健康压力。按照杰德校园框架，工作组对学校所有提升学生心理健康与福祉的项目进行了详尽的摸底盘点，与各学生支持服务部门主任进行了访谈，与学生领袖、校园小组成员和有兴趣的教职工进行了座谈，对每年的校园生活调查数据进行了详细梳理，对热心民众发来的电子邮件进行了阅读和分析。

工作组于组建一周年之际，发布了以下建议:[3]

1. 将心理健康对学生成功的重要性，传达到学生生活的每一个环节。
2. 将学校现有的学生心理健康资源和援助渠道等信息普及到位。
3. 对教职员工、学生、家长、家庭进行教育培训，让他们了解怎样促进心理健康，以及如何回应需要帮助的大学生。
4. 以满足学生需求为目标，将流向"咨询与心理服务中心（CAPS）"的资源进行优化利用；同时继续努力调动整个社区的力量来保持并改善宾大学生的心理健康与福祉。

除提出这些战略目标外，报告中还尖锐批评了盛行于宾大的校园文化，称其奉行"破坏性完美主义"、助长了所谓的"宾大脸"现象，即以一副虚幻快乐的假面，掩饰深深的不安全、不快乐和疏离感。该报告敦促大学生们，在遇到痛苦不幸的时候向他人坦诚倾诉；拒绝"完美是唯一的幸福之路"的观念；在首选目标难以达成时寻找其他成功通道；战胜因压力、困境、精神疾患症状或物质滥用等问题求助时的耻感。

工作组所认可的改革措施包括:

- 增加咨询与心理服务中心的人手及服务时长，以满足学生需求。
- 设置一个统一电话号码（援助热线），接入所有关于身体健康与心理健康问题的求助。
- 扩大"守门人培训"（宾大首创，名为"我关心"）。

自报告发布以来，宾大已在多条阵线上已经取得进展：咨询与心理服务中心的开放时间延长、工作场地扩展，大大缩减了预约排队时间；推出了很多促进身心健康的新举措，包括开设更多关于压力管理与健康的课程，以及开发了一款基于网络的健康应用程序。更多的学生、教师、职工参与了"我关心"项目培训；更让人瞩目的或许还有，学生们组织了公开的"诉说"活动，讲述自身经历的学习困难、发展障碍、焦虑、抑郁、物质使用不当、创伤等；宾大还成立了一个学生健康服务部，由一位"首席健康官"领导，以整合全校的力量，促进学生心理健康与福祉。

需要指出的是，即便已经迈开了这些关键的步伐，也依然未能完全消除存在于宾大和类似顶级大学的完美主义文化和残酷竞争。要让当代大学生活在这些方面有所改变，还需要大学管理者、教师、学生，甚至家长更持久地努力。宾大历史教授乔纳森·齐默曼建议，为了消减学生身上背负的过度压力，高等院校可以进行以下三个方面的彻底变革：[4] 第一，抽签招生；第二，免费开放所有课外活动；第三，禁止企业校园招聘。或许有人会抗议说，这些措施会让学校在竞争中失去锋芒。然而，正如我们已经看到的，这锋芒刺伤的不仅是对手，更是自己。

校园咨询

大学安全网必须从校园文化现状出发提供支持,因此心理健康服务的范围亟待迅速拓展。从第一章开始,我们就一直提醒你当心这一挑战,也在展示如何评估孩子是否需要这些服务。下面,我们将总结安全网中的一股重要绳索——校园咨询,包括其使命、角色拓展、资源和压力。

大学咨询中心设立的最初目的是为大学生提供短期辅导,帮助他们解决适应大学困难、不善应对社交压力或一过性调适障碍等问题。然而,随着近年来大学生精神健康需求的显著增长,大学咨询中心的职能已扩展到包括:

1. 教育学生增进健康、预防精神健康问题。
2. 培训教师队伍、工作人员("看门人")以及学生成为救助者。
3. 与宿舍生活工作人员、学习顾问、校园安保、残障服务、学生活动中心负责人、运动教练等各方协作配合。

大学生对校园咨询的需求量很高,而很多咨询中心的资源却不充足——"负荷已臻极限",《高等教育纪事报》最近的一篇报道如此描述它们的困境。[5]

每年,高校咨询中心主任协会(AUCCCD)都向其会员发出调查问卷,询问这些咨询中心为全国大学生提供咨询与心理健康服务的每一个细节。2016年的调查获得了621个中心的回复,代表了将近700万大学生,占高校在读学生总数的1/3。调查结果如下:

- 绝大多数咨询中心反映，带着精神类处方药入学的新生比例一直在稳步上升，从 1994 年的仅 9%，到 2000 年 17%，2003 年 20%，到 2016 年已达 27%。
- 25% 的来访学生承认有自杀意念，就在 2014 年该数字还只是 20%。
- 12% 的来访学生进入精神科病房住院治疗。
- 绝大多数咨询中心反映，更多的学生出现严重心理问题。上升最明显的问题有：焦虑、药物问题、抑郁症、学习障碍、校园性侵、过去遭受性虐或自残遗留下来的问题，以及需要迅速反应的危机。

为了满足对咨询服务不断增长的需求，各咨询中心在杰德校园计划建议的框架下，采取了以下 5 条措施来扩大服务范围：

1. 培训教师及相关人员，使他们了解如何对遭遇困境的学生进行有益的回应。
2. 妥善地进行转诊。
3. 开拓外部转诊网。
4. 加入跨学科委员会，为尽早甄别受困学生服务。
5. 提供基于网络的心理教育辅导。

《纪事报》中还提到了其他一些分配紧缺资源的创新方法：

1. 定额面询（次数或频度封顶）。
2. 从个人咨询过渡到团体咨询（尤其是短期团体）。
3. 无预约面询。
4. 采用"阶梯式医疗"的分流方法，将大部分学生导向在线医疗（主要是自助）。

5. 将有更严重、更长期、更顽固病状的学生导向更深度的治疗，通常是转诊到社区的心理服务机构。

这个校外转诊选项并不像它看起来那么简单。曾任宾大咨询与心理服务中心（CAPS）主任的威廉·亚历山大（William Alexander）博士说，转诊是一件好事，但现状不免喜忧参半："许多社区都很难找到适合学生的平价资源，对于那些未投保或投保不足的学生来说尤为困难。为此我们专门聘请了一位医疗协调员来协助完成该任务。但并非所有的咨询中心都负担得起这一服务，所以学生和家庭被告知自行寻找咨询服务的情况并不少见。"

大学咨询中心面临着另一个相关的棘手问题：它们能有多少经费用于精神科诊疗，包括药品管理。因为精神科医师的费用要高于心理咨询师或社会工作者，而大学不愿意让自己的咨询中心背上长程治疗精神疾患的负担。不幸的是，大学周边社区擅长治疗大学生的精神科医师往往十分稀少，这就让学生和家庭的求医之路愈加困难。

这并不是说，今天的大学咨询中心已经背弃了其传统而光荣的使命——帮助学生度过艰难时刻、理顺重要的关系问题、应对意外的学习落后或者兴趣转移。实际上，在很多家长看来，大学咨询中心近年来有向重症、慢病倾斜的趋势，乃至掩盖了其本身广泛的作用面，于是家长们越来越觉得，大学咨询中心就是长期患病学生的治疗场所。而大学心理健康中心负责人已经越来越难以调和这一矛盾。亚历山大博士说，遗憾的是，家长"不再视咨询中心为一个遭遇压力和学习困难时去求助的地方，但这正是咨询中心的核心功能，也是学杂费里涵盖其服务的原因"。

> **对学生工作人员提问的清单**
>
> - 学校如何监护学生适应大学的过程？
> - 学生遇到困难，有哪些一线支持服务可用？
> - 关于酒精和非法物质使用，学校有哪些规章和做法？
> - 出现问题时学校如何与家长沟通？
> - 家长有疑问时如何向学校工作人员反映，应联系谁？
> - 如果学生不愿意求助，学校会怎么做？
> - 如果在学校能提供的帮助之外学生还需要更多帮助，该怎么办？
> - 学校是否有加入"杰德校园""积极心灵"或者"全国精神疾病联盟（NAMI）驻校"等项目？学校优先选择改善哪些方面？

当孩子需要在校内寻求咨询

一些家长在得知自己的孩子需要使用大学心理服务时很难接受，因为他们之前对此类问题的出现毫无心理准备。但从统计上来看，大约 1/3 的大学生都会碰到至少一次需要治疗的心理健康问题，所以亚历山大博士认为"家长必须接受其子女遭遇抑郁或物质滥用的可能性"。

正是因为这一点，我们在第 4 章中指出，家长应当在孩子上大学之前就和他们讨论隐私权方面的问题和相关法律。这包括：表达你在发生紧急情况时能够帮助孩子的愿望，并要求孩子签署一份医疗事前声明书和一份 HIPAA 豁免书，让你可以在必要时参与其医疗。假设你已经把这些预防措施做到位，现在孩子坦言他正在学校寻求咨询，那么接下来你该怎么做？

首先，尊重其隐私。这样做，可以向孩子传递一条重要信息：你信任他对于求助的判断，同时你殷切希望以他觉得最有用的方式帮上忙。你应当查阅咨询中心网站以了解其服务，包括其可用资源范围、工作人员的工作取向和受训经历、关于向家长和他人透露信息的规定（通常是遵循 HIPAA）。如果你有具体问题，不妨致电咨询中心，请求与负责人通话。

亚历山大博士认为，家长有其角色作用，应该欢迎他们提问。他说："家长打电话来了解情况是件很好的事情。多年来他们都是这样做的，而我们也应该大力欢迎。咨询中心工作人员的态度应该是'家庭友好'的，或者说，是敞开接受家长意见的。"

"不过家长也应该认识到，他们的孩子已经进入人生新阶段，跟咨询师交流时要以此心态为基础。比较合理的言辞是像这样的：'我清楚孩子是成年人了，所以我只是想对他（她）顺利完成学业有所帮助。您能帮我想想怎样帮助他才好吗？'这样的态度，才是有利于治疗师、学生、家长结成合作同盟关系的。"

如果孩子同意，家长不妨直接致电治疗师，这样就可以很好地沟通家庭医疗史和精神健康史、学生过往精神健康史及当前压力源，以及可能影响到现状的家庭动力等。通畅的交流渠道让你更容易理解治疗的目标和方法，同时，一旦治疗出现阻碍或者需要额外资源，治疗师也可以向你征求意见。[6]

危机出现时，请记住：家长永远可以向医方诉说自己的担忧、分享所知的事实，没有任何一条隐私法会阻止医生、治疗师接收你的信息。而且，如果你的孩子对刚刚冒头的精神健康问题的严重性缺乏认识，你贡献的信息或许是治疗起效所必需的。学生和家长往往都不知道，保护身体残障和学习障碍的反歧视法律，同样也涵盖了精神健康问题。[7]

> **关于校内咨询服务的提问清单**
>
> - 咨询中心提供哪些种类的服务？
> - 服务场所在什么地方？工作时间是怎样的？排队候诊名单有多长？
> - 咨询中心的工作人员配置是怎样的？他们通常承担多少咨询量？
> - 在制订治疗计划和实施治疗方面，家长参与多少？
> - 咨询师、治疗师、心理服务人员会跟家长沟通吗？
> - 服务范围和咨询次数有限制吗？
> - 如果学生需要额外帮助如何处理？
> - 如果家长担心学生状况，该与谁联系？
> - 如果精神健康问题或物质使用问题干扰了学习成绩或者学校适应，学校有哪些医疗假方面的政策？

全心全意，积极心灵

2000年，艾莉森·马尔蒙在宾夕法尼亚大学读大一的时候，她就读于哥伦比亚大学的哥哥布莱恩自杀了。一种慢性精神疾病——情感型精神分裂障碍，在困扰了布莱恩3年之后，最终带走了他的生命。

艾莉森花了很大力气去理解自己对这场悲剧的反应。在这个过程中她意识到，许多学生都在与精神健康问题抗争着，要么是自己的，要么是至亲好友的，然而他们都缺乏现成的同伴支持来源。这促使她创建了一个开全国先河的学生组织，目标是对抗精神疾病耻感、为学生提供安全空间彼此倾诉这些问题给他们带来的挑战。

2003年大学毕业后，艾莉森·马尔蒙搁置了她原先的学术理想——攻读本科专业心理学的研究生，转而来到华盛顿特区，创立了积极心灵组织（Active Minds）。如今它已成为全国最大的大学生精神健康倡导组织，拥有400来个分支和12000多个活跃会员。积极心灵组织为校园工作坊、讲座、宣传活动的举办提供资源，旨在减少精神疾病的社会污名。该组织还致力于传播关于带着精神健康问题生活的真相，努力加固大学生的校园安全网。

马尔蒙认为，大学生应发挥带头作用，打造"关怀社区"，对那些可能因精神问题被边缘化、被孤立的人们提供支持、鼓励与共情。迄今为止让她感触最深的，是见证全国各地学生领袖的热情与奉献。她说："这一代人的开放、热情、善良真的让我深深感动。他们是真切地想要改变社会，使之更接近包容和民主的理想。对于他们来说，精神健康就是他们所处时代的社会公正问题。他们决心彻底消除污名、让有精神健康问题的人们看到真正的团结。他们了解年轻人离开家到一个新地方生活都要面临的风险，因此努力为大家创造一个有归属感、有凝聚力的环境。他们看到了抑郁、焦虑、饮食失调等困扰带给年轻人及其亲朋好友的痛楚与苦难。他们懂得，为心理健康相关的行动，如预防自杀等争取资源，对于加固这张保护所有人的安全网是非常重要的。"

积极心灵组织的广泛努力，为拆除受困学生周围高耸的沉默之墙贡献了力量。要让转变真正发生，有精神健康困扰的学生需要在校园里感受到接纳；他们需要接收到明确的信息：他们每个人都是学生群体中受尊重的一员、大学管理者真切关怀着他们。让校园环境中少一些对精神疾患学生的污名，是积极心灵组织和杰德基金会的主要目标之一，也是易感学生家长应当大力支持的一项事业。

如果孩子在应对精神健康问题的时候遭遇顽固保守的污名，家长可以怎样做呢？马尔蒙对这个问题毫不犹豫："倾听孩子说的那些糟心事。"（如果家长觉得这太难做到，或许应该先给自己找到支持。）

"其次，家长应该开放坦诚地谈论自己的精神健康问题。这对于孩子来说非常重要，因为它能传递出一个信息：这没什么可羞耻的。这样，就能建立信任、打开沟通的渠道。"

"最后，支持孩子寻求治疗的决定，并准备在必要时参与。"

在落地之前及时接住他们

在孩子去上大学之前，家长就应该主动了解，学校如何处理学生或浅或深的危机。这包括打听学校的安全保障政策、危机护理调度、亲属告知规则。家长自己提前了解这些信息绝对是必要的，将便于在紧急情况下与校方进行有效配合。接下来我们以宾夕法尼亚大学为例，谈谈校方如何处理这些问题，家长相应需要怎样做。

宾夕法尼亚大学主管公共安全的副校长莫琳·拉什认为，打造安全校园要靠相关各方把日常收集的信息汇聚到一起。她负责的一项工作，是确保宾大的管片警官和公共安全人员都训练有素、装备到位，可以随时对任何一种校园紧急状况做出反应，并且知道如何与学生、家庭、教职员迅速沟通某一危机事件的关键点。

因此，当拉什进入宾大学生心理健康与福祉工作组时，她也带来了自己从公共安全岗位上获得的经验——长期以来，她必须对学生扬言自杀事件做出快速反应；不止一次，她需要抚慰因孩子连续多日失去音讯而惶惶不安的家长。

宾大的求助热线就是出自拉什的想法。该热线是宾大为促进校园安全（尤其是精神健康方面的）而开发的最有效工具之一。它向每位求助者提供了一个随时待命的统一接口。比如，一名痛苦的学生来电说有伤害自己的想法，那么电话便会即刻被分接到一位能评估危机的咨询与心理服务组成员那里。如果威胁是即时的，那么接线员会保持与这名学生通话，同时一名警员将被派往其住处。求助热线的每一位值班人员都接受过沟通技巧训练，可以给所有精神上出现紧急情况的人提供"情绪急救"。

拉什这样讲述接下来的步骤："警员到达学生住处后，会先试着用平和、支持的方式与他们交谈。如果学生还是表示有自杀的想法或打算，警员就会尽力劝说他们接受陪同前往急诊室。幸运的是，大多数情况下这套策略都能成功，学生会接受帮助。下一步就是通知学生干预服务（SIS）团队——他们的工作专门针对最危急的学生，以及学生的宿舍管理员。（SIS通常在警方到场之前就已经知晓危机的发生，因此在事件向治疗环节转移时能很方便地支持到位。）在这些初期环节通常不会通知家长，除非有学生的专门许可。"

拉什承认，家长一旦知道自己没有被第一时间告知，往往大为光火，但是该规则的目的是为了保护学生的隐私。拉什说很理解家长的反应，但她马上又指出，家长必须提前了解学校的安全保护政策，并在必要时与危机应答小组成员进行合作。

"校园安全是一项全天候待命的服务，"拉什说，"半夜发生任何紧急事件，都可联系到我们和本地医院。家长必须知道：'如果我的孩子凌晨三点需要帮助，可以找谁？'（而这个问题的答案他们应该知晓。）可取的做法还有，家长提前了解紧急情况下他们应该采取哪些行动步骤。我觉得，合作与沟通永远是上策。"

理想情况下，一所大学应该拥有足够的资源，来实施从校园内外场所到紧急医疗单位之间的"热交接"——即在两名医护人员之间当面移交医护责任。这种无缝衔接模式将会有助于对学生进行持续密切关注，帮助其入院出院、联系家人等。如果学生此前已经去过咨询中心，那么其咨询师将会收到通知并参与危机管理过程。

大学决策层、学生服务人员、心理健康医师之间的这些密切配合，对于出现紧急心理健康问题的学生及其家人非常重要，他们可以因此而感受到有力的支持。关于可以调遣多少人员处理学生危机，各高校情况大相径庭；但正如拉什从经验中观察出的结论："有备则无患。"

"行了，大伙儿——派对散场了！"

校园安全部门主要发挥三大安全功能：平息"动物屋"式的醉酒狂欢、应对安全风险事件、必要时呼叫医疗抢险小组。尽管每一所高校都有一套学生行为守则，但很多学生和家长都只当它是用来装点门面的官样文章。对此，还是那句话——有备无患：最好每学期开头花点时间，跟孩子讨论一下这些规定。如果没有这层认识，等到被逐出学生宿舍、被停课、被要求找咨询的时候，家长和学生就会感到无比震惊，这种情况我们都见过不少了。

关于危机干预服务的提问清单

- 校内设有危机应答小组吗？如果有，由哪些人员组成？如果没有，危机发生时由谁紧急应答？
- 如何处置各种危机？
  * 受伤；
  * 酒精／物质使用；
  * 精神健康问题；
  * 违反安全条例。
- 若学生出现危及生命的情况将被送往何处？
- 校方关于出现危机时通知家长的政策是什么？谁负责这方面的沟通？
- 家长得知自己孩子涉入危机时该联系谁？

对学生隐私的考虑决定了家长不会第一时间收到关于此类事件的消息，就像自杀风险事件也不会首先告知家长。如果学生因酒精中毒被送进医院，身体康复后要面对的至少是以下后果之一：写检查，见教务主任或宿舍辅导员，甚至可能被强制要求重上校园毒品、酒精干预课程。

和平斗争

只要大学布下牢固的安全网，校方和学生、家长之间的顺畅合作就指日可待了。

不是吗？

嗯，理论上，有可能；而现实中，即使在最好的情况下，冲突局面依然会出现。其中最棘手的是关于：开除和非自愿休学、强制精神评估、由委员会投票通过的"威胁评估"、惩戒措施以及对残疾学生进行"合理的住宿安排"。这里再强调一遍：请熟悉校规中关于处理相关争议的程序，这一点非常重要。这一大堆条文，解释了学生出现各种情况时学校将会如何应对，如：达不到基本学习要求；无法与人相处；疾病、残疾程度太过严重，继续学业已有弊大于利之势，等等。当严重问题初显端倪时，家长和学生就应尽快主动采取措施，因为拖得越久，学校介入干预的可能性就越大。

不过，校方也并非掌握所有权力。例如，学校不能任意将一位患严重精神疾病的学生逐出宿舍，除非能证明该生对自身或他人的安全造成了"严重威胁"。最近有几起案例，都是大学因学生表现出自杀意图或者行为，而试图强制其休学——但最终这被认定是侵犯了学生权利，因为大学并未对学生状态做出全面评估。[8] 此正当程序要求可保护学生免受强迫行为的影响，除非出现严重精神疾病明显导致必须立即离校的情况。

只要学生的行为涉嫌违反学校行为准则，就可能触发纪律处分程序。在多数大学校园中，学生行为管理办公室会对不当行为事件做出公正调查。当父母得知自己的孩子正在接受调查或将面临纪律处分时，感到惊恐并采取保护姿态是很自然的。

同样重要的是，父母应了解自己的角色：与学校同步支持年轻学子、尊重学校进行调查和做出裁决的义务。若试图干预这些程序，则往往会被视作越界而被制止。

宾大学生行为管理办公室前主任米歇尔·戈德法布认为，这样做是没有结果的：

> 这些年来，曾有不少家长在认为自己孩子被大学纪律制度"找麻烦"的时候，试图插手（往往还很强势）。这些干预行为常常出现在学生面临纪律处罚及学术不端指控后果时。我们与这类家长的沟通方式是强调规训的目标，即其对学生的教育意义、预防意义、矫正意义。我们希望的是，将父母争取过来，理解我们的目的是让学生深刻反思：他们是如何糊涂地犯了错，哪些因素导致他们走到这一步，以及最重要的，将来可以采取哪些措施避免重蹈覆辙。

还有另外一个重要领域，家长同样需要采取主动而平衡的态度，那就是关于学习环境调整服务。根据残障歧视律师凯伦·鲍尔和杰德基金会舒华兹博士的观点，合理的学习环境调整是"对政策、程序和规则的调整，旨在为残障学生提供平等的机会以达到学术标准，从而保证他们在学校能继续学业并有所成就。学校调整学术及其他方面要求的基准应为：确保这些要求不对残障进行歧视或产生歧视效应。但是，学校无须更改其运作之根本，课程之本质，或者放弃其基本学术要求标准，也不应给自身造成不必要的财政负担"。[9] 在实践中，这意味着家长和学生应在入校前早早与校方讨论教学调整措施，以确保这些措施落实到位，孩子方能切实从中受益。

但即便调整措施已落实，有学习困难的学生往往还是觉得很难达到高校的学术要求。在这种情况下，学生最好和家长一同面对这一挑战，一起讨论是否在课程量或者生活安排方面做些微调，以改变整个局面。

如果学生已经试过所有其他选择依然未能奏效，那么最优解或许就是休学，尤其是在精神健康问题影响学习的情况下。学校最理想的做法应该是，制定较为宽松的自愿休假政策，让学生可以暂停学业而不必遭受重大后果，如经济困难、失去医保或者严苛的复学条件。遗憾的是，一些大学实施了强制或非自愿休学政策，引发了伦理、法律方面的争议。家长应在孩子进大学之前便了解这些政策规定，并与孩子进行讨论。

最后，休假的学生需要一个退出计划流程，父母及学生支持服务者（即顾问、教务长、辅导员等）都应参与其中。这个计划应考虑到以下问题：潜在的社会污名、失去大学友人以及与休学相关的社会支持。这样做，能尽量避免需要休息的学生拖着不请假，直到精神健康恶化到出现危机的情况。在计划休学之前应有谈话，就休学前准备、休学期间如何度过、怎样及何时可以重新入学等事宜进行充分交流。理想情况下，应让父母尽早参与其中，以使离校回家的过渡更加顺利。

怀抱希望，面对未来

家长们，要有信心：全国各地的大学已经逐渐看到困难学生的需求，无论其困难是精神健康问题、心态障碍，还是学习上的挑战。尽管社会上的趋势是两极分化，但在大学校园，一种"接纳文化"正在生根，最终将会拥抱学生群体多样性、欢迎所有与众不同的学生。这一欣欣向荣的文化，致力于增进多样性、提升包容性，并向有需要的学生提供真正的帮助。许多示范项目正在涌现，有望带领心理健康促进、自杀预防、精神疾病干预等各方面努力的成效更上一层楼。

还在寻找这一时代潮流的确证吗？只消看看各种减压、修复力、正念、幸福课程，如今已广为接受并成了大学的常规学习内容。另外还有一个积极的进展：相关网络资源数量井喷式增长，为急需了解初成年人心理健康问题的学生、家长、教师、工作人员提供了海量资料。

请允许我们再打最后一个比方：一场汹涌的浪潮，正席卷着大学里陈旧的"不成功便成仁"式生存观，将其抛入海底。取而代之的，是我们对青春期和成年初期复杂神经变化的全新认知，以及对年轻人各不相同的需求及弱点更精细的社会文化解读。

而最好的又最让人感到轻松的是，"与家长携手"正在成为高等教育中一句真实践行的座右铭。

附 录

网络资源

作者网站：thestressedyearsoftheirlives.com

如何寻求有效的心理健康服务

一手推荐

几乎针对每一种心理疾患，都存在许多家长互助小组。如果家庭参加了这样的小组，就可以从其他家长那里寻求一手推荐和经验。

此外，也可以从全国精神疾病联盟（NAMI）的本地分支机构获取信息。该联盟是美国最大的草根精神健康组织，旨在帮助所有受精神疾病影响的人群。联盟在州或地区的分支机构，往往都备有一份由会员家庭推荐的心理健康服务提供者清单，凡问询者均可索取。联盟还通过 NAMI 帮助热线，对精神健康方面和法律方面的各种问题提供建议，周一至周五均可拨打，详见：https://www.nami.org/Find-Support/NAMI-HelpLine/NAMI-HelpLine-Top-Ten-FAQs；还有一条危机短信热线，全天候为家庭开放，详见：https://www.crisistextline.org

专业组织

一些较大的精神健康方面的专业组织，其网站上都会提供本专业领域的相关信息，通常能找到各类精神健康问题的资讯和如何寻找咨询师的信息。

- 美国儿童与青少年精神医学会，服务提供者搜索引擎：https://www.aacap.org/AACAP/FamiliesandYouth/Resources/CAP_Finder.aspx
- 美国婚姻与家庭咨询协会：http://www.aamft.org/iMIS15/AAMFT/
- 美国精神医学学会：https://www.psychiatry.org
- 美国心理学学会：http://www.apa.org
- 全国社会工作者协会：https://www.socialworkers.org
- 物质滥用和精神健康服务管理局（SAMHSA）有一个行为健康治疗服务定位器，推荐了一些低收费和按收入浮动费率制的精神健康治疗、物质滥用及双诊断治疗。拨打电话800-662-4357，可以进一步了解治疗和服务信息。
- 全国精神疾病联盟（NAMI）还有一个最常用热线清单，归总了大量其他资源：http://www.nami.org/Find-Support/NAMI-HelpLine/Top-25-HelpLine-Resources

精神障碍相关资源

美国焦虑症与抑郁症协会：www.adaa.org/

国家精神卫生研究所：www.nimh.nih.gov/

国家防止酒精滥用与酒精成瘾研究所：www.niaaa.nih.gov/

国家毒品滥用研究所：www.drugabuse.gov 和 www.nida.nih.gov

美国卫生及公共服务部

- 进食障碍治疗及评价：该网站拥有最大的进食障碍治疗中心信息及评价数据库，既包括消费者评价，也包括专业人士评价。网址：http://edtreatmentreview.com

- 精神卫生网主页：https://www.mentalhealth.gov/ 青少年板块：https://www.mentalhealth.gov/talk/young-people/
- 全国循证项目与实践方法名录（NREPP）是一个关于精神卫生和物质滥用干预的搜索数据库，旨在帮助公众寻找最符合自身需求的项目和实践方法，并了解如何在本地实施这些项目和方法。名录中所有的干预项目和方法均经过独立评估，并按研究质量和推广成熟度进行评级。网址：http://www.samhsa.gov/nrepp
- 青少年健康办公室：http://www.hhs.gov/ash/oah/adolescent-health-topics/mental-health/
- 物质滥用和精神健康服务管理局（SAMHSA）提供了一个行为健康治疗服务定位器，这是一个在线的地图界面程序，访问者可以用它寻找就近的服务机构。网址：http://findtreatment.samhsa.gov/

危机资源与热线

精神卫生扶助与自杀预防

美国自杀预防基金会可推荐各类互助小组、精神卫生从业者、针对重大丧失的各种资源、自杀预防信息，电话：1-888-333-2377，网址：http://afsp.org

NAMI（全国精神疾病联盟）危机短信热线。发送短信"NAMI"或"START"到741-741，热线中心将为您分配一位训练有素的咨询师，通过文字信息24小时向您提供免费危机帮扶。网站：http://www.crisistextline.org

全国自杀预防生命热线1-800-273-TALK，网站：http://suicidepreventionlifeline.org。热线24小时开放，将呼入电话转接到拨打者最近的危机中心。

YouMatter（你很重要）是专为初成年人建立的全国自杀预防生命热

线，还有配套的网络博客，访客可以在此倾诉问题、获取支持。网址：http://www.youmatter.suicidepreventionlifeline.org

其他危机救援热线

- 克莱青少年心理健康中心：性侵背后。网址：https://www.mghclaycenter.org/parenting-concerns/teenagers/alis-story/
- 全国进食障碍协会援助热线：1-800-931-2237，免费短信及聊天。网址：https://www.nationaleatingdisorders.org/help-support
- 全国性侵援助热线：1-800-656-HOPE，免费即时消息。网址：https://www.rainn.org
- 制止霸凌——聊天热线：http://www.stompoutbullying.org/information-and-resources/helpchat-line/
- 特雷弗项目——挽救LGBTQ青少年生命，电话：1-866-488-7386，或短信至：1-202-304-1200。网址：https://www.thetrevorproject.org/#sm.0000hyxo9ax0nee5sdo1o4iorv55t
- "说出你的哀伤"——哀悼倾诉互助网站。网址：https://whatsyourgrief.com

校园支持

积极心灵组织（Active Minds）作为在全国高中、大学推广校园心理健康的扛鼎者之一，积极发起和支持各种学生活动，推动校园重视心理健康、减少病耻感。该组织为非营利性质，致力于提升学生心理健康意识、提供心理健康和精神疾病相关信息和资源、鼓励学生积极求助、在学生和精神卫生界之间牵线搭桥。网址：http://www.activeminds.org/about

杰德基金会（JED）也是一个全国性非营利组织，创设宗旨为保护美国青少年和初成年人心理健康及预防自杀。杰德基金会与高中、大学建立伙伴关系，为校园精神卫生、物质滥用、自杀预防等方面的项目和体系提供支持。基金会使命为：向青少年、初成年人传输知识与技能，使其能够自助及助人。杰德基金会也倡导校园加强对青少年精神卫生的认识、理解和行动。网址：https://www.jedfoundation.org/who-we-are/。Facebook：https://facebook.com/JedFoundation/。Instagram：https://www.instagram.com/jedfoundation

向咨询中心工作人员提问

引自：Kadison, R., and DiGeronimo, T.F. College of the Overwhelmed: The Campus Mental Health Crisis and What to Do About It. (San Francisco: Jossey-Bass, 2004), 206—207.

- 咨询经费来源？有无额外收费？
- 每位学生咨询次数有限制吗？
- 中心有无精神科医师，必要时是否可以开具药物处方？
- 本校的咨询师与学生配比为多少？
- 11月、3月有多少人排队候诊？
- 在学生没有必要住院又需要短期或较长期护理时，学校有无医务室可供留置？
- 如果在寝室发生紧急情况，学生应该打电话给谁？
- 可以对我孩子的用药进行监测吗，会有额外费用吗？
- 在何种情况下，会将学生转介给校外机构或医院？
- 学校会将学生转介给那些地方机构？
- 学校医疗保险涵盖哪些校外精神卫生服务？
- 教职员工、宿舍工作人员是否经过培训，能够辨识出有精神健康困扰的学生并将其合理移交？

- 学生如何联系咨询服务中心进行预约？
- 中心遵循何种保密原则，将在何种情况下联系家长？

孩子需要住院的情况下

可以向医生提出的具体问题，参见"青少年儿童精神科住院治疗前家长提问备选"：http://www.aacap.org/AACAP/Families_and_Youth/Facts_for_Families/FFF-Guide/11-Questions-To-Ask-Before-Psychiatric-Hospitalization-Of-Your-Child-Or-Adolescent-032.aspx

精神病康复相关资讯

关于精神病首次发作：https://www.nimh.nih.gov/news/science-news/2016/team-based-treatment-for-first-episode-psychosis-found-to-be-high-value.shtml

国家精神卫生研究所：https://www.nimh.nih.gov/index.shtml

精神分裂症首次发作后的康复：https://www.nimh.nih.gov/health/topics/schizophrenia/raise/index.shtml

应用程序

情绪障碍相关安卓和苹果手机应用

美国心理学学会（2014年）推荐的应用程序：PTSD Coach（创伤后应激障碍教练），下载地址：https://itunes.apple.com/us/app/ptsd-coach/id430646302?mt=8

双相障碍：Healthline.com 上列出了关于双相障碍最好用的手机应用程序，包括监测睡眠、用药、情绪波动的一系列应用，和一些解释诊断的应用。全部清单见"2017年最好的双相障碍手机应用",网址:http://www.healthline.com/health/bipolar-disorder/top-iphone-android-apps#1

Breath2Relax(调息放松):可以减压的呼吸技巧,下载地址:https://itunes.apple.com/us/app/breathe2relax/id425720246

CBT*ABCway:西班牙语和英语的认知行为疗法应用程序,iTunes,6.99美元。官网:http://www.tikalbaytek.com

Headspace:一个冥想应用程序,帮助人们入门冥想并建立习惯。https://www.headspace.com

PRIME(个人化实时动机提升干预):一个类似Facebook的手机应用,让会员进入一个由同伴和能够按需提供帮助的专业临床医师组成的社交圈。其目标是鼓励新近确诊为精神分裂症的年轻人(14~30岁)增加社交联系以减少抑郁和分裂症状。亦可调整适用于有其他精神障碍风险者。https://itunes.apple.com/us/app/ucsf-prime/id1031402495?mt=8

ReliefLink:由埃默里大学开发的一款应用,旨在预防自杀和更广泛地支持提升精神健康。iTunes,免费。https://itunes.apple.com/us/app/relieflink/id721474553?mt=8

StepAway:酒精成瘾手机干预程序。iTunes,4.99美元。http://stepaway.biz

What'sMyM3:该应用提供免费的3分钟自检清单,针对几种精神问题进行评估。如需更好地监测情绪和精神健康,这款应用可当重要工具。https://whatsmym3.com

在线同伴支持与治疗

7Cups.https://www.7cups.com

即时的短信及线上支持,由培训过的同龄倾听者、持证咨询师提供,针对多种问题。年龄范围主要针对千禧一代。

MindstrongHealth.https://mindstronghealth.com

国家精神卫生研究所（NIMH）前所长汤姆·因赛尔博士参与的基于智能手机的行为健康服务项目，旨在对各种行为健康问题进行预防干预。

家长资源，关于大学过渡期的准备与支持

积极心灵组织。话题：学生心理健康。http://www.activeminds.org/issues-a-resources/the-issue

克莱青少年心理健康中心网站致力于向家庭普及人生各阶段的心理健康问题。有建议和视频针对青少年离巢阶段父母关心的问题。http://www.mghclaycenter.org/parenting-concerns/teenagers/when-kids-leave-home

InfoAboutKids 是儿童—青少年—家庭科学信息联盟的一个持续合作项目。网站涵盖了包罗万象的发展问题，从纯粹的生理问题到大脑发育到情绪及心理健康问题。该网站还为家长、照护者、专业人员提供了其他资源的汇编。http://infoaboutkids.org/about-us

TransitionYear（"过渡年"），是杰德基金会提供的一个在线教育中心，就大学适应准备问题为家长和学生提供全面信息，内容涵盖择校、过渡、情绪问题，以及有精神健康问题诊断的学生如何适应大学等。其指南是在大学心理健康权威部门指导下编撰。"过渡年"家长版：http://transitionyear.org/parent/intro.php

SADD：学生反自毁行为组织（StudentsAgainstDestructiveDecisions），前身为学生反酒驾组织（StudentsAgainstDrunkDriving），一个致力于挽救学生生命的领袖组织，聚焦物质滥用、抑郁、霸凌、形体认知等问题。https://www.sadd.org

SpeakUp！（"畅所欲言"）：其网站提供丰富的资料和清单，内容涵盖压力、物质滥用、关系、过渡期心理健康等方面。该组织致力于在学生关心的行为健康问题上，促进年轻人与教育者、家长之间的对话。https://speakup.org

心理健康及干预方面的循证教育

心理健康急救（MentalHealthFirstAid，网址 http://www.mentalhealthfirstaid.org/cs/about/research/）是一个经同行评审的循证国际项目。提供8小时课程，教非专业人士如何辨识、理解、响应精神疾病和物质滥用障碍的迹象。通过其搜索引擎可以查找离自己最近的课程地点。https://www.mentalhealthfirstaid.org/cs/take-a-course/find-a-course/

心理健康急救美国分站（MentalHealthFirstAidUSA）亦列入物质滥用和精神健康服务管理局的全国循证项目与实践方法名录（NREPP）：http://nrepp.samhsa.gov/02_about.aspx。

全国循证项目与实践方法名录（NREPP）也是一个重要资源，囊括了70多个循证项目，都能提供精神卫生和物质滥用干预方面的可靠信息。新项目持续添加，因此名录一直在扩展中。查看 https://nrepp.samhsa.gov/landing.aspx 获取最近更新。

理解并战胜病耻感

研究

2016年美国国家学院向物质滥用和精神健康服务管理局递交了一份研究报告，列出六项建议，敦促该局及其他政府机构投入更多关注以减少精神疾病污名化。该报告发现，目前美国公共和私人领域的反污名行动"基本无协作，更缺乏评估"。

主要建议如下：

- 联邦卫生及公共服务部应带头发起反污名行动。
- 应研究如何设计与测试传媒项目和大型调查，以追踪人群的观念。
- 领导者应采集来自病患人群的行动建议。
- 由于研究表明，人际接触比仅靠教育更为有效，因此行动中应纳入草根工作。

- 同伴支持服务亦应纳入行动中，因为有证据表明，使用同伴支持服务后，人们更愿意进一步获取其他精神卫生服务。
- 引自：National Academies of Sciences, Engineering, and Medicine. 2016. Ending Discrimination Against People with Mental and Substance Abuse Disorders: The Evidence for Stigma Change. Washington, DC: The National Academies Press. https://doi.org/10.17226/23442
- http://www.nap.edu/catalog/23442/ending-discrimination-against-people-with-mental-and-substance-use-disorders

关于对抗污名化，给学生和家庭的资源

积极心灵组织的全国无污名日：很多大学都有该组织的分部，如果没有，学生可以申请新建。通过各种校园活动和全国项目，积极心灵组织致力于消除围绕精神健康问题的污名，并在全国各高校创建敞开讨论精神健康话题的轻松氛围。其宗旨在于赋予学生公开讨论精神健康的能力，从而教育他人、鼓励求助。http://activeminds.org/our-programming/awareness-campaigns/national-day-without-stigma

自闭症之声（AutismSpeaks）。该组织减少污名化的努力包括：在全球范围内推动对自闭症的了解、倡导针对自闭症的研究、为自闭症个人及家庭争取服务与支持。https://www.autismspeaks.org

杰德基金会，关于我们：https://www.jedfoundation.org/who-we-are/。Facebook：https://www.facebook.com/JedFoundation/；Instagram：https://www.instagram.com/jedfoundation/

NAMI（全国精神疾病联盟）无污名运动，敦促个人、公司、组织、学校开创美国新文化，终结围绕精神健康问题的污名，代之以希望和对康复的支持。详见：https://www.nami.org/Press-Media/Press-Releases/2015/

National-Alliance-on-Mental-Illness-Launches-Stigm

青少年、大学生、初成年人信息隐私与医疗相关隐私法规

有两部重要法规与医疗及教育记录隐私相关：一是《健康保险隐私及责任法案》(HIPAA) 中涉及信息使用与透露的隐私条款，另一是《家庭教育权利和隐私法》(FERPA)。

HIPAA 旨在保护就医患者有身份标识的医疗记录，包括电子版的就医信息。法案规定患者有权审查自己的医疗记录并要求修订，同时限制医方透露与患者的保密沟通和患者的医疗记录。依照该法，学生的健康信息也必须受保护。

FERPA 则用来保护学生的教育记录，专门针对联邦出资的教育机构。学生出国留学期间 FERPA 同样有效。若无学生授权，家长并不能代其签署来年的报税表或租约。

美国学校辅导员协会（ASCA, AmericanSchoolCounselorAssociation）网站上对 HIPAA 和 FERPA 如何影响学生和家庭有言简意赅的总结：https://www.schoolcounselor.org/magazine/blogs/july-august-2010/hipaa-or-ferpa-or-not；世界隐私论坛（theWorldPrivacyForum）上也有：https://www.worldprivacyforum.org/2015/02/student-privacy-101-health-privacy-in-schools-what-law-applies/

由于学校可能持有敏感的健康信息，或者要求学生和家长提供此类信息，因此家庭务必了解哪部法规适用于学校的健康记录隐私。答案往往并非一目了然，因为两部法规在此领域有交叉。另外还有一些情况下的健康记录，两部隐私法均不适用。基本情况如下：

- HIPAA——《健康保险隐私及责任法案》，适用于某些情况下的某些学校健康记录。笼统地说，根据该法案，一旦学生达到法定年龄，其医疗信息中须本人知情同意的部分，在未经同意的情况下

即禁止对外透露。
- FERPA——《家庭教育权利和隐私法》适用于绝大多数情况下的绝大多数学校健康记录。

有时候，没有任何隐私法适用于某些私立学校的健康记录。

关于这两部法规之间的交叉关系，美国各州及领地卫生官员协会（ASTHO）提供了更详细的信息，还制作了一个简明图表，列出了 FERPA 和 HIPAA 分别规定的权利、责任、限制。详见 ASTHO 网站"关于公共卫生部门获取学生健康数据相关问题的摘要"（http://www.astho.org/Programs/Preparedness/Public-Health-Emergency-Law/Public-Health-and-Schools-Toolkit/Public-Health-Access-to-Student-Health-Data/）以及联邦法律法规文本。

ASTHO 是一个全国性非营利组织，代表全美各州、领地及哥伦比亚特区的公共卫生机构及机构聘请的十万多公共卫生专业人员。

初成年人的事前指示（AdvanceDirectives）

18 岁生日具有很多意义，其中很重要的一个，也是经常被忽视的一个，就是家长不再天然对子女具有任何法律监管权。尽管医疗专业人员有权酌情决定是否在未经患者许可的情况下透露其信息，但那些"风险厌恶派"会选择不透露。因此，在紧急情况下，并非仅凭家长身份就有权为子女的医疗做决定。在学生出国留学期间，也不能仅凭家长身份就代表学生签署来年的报税单或者租约。

关于这个问题，有一个简单的解决办法。家长应该在子女年满 18 岁之前，就帮助他们下载并签署授权表格，或者请律师为子女起草三份重要文件：一份长期授权代理书、一份医疗代理书、一份 HIPAA 授权书。初成年人便可指定必要情况下何人有权代其做何种决定，这样家长和孩子双方都能安心。

子女可签署名为"事前指示"的文书,来保存其医疗选择。事前指示有两种,最好都准备:

- 第一种:生命意愿书(livingwill),用来表达个人在生命尽头希望使用何种医疗,以备届时无法陈述意愿。该文书可向医者告知患者对各种具体决策的意向,比如是否接受使用机械通气措施等。
- 第二种:医疗授权代理书(healthcarepowerofattorney),用来指定一人代表患者做医疗决定(不仅限于延命治疗)。指定的医疗代理人将在患者授权范围内的治疗中充当其发声者。当然,医疗代理人仅在患者无法自主交流的情况下代其做决定。这样的文书有时又叫作医疗委托书(healthcareproxy)、医疗代理人指定书(appointmentofahealthcareagent)、医疗代理长期授权书(durablepowerofattorneyforhealthcare)。该文书有别于普通长期授权书,后者一般专门规定财务问题。

如果子女有精神疾病史,家长最好还要让子女准备一份精神科事前指示(psychiatricadvancedirective, PDA)。该文书授权另一人在授权人急性发病且无法做出治疗决定的情况下,代其做决定。精神科事前指示应在授权人"有行为能力"期间签署。该文书详细规定授权人对于治疗的各种偏好,以备在其精神状况导致其无法决策的情况下使用。

关于提前计划的更多信息,可查询全国精神疾病联盟(NAMI)网站的"危机规划"版块:http://www.nami.org/Find-Support/Family-Members-and-Caregivers/Being-Prepared-for-a-Crisis#sthash.94I5iwsr.dpuf,以及乐龄会(AARP)的知识页《如何与成年子女一起为紧急情况做准备》:http://www.aarp.org/home-family/friends-family/info-2016/how-to-prepare-with-your-adult-child-for-emergencies-mq.html。

注　释

1. 当今年轻人世界里的隐忧

[1] 除詹森的故事外，本书其他案例均为拼接合成。所有名字均为化名，所有可追溯信息均已更改。这种处理方式可在保护个人隐私信息前提下展示各种经历、问题、解决方案。

[2] Rampell, Catherine. "It Takes a B.A. to Find a Job as a File Clerk." New York Times. http://www.nytimes.com/2013/02/20/business/college-degree-required-by-increasing-number-of-companies.html.

[3] Stress in America survey. American Psychological Association. February 2014. http://www.apapracticecentral.org/update/2014/02-13/teen-stress.aspx http://www.pewresearch.org/fact-tank/2016/06/08/increase-in-living-with-parents-driven-by-those-ages-25-34-non-college-grads.

[4] Ibid.

[5] Ibid.

[6] 美国国家睡眠基金会建议青少年每天睡 8~10 小时。https://sleepfoundation.org/media-center/press-release /national-sleep-foundation-recommends-new-sleep-times.

[7] 这两个世代按出生年划分大致为（有交叠）：千禧一代（又称 Y 世代），1980~2000 年（出处：Harvard Center）；Z 世代（又称 i 世代），1990 年代中期~2010 年（出处：Sarah Brown, *The Chronicle of Higher Education*）。

[8] Jackson, D. "Just to Sit and Listen." *Chronicle of Higher Education,* January 26, 2018.

[9] Wilson, R. "An Epidemic of Anguish." *Chronicle of Higher Education,* August 31, 2015.

[10] Liu, C. H., Stevens, C., Wong, S. H. M., Yasui, M., and Chen, J. A. "The Prevalence and Predictors of Mental Health Diagnoses and Suicide Among U.S. College Students: Implications for Addressing Disparities in Service Use." *Depression and Anxiety* (2018), 1—10. https://doi.org/10.1002/da.22830.

[11] Healthy Campus Objectives. ACHA.org. AI-1.3, AI-1.4. 2014. https://www.acha.org/HealthyCampus/Objectives/Student_Objectives/HealthyCampus/Student_Objectives.aspx?hkey=a9f191de-243b-41c6-b913-c012 961ecab9.

［12］ Undergraduate student reference group. Executive summary. Fall 2017. http://www.acha-ncha.org/docs/NCHAII_FALL_2017_REFERENCE_GROUP_EXECUTIVE_SUMMARY_UNDERGRADS_ONLY.pdf.
［13］ Copeland, W. "Mental Health in Young Adulthood." Presentation at IOM/NRC Workshop on Improving the Health, Safety and Well-being of Young Adults, Washington, D.C., 2013. https://www.ncbi.nlm.nih.gov/pubmed/24872982.
［14］ Davis, M. "Young Adult Mental Health." Presentation at IOM/NRC Workshop on Improving the Health, Safety, and Well-Being of Young Adults, 2013. Washington, D.C., 2013. Accessed September 27, 2014. https://www.ncbi.nlm.nih.gov/pubmed/13677456.
［15］ Active Minds. "The Issue: Student Mental Health." http://www.activeminds.org/issues-a-resources/the-issue. Accessed November 16, 2016.
［16］ Pedrelli, P., Nyer, M., Yeung, A., Zulauf, C., and Wilens, T. "College Students: Mental Health Problems and Treatment Considerations." http://www.ncbi.nlm.nih.gov/pmc/articles/PMC4527955/.
［17］ Center for Collegiate Mental Health. 2015. Penn State Reports.
［18］ Heller, Nathan. "Letter from Oberlin: The Big Uneasy: What's Roiling the Liberal-Arts Campus?" *New Yorker*, May 30, 2016, 57.
［19］ Field, Kelly. "Mental Health: Stretched to Capacity." *Chronicle of Higher Education* LXII, no. 22 (2016): A9.
［20］ Copeland, W., Shanahan, L., Costello, E. J., and Angold, A. "Cumulative Prevalence of Psychiatric Disorders by Young Adulthood: A Prospective Cohort Analysis from the Great Smoky Mountains Study." *Journal of the American Academy of Child and Adolescent Psychiatry* 50, no. 3 (2011): 252–261. https://www.ncbi.nlm.nih.gov/pubmed/21334565.
［21］ Center for Behavioral Health Statistics and Quality. *The NSDUH Report: Major Depressive Episode among Full-Time College Students and Other Young Adults, Aged* 18 to 22. Rockville, MD: Substance Abuse and Mental Health Services Administration, 2012.
［22］ National Alliance on Mental Illness. "College Students Speak: Survey Report on Mental Health." 2012. Retrieved from http://www.nami.org /collegereport.
［23］ Bangasser, D. A., et al. "Sex Differences in Corticotropin-Releasing Factor Receptor Signaling and Trafficking: Potential Role in Female Vulnerability to Stress-Related Psychopathology." *Molecular Psychiatry* 15, no. 9 (2010): 877, 896–904. https://www.sciencenews.org/article/his-stress-not-her-stress. https://www.sciencenews.org/article/his-stress-not -her-stress.
［24］ Bangasser, D., and Valentino, R. J. "Sex Differences in Stress-Related Psychiatric Disorders: Neurobiological Perspectives." 2014. https://www .ncbi.nlm.nih.gov/pmc/articles/PMC4087049/.
［25］ Mintz, Steven. *Huck's Raft: A History of American Childhood*. Cambridge, MA: Harvard University Press, 2004, 6.
［26］ Ibid., ix.
［27］ Ibid.

[28] Ibid.

[29] http://www.famousquotegallery.com/u-s-president-quotes.

[30] https://www.ourdocuments.gov/doc.php. June 22, 1944. P.L. 78-346,58 Stat.284.

[31] "A Nation at Risk: The Imperative for Education Reform." http://www2.ed.gov/pubs/NatAtRisk/index.html.

[32] Mintz, *Huck's Raft,* 383.

[33] "Film Team." Race to Nowhere. http://www.racetonowhere.com/film-team.

[34] Bruni, Frank. "Rethinking College Admissions." *New York Times,* January 20, 2016, A25. http://www.nytimes.com/2016/01/20/opinion/rethinking-college-admissions.html.

[35] Abeles, Vicki. *Beyond Measure: Rescuing an Overscheduled, Overtested, Underestimated Generation.* New York: Simon & Schuster. 15.

[36] Goyal, Nikhil. "Solutions for Stressed-Out High-School Students." *Wall Street Journal,* February 12, 2016, C3. http://www.wsj.com/articles/solutions-for-stressed-out-high-school-students-1455301683.

[37] "错失恐惧症"（FOMO）被定义为"一种持续的忧虑，担心自己不在场的时候别人经历了什么有意义的事情"。Przybylski, A. K., Murayama, K., DeHaan, C. R., and Gladwell, V. 2013. "Motivational, Emotional and Behavioral Correlates of Fear of Missing Out." *Computers in Human Behavior* 29, no. 4 (2013): 1841–1848. http://dx.doi.org/1-.1016/j.chb.2013.02.014.

[38] Fagan, K. "Split Image." http://espn.go.com/espn/feature/story/_/id/12833146/instagram-account-university-pennsylvania-runner-showed-only-part-story.

[39] Twenge, Jean M. *iGen.* New York: Simson & Schuster, 2017.

[40] Arnett, J. J. *Emerging Adulthood: The Winding Road from the Late Teens Through the Twenties.* New York: Oxford University Press, 2004.

[41] Arnett, J. J. *New Horizons in Emerging Adulthood: Early Adulthood in a Family Context.* Edited by A. Booth and N. Crouter. New York: Springer, 2012.

[42] Arnett, J. J., and Fischel, E. *Getting to 30: A Parent's Guide to the 20-something Years.* New York: Workman Press, 2014.

[43] Mintz, *Huck's Raft,* 383.

[44] DeSilver, D. "Increase in Living with Parents Driven by Those Ages 25–34, Non-College Grads." http://www.pewresearch.org/fact-tank/2016/06/08/increase-in-living-with-parents-driven-by-those-ages-25-34-non-college-grads.

[45] 这两个世代按出生年划分为：婴儿潮一代：1946-1964 年（出处：Census Bureau）；之后的 X 世代大致为：1965 年开始，到 1980-1984 年左右（出处：Harvard Center）。

[46] Bump, Philip. "Here Is When Each Generation Begins and Ends, According to Facts." *Atlantic,* March 25, 2014. https://www.theatlantic.com/national/archive/2014/03/here-is-when-each-generation-begins-and-ends-according-to-facts/359589/.

[47] Pew Research Center. "Social and Demographic Trends." 2015. Retrieved from http://www.pewsocialtrends.org/2015/12/17/1-the-american-family-today/.

[48] Ibid.

[49] "President Obama & Marilynne Robinson: A Conversation in Iowa." *New York Review of Books,* November 5, 2015, 4—6.

[50] Nagaoka, J., Farrington, C. A., Ehrlich, S. B., and Heath, R. D. "Foundations for Young Adult Success: A Developmental Framework." U Chicago Consortium on School Research. June 2015.

[51] Lebowitz, Eli, and Omer, H. *Treating Childhood and Adolescent Anxiety: A Guide for Caregivers.* Hoboken, NJ: Wiley, 2013.

[52] 心理学教授 Wendy Grolnick 认为这些因素是家长保护行为的底层动力。Grolnick, W. S., and Pomerantz, E.M. "Issues and Challenges in Studying Parental Control: Towards a New Conceptualization." *Child Development Perspectives* 3 (2009): 165—170.

[53] Gottlieb, Lori. "How to Land Your Kid in Therapy." *Atlantic, July/August* 2011.

[54] New, Jake. "Lives Cut Short." Inside Higher Ed. September 19, 2014. https://www.insidehighered.com/news/2014/09/19/freshman-deaths-show-risks-transitioning-college-life.

[55] William Deresiewicz. *Excellent Sheep: The Miseducation of the American Elite, and the Way to a Beautiful Life.* New York: Free Press, 2015.

[56] Lythcott-Haims, Julie. *How to Raise an Adult: Break Free of the Overparenting Trap and Prepare Your Kids for Success.* New York: Henry Holt, 2015.

[57] Ibid., 94.

[58] http://jenni.uchicago.edu/papers/Heckman_Rubinstein_AER_2001_91_2.pdf.

2. 出发之前：社会情绪准备

[1] Zimmerman, Jonathan. "Welcome, Freshmen. Look at Me When I Talk to You." *Chronicle of Higher Education,* 2016. http://www.chronicle.com/article/Welcome-Freshmen-Look-at-Me/237751.

[2] Mischel, W. *The Marshmallow Test: Mastering Self-Control.* New York: Little, Brown, 2014.

[3] Duckworth, A., and Steinberg, L. "Unpacking Self Control." *Child Developmental Perspectives* 9 (2015), 32—37.

[4] Duckworth, A. L., and Seligman, M. E. D. "Self-Discipline Outdoes IQ in Predicting Academic Performance of Adolescents." *Psychological Science* 16 (2005): 939—944.

[5] Brach, T. *Radical Acceptance: Embracing Your Life with the Heart of a Buddha.* New York: Random House, 2004.

3. 欢迎来到大学：克服心态障碍，走向成功

[1] 大学毕业率在一路下降，无论是哪一种类的学生——全日制、非全日制、较年长者、传统型，都是如此。根据美国学生信息中心的数据，2009 年秋季入学的大学生中，只有不足 53% 在 2015 年五月底之前拿到学位。四年制大学毕业率下降最明显，辍学率则高达惊人的 33%。尽管美国大学入学率上升，但扩招的成就被一个发人深省的事实

抵消：在所有发达国家中，美国的大学毕业率垫底。

[2] Kuh, G. D., Kinzie, J., Buckley, J. A., Bridges, B. K., and Hayek, J. C. *What Matters to Student Success: A Review of the Literature.* 2006. 57. https://nces.ed.gov/npec/pdf/Kuh_Team_Report.pdf.

[3] Bean, J., and Bean, J. P. "Dropouts and Turnover: The Synthesis and Test of a Causal Model of Student Attrition." *Research in Higher Education* 12, no. 2 (1980): 155—187.

[4] Chambliss, D., and Takas, C. *How College Works.* Cambridge, MA: Harvard University Press, 2014.

[5] Ibid., 4.

[6] Sacerdotal, B. "Peer Effects with Random Assignments: Results for Dartmouth Roommates." *Quarterly Journal of Economics* 116, no. 2 (2001): 681—704.

[7] Chambliss and Takacs, *How College Works,* 2.

[8] Bartlett, Tom. "When a Theory Goes Viral." *Chronicle Review,* May 21, 2017. http://www.chronicle.com/article/The-Intersectionality-Wars/240095.9. Ohio State University. Suicide Prevention. https://suicideprevention.osu.edu/prevention-information/special-populations/minority-students/

[10] LGBT Youth. https://www.cdc.gov/lgbthealth/youth.htm.

[11] Yeager, D., and Walton, G. "Social/Psychological Interventions in Education: They're Not Magic." *Review of Educational Research* 81, no. 2 (2011): 267—301. https://www.yc.edu/v5content/student-services/docs/successdocs/drtinto/Social-PsychologicalInterventionsinEducation.pdf. 2011.

[12] Chambliss and Takas, *How College Works,* 4.

[13] National Student Clearinghouse Signature Report. *National Postsecondary Enrollment Trends: Before, During and After the Great Recession.* 2011. http://pas.indiana.edu/pdf/National%20Postsecondary%20Enrollment%20Trends.pdf.

[14] Tough, P. "Who Gets to Graduate?" *New York Times,* May 18, 2014. http://www.nytimes.com/2014/05/18/magazine/who-gets-to-graduate.html.

[15] Bennett, J. "Learning to Fail." *New York Times,* June 25, 2017. https://www.nytimes.com/2017/06/24/fashion/fear-of-failure.html.

[16] Resilience Consortium. https://resilienceconsortium.bsc.harvard.edu.

[17] Bennett, "Learning to Fail." http://www.nytimes.com/2016/09/30/health/teenagers-stress-coping-skills.html.

[18] Counseling and Mental Health Center, University of Texas. https://www.cmhc.utexas.edu/thrive/index.html.

[19] 非洲裔和亚洲裔美国大学生求助比例显著偏低。

[20] Tough, "Who Gets to Graduate?"

[21] Hamblin, J. "Why Succeeding Against the Odds Can Make You Sick." *New York Times,* January 27, 2017. https://www.nytimes.com/2017/01/27/opinion/sunday/why-succeeding-against-the-odds-can-make-you-sick.html.

[22] Mujadid, M., et al. "Socioeconomic Position, John Henryism, and Incidence of Acute

Myocardial Infarction in Finnish Men." *Social Science and Medicine* 173 (2017): 54—62. http://www.sciencedirect.com/science/article/pii/S0277953616306530?np=y.

[23] Reinhard, Jessica, and McGrath, Marie C. "First-Generation College Students: Common Risk Factors and Strategies for Success." *Pennsylvania Psychologist* 77, no. 8: 24—25.

[24] Brody, G., Yu, T., Miller, G., and Chen, E. "Resilience in Adolescence, Health and Psychosocial Outcomes." *Pediatrics* 138, no. 6 (2016). https://pediatrics.aappublications.org/content/138/6/e20161042.

[25] Ibid.

[26] Yeager and Walton, "Social/Psychological Interventions."

[27] Lubrano, Alfred. "The 'Imposter' Syndrome of First-Generation Penn Students: Uneasy Among Privileged, Distanced from Family." *Inquirer.* http://www.philly.com/philly/news/university-of-pennsylvania-working-class-college-education-freshmen-family-20171004.html.

[28] "The Indentured Class." http://www.scpr.org/events/2015/09/30/1769/the-indentured-class-the-social-costs-of-student-d/.

[29] Dagher, V. "Millennials Saving More for Children's College Than Older Generations." *Wall Street Journal,* October 1, 2016. http://www.wsj.com/articles/us-parents-are-saving-more-money-for-childrens-college-1475028003.

[30] Hoover, Eric. "The Long Last Miles to College." *Chronicle of Higher Education* LXIV, no. 7 (2017): A14 - A18.

[31] Canada, Mark. "How the Provost Can Help Students Succeed?" *Chronicle of Higher Education,* LXIV, no. 7 (2017): A25.

[32] Lehmann, Chris, interviewed September 26, 2016, Science Leadership Academy, Philadelphia, PA.

[33] Tough, "Who Gets to Graduate?"

[34] Yeager, D.S., et al. "Teaching a Lay Theory Before College Narrows Achievement Gaps at Scale." *Proceedings of the National Academy of Sciences of the United States of America* 113, no. 24 (2016). https://www.ncbi.nlm.nih.gov/pmc/articles/PMC4914175/.

[35] Rubinstein, N. "Depression the Leading Cause of College Dropout." 2011. http://www.goodtherapy.org/blog/depression-leading-cause-college-drop-out/.

[36] Johnston, Angus. "Student Protests, Then and Now." *Chronicle of Higher Education,* December 11, 2015. https://www.chronicle.com/article/Student-Protests-ThenNow/234542?key=pvkpng0aAW9y_gsvqxH0dC7G -3fCeh6TlsXQH_kGaBdLYVJ1dzhpTmZjLUlvZlgtOU9f SVZaTXd3MkxRc2RHeTdNMkc4MkJUUl93.

[37] Wexler, Ellen. "How Mental-Health Care Entered the Debate Over Racial Inequality." *Chronicle of Higher Education* LXII, no. 13 (2015): 10.

[38] Rostain, Anthony L. "Stigma Reduction and Help Seeking on Campus—Selective Review of the Literature."

[39] Czyz, E. K., Horwitz, A. G., Eisenberg, D., Kramer, A., and King, C. A. "Self-Reported Barriers to Professional Helpseeking Among College Students at Elevated Risk for Suicide."

Journal of American College Health 61, no. 7 (2013): 398–406. doi:10.1080/07448481.2013.820731.

[40] Eisenberg, D., Hunt, J., and Speer, N. "Help Seeking for Mental Health on College Campuses: Review of Evidence and Next Steps for Research and Practice." *Harvard Review of Psychiatry* 20, no. 4 (2012): 222—32. doi:10.3109/10673229.2012.712839.

[41] Eisenberg, D., and Lipson, S. K. "The Healthy Minds Study." 2015—2016 Data report. http://www.healthyminds.org/system/resources/.

[42] Ibid.

[43] 该案例为拼接合成，母亲的叙述非直接引用。

[44] Selingo, J. "Giving Young People an Alternative to College." *New York Times*, June 23, 2016. http://www.nytimes.com/2016/06/23/education/giving-young-people-an-alternative-to-college.html.

4. 孩子出现问题，前方将会是什么？

[1] NAMI. "Finding A Mental Health Professional." http://www.nami.org/Find-Support/Living-with-a-Mental-Health-Condition/Finding-a-Mental-Health-Professional.

[2] Paus, T., Keshavan, M., and Giedd, J. N. "Why Do Many Psychiatric Disorders Emerge During Adolescence?" *Nature Reviews Neuroscience* 9, no. 12 (2008): 947—957.

[3] http://depts.washington.edu/mhreport/facts_violence.php.

[4] Beck, Melinda. "Confusing Medical Ailments with Mental Illness." *Wall Street Journal*, August 9, 2011. http://www.wsj.com/articles/SB10001424053111904480904576496271983911668.

[5] NAMI StigmaFree campaign. https://www.nami.org/Press-Media/Press-Releases/2015/National-Alliance-on-Mental-Illness-Launches-Stigm. Retrieved November 16, 2016.

[6] Denizet-Lewis, Benoit. "Why Are More American Teenagers Than Ever Suffering from Severe Anxiety?" *New York Times*, October 11, 201. https://www.nytimes.com/2017/10/11/magazine/why-are-more-american-teenagers-than-ever-suffering-from-severe-anxiety.html.

[7] Gopnik, Alison. *The Gardener and the Carpenter: What the new science of child development tells us about the relationship between parents and children*. New York: Farrar, Strauss and Giroux, 2016.

[8] Baldwin, A. L. "Socialization and the Parent-Child Relationship." *Child Development* 19 (1948): 127—136.

[9] Power, Thomas. "Parenting Dimensions and Styles: A Brief History and Recommendations for Future Research." *Childhood Obesity*, Suppl 1 (2013): S14—S21. doi:10.1089/chi.2013.0034. http://www.ncbi.nlm.nih.gov/pmc/articles/PMC3746212/.

[10] Maccoby, E., and Martin, J. "Socialization in the Context of the Family: Parent-Child Interaction." In *Handbook of Child Psychology*, edited by P. H. Mussen. New York: Wiley, 1983. 1—101.

[11] Baumrind, Diana. "Current Patterns of Parental Authority." *Development Psychology*

[12] Baumrind, D. "Patterns of Parental Authority and Adolescent Autonomy." *New Directions for Child and Adolescent Development,* no. 108 (2005): 61.
[13] Ibid., 62.
[14] Mandara, J. "The Typological Approach in Child and Family Psychology: A Review of Theory, Methods, and Research." *Clinical Child and Family Psychology Review* 6 (2003): 129—146. https://docslide.com.br/documents/the-typological-approach-in-child-and-family-psychology-a-review-of-theory.h.
[15] Fulwiler, M. "What Kind of Parent Are You?" Gottman Institute. 2014. https://www.gottman.com/blog/what-style-of-parent-are-you/.
[16] Gottman, John. "An Introduction to Emotion Coaching." https://www.gottman.com/blog/an-introduction-to-emotion-coaching/.
[17] Ibid.
[18] Hooley, J. M., and Teasdale, J. D. "Predictors of Relapse in Unipolar Depressives: Expressed Emotion, Marital Distress, and Perceived Criticism." *Journal of Abnormal Psychiatry* 98 (1989): 229—235.
[19] 虽然霍普金斯的案例为拼接合成，但这段话是经同意引用自某位个人。
[20] "虽然大学教育的平均净价占家庭收入比对于前75%的社会经济阶层来说涨幅不算很大，但对于底层1/4来说涨幅惊人，从1990年占家庭收入44.6%，飞涨到目前占家庭收入84%。" Foroohar, R. "How the Financing of Colleges May Lead to Disaster!" *New York Review of Books,* October 2016, 28—30.
[21] Weir, Kirsten. "Brighter Futures for Anxious Kids." *Monitor on Psychology* (2017): 51—55.
[22] Merikangas, K. R., He, J.-P., Burstein, M., Swanson, S. A., Avenevoli, S., Cui, L., Benjet, C., Georgiades, K., and Swendsen, J. "Lifetime Prevalence of Mental Disorders in US Adolescents: Results from the National Comorbidity Study-Adolescent Supplement (NCS-A)." *Journal of the American Academy of Child and Adolescent Psychiatry* 49, no. 10 (2010): 980—989. Published online July 31, 2010. doi:10.1016/j.jaac.2010.05.017.
[23] Halldorsdottir, T., Ollendick, T. H., Ginsburg, G., Sherrill, J., Kendall, P. C., Walkup, J., and Piacentini, J. "Treatment Outcomes in Anxious Youth with and without Comorbid ADHD in the CAMS." *Journal of Clinical Child & Adolescent Psychology* 44 (2015): 985—991. http://dx.doi.org/10.1080/15374416.2014.952008.
[24] Ginsburg, G., Drake, K., Tein, J.-Y., Teetsel, R., and Riddle, M. "Preventing Onset of Anxiety Disorders in Offspring of Anxious Parents: A Randomized Controlled Trial of a Family-Based Intervention." *American Journal of Psychiatry* 172, no. 12 (2015): 1207—1214. http://dx.doi.org/10.1176/appi.ajp.2015.14091178.
[25] Hamblin, J. "Why Succeeding Against the Odds Can Make You Sick." *New York Times,* January 27, 2017. https://www.nytimes.com/2017/01/27/opinion/sunday/why-succeeding-against-the-odds-can-make-you-sick.
[26] Thapar, A., and Cooper, M. "Attention Deficit Hyperactivity Disorder." *Lancet Clinic,* September 16, 2015. http://dx.doi.org/.

5. 如何计划以及如何贯彻执行

[1] Lezak, M. D. *Neuropsychological Assessment,* 3rd ed. New York: Oxford University Press, 1995.
[2] Barkley, R. A. *ADHD and the Nature of Self-Control.* New York: Guilford, 1997.
[3] Barkley, R. A. *Executive Functions: What They Are, What They Do, How They Evolved.* New York: Guilford, 2012.
[4] Noreika, V., Falter, C. M., and Rubia, K. "Timing Deficits in AttentionDeficit/Hyperactivity Disorder (ADHD): Evidence from Neurocognitive and Neuroimaging Studies." *Neuropsychologia* 51 (2013): 235—266. doi:10.1016/j.neuropsychologia.2012.09.036.
[5] 尚未出版。
[6] Prevatt, F. "Coaching for College Students with ADHD." *Current Psychiatry Reports* 18 (2016): 110. doi:10.1007/s11920-016-0751-9.
[7] Steel, P. "The Nature of Procrastination: A Meta-Analytic and Theoretical Review of Quintessential Self-Regulatory Failure." *Psychological Bulletin* 133 (2007): 65—94.
[8] Ramsay, J. R. "The Relevance of Cognitive Distortions in the Psychosocial Treatment of Adult ADHD." *Professional Psychology Research and Practice* 48 (2017): 62—69.
[9] Gawrilov, C., and Gollwitzer, P. M. "Implementation Intentions Facilitate Response Inhibition in Children with ADHD." *Cognitive Therapy and Research* 32 (2008): 261—280. Web Resources: http://www.drthomasebrown.com/assessment-tools/ https://edgefoundation.org/

6. 天生冒险：青少年期大脑

[1] Seaman, Barrett. Binge: *What Your College Student Won't Tell You.* New York: John Wiley and Sons, 2005. Quoted in Minding the Campus essay: "Collegians Legally Drinking at 18?" September 2, 2008. http://www.mindingthecampus.org/2008/09/collegians_legally_drinking_at/#more-9198.
[2] Arnsten, A., and Rubia, K. "Neurobiological Circuits Regulating Attention, Cognitive Control, Motivation, and Emotion: Disruptions in Neurodevelopmental Psychiatric Disorders." *Journal of the American Academy of Child and Adolescent Psychiatry* 51 (2012): 356—367.
[3] Steinberg, L. "A Social Neuroscience Perspective on Adolescent Risk Taking." *Development Review* 28 (2008): 78 - 106.
[4] Chein, J., Albert, D., O'Brien, L., Uckert, K., and Steinberg L. "Peers Increase Adolescent Risk Taking by Enhancing Activity in the Brain's Reward Circuitry." *Developmental Science* 12 (2010): F1 - 10. doi:10.1111/j.1467-7687.2010.01035.x.
[5] Chambliss, D., and Takas, C. *How College Works.* Cambridge, MA: Harvard University Press, 2014. 95 - 96.
[6] Fischer, C., and Hoover, B. "River of Booze: Inside One College Town's Uneasy Embrace of Drinking." *Chronicle of Higher Education,* December 2014, 1—9.

［7］ McMurtie, B. "Why Colleges Haven't Stopped Students from Drinking." *Chronicle of Higher Education,* December 2014, 10—15.
［8］ Carrick, A. K. "Drinking to Blackout." *New York Times,* September 19, 2016. http://www.nytimes.com/2016/09/19/opinion/drinking-to-blackout .html.
［9］ Ibid.
［10］ Wechsler, H., Kuh, G., and Davenport, A. E. "Fraternities, Sororities and Binge Drinking: Results from a National Study of American Colleges." *NASPA* 46, no.3 (2009): 395—416.
［11］ Armstrong, E. A., Hamilton, L., and Sweeney, B. "Sexual Assault on Campus: A Multilevel, Integrative Approach to Party Rape." *Social Problems* 53 (2006): 483—499.
［12］ Rasmussen, N. *On Speed: The Many Lives of Amphetamine.* New York: NYU Press, 2008.
［13］ *Facing Addiction in America: The Surgeon General's Report of Alcohol, Drugs and Health.* https://addiction.surgeongeneral.gov/surgeon-generals-report.pdf.
［14］ Benson, K., Flory, K., Humphreys, K. L., and Lee, S. L. "Misuse of Stimulant Medication Among College Students: A Comprehensive Review and Meta-Analysis." *Clinical Child and Family Psychology Review* 18 (2015): 50—76.
［15］ DeSantis, A., Noar, S. M., and Webb, E. A. "Nonmedical ADHD Stimulant Use in Fraternities." *Journal of Studies on Alcohol and Drugs* 70 (2009): 952—954.
［16］ Garnier, L. M., Arria, A. M., et al. "Sharing and Selling of Prescription Medications in a College Student Sample." *Journal of Clinical Psychiatry* 71 (2010): 262—269.
［17］ Schwartz, C. "Generation Adderall." *New York Times,* October 16, 2016. http://www.nytimes.com/2016/10/16/magazine/generation-adderall -addiction
［18］ Talbot, M. "Brain Gain." *New Yorker,* April 27, 2009. http://www.newyorker.com/magazine/2009/04/27/brain-gain.
［19］ "Facing Addiction in America: The Surgeon General's Report on Alcohol, Drugs, and Health." U.S. Department of Health and Human Services. 2016. https://addiction.surgeongeneral.gov.
［20］ American Psychiatric Association. *Diagnostic and Statistical Manual of Mental Disorders, Fifth Edition (DSM-5).* Washington, D.C.: American Psychiatric Publishing, 2013.
［21］ Prochaska, J. O., DiClemente, C. C., and Norcross, J. C. "In Search of How People Change: Applications to the Addictive Behaviors." *American Psychologist* 47 (1992): 1102—1114. PMID: 1329589.

7. 焦虑和抑郁

［1］ Center for Collegiate Mental Health. Annual Report, January 15, 2018, https://ccmh.psu.edu/files/2019/01/2018-Annual-Report-1-15-2018 -12m2sn0.pdf.
［2］ Ibid.
［3］ Ibid.
［4］ Twenge, J. "Time Period and Birth Cohort Differences in Depressive Symptoms in the U.S., 1982 – 2013." *Social Indicators Research* vol. 121, no. 2 (2014): 437—454. doi:10.1007/

s11205-014-0647-1.
［5］ National comorbidity survey. https://www.hcp.med.harvard.edu/ncs/.
［6］ Borchard, T. "Sanity Break." Everydayhealth.com. September 3, 2013.
［7］ American Academy of Child and Adolescent Psychiatry. "The Anxious Child." Retrieved November 15, 2016. http://www.aacap.org/AACAP/Families_and_Youth/Facts_for_Families/FFF–Guide/The-Anxious –Child–047.aspx.
［8］ Center for Collegiate Mental Health Annual Report, 2018, Ibid.
［9］ Nock, M. K., Teper, R., and Hollander, M. "Psychological Treatment of Self-Injury Among Adolescents." *Journal of Clinical Psychology* 63 (2007): 1081—1089.
［10］ Ibid.
［11］ 引用已获许可，并使用化名保护隐私。
［12］ Academy of Child and Adolescent Psychiatry. "Facts and Families, Depression in Children and Teens." Retrieved November 15, 2016. http://www.aacap.org/AACAP/Families and Youth/Facts for Families/ FFF–Guide/The Depressed-Child-004.aspx.
［13］ 虽然"哈里"的故事是拼接合成，但电子邮件来自一位学生与其父母，经授权使用。
［14］ The *Carlat Report Psychiatry, Meditation,* ed. Glen Spielmans. February 2014: 6.

8. 危机护理

［1］ Rothman, L. "See a 1970 Explanation of What Happened to Apollo 13." Time. April 11, 2015.
［2］ National Alliance of Mental Health, 2008.
［3］ 提示：HIPAA 保障学生在咨询人员处的隐私，并可限制学校向家长透露医疗记录。关于此法规，第四章和附录中有更完整的解释。
［4］《一个母亲的故事》以第一人称叙述。
［5］ http://www.collegecounseling.org/wp-content/uploads/NCCCS2014v2.pdf and http://www.collegecounseling.org/wp-content/uploads/Survey –2013-4-yr-Directors-1.pdf, 1, 11.
［6］ Franklin, Martin. "Understanding Anxiety in Children with Autism Spectrum Disorders." Presentation at the Center for Autism Research, University of Pennsylvania, November 8, 2012. http://www.wsj.com/articles/as-suicide-rates-rise-scientists-find-new-warning-signs-1465235288.
［7］ 高等临床医学教育从"向病人学习"的实践机会中受益匪浅。感谢詹森慷慨同意参与这个过程，并授权我们在此引用他的话。
［8］ 所有家庭成员的名字及可追溯信息均经过处理，以保护隐私。
［9］ 阿斯伯格综合征在 2013 年的 DSM-5 中被并入自闭症谱系障碍的诊断类别。口头上，人们依然使用阿斯伯格、"在圈子里"、"在谱系里"来描述高功能自闭症。
［10］ Ibid.
［11］ Shattuck, P., Narendorf, S., Cooper, B., Sterzing, P., Wagner, M., and Taylor, J. "Postsecondary Education and Employment Among Youth with an Autism Spectrum Disorder." Pediatrics 129, no. 6 (2012): 1042–1049. https://www.ncbi.nlm.nih.gov/pmc/articles/PMC3362908/.
［12］ 根据校园心理健康组织"积极心灵"的数据，产生自杀念头的学生中如果向他人透

露此念头，67% 选择告诉朋友。http://www.activeminds.org/issues-a-resources/the-issue.
[13] Curtin, Sally C., Warner, Margaret, and Hedegaaard, Holly. http://www.cdc.gov/nchs/data/databriefs/db241.pdf.
[14] Ibid.
[15] Kann, L., Kinchen, S., Shanklin, S. L., et al. "Youth Risk Behavior Surveillance—United States, 2013." *Morbidity and Mortality Weekly Report* 63 (2014): 1–168. http://www.nabi.nlm.nib.gov/pubmed/24918634.
[16] Petersen, Andrea. "As Suicide Rates Rise, Scientists Find New Warning Signs." *Wall Street Journal*, June 7, 2016. http://www.wsj.com/articles/as-suicide-rates-rise-scientists-find-new-warning-signs-1465235288.
[17] See more at http://www.nami.org/About-NAMI/NAMI-News/Under standing-What-HIPAA-Means-for-Mental-Illness#sthash.zbyoVqgH.dpuf.
[18] Gil, Natalie. "Loneliness: A Silent Plague That Is Hurting Young People Most." *Guardian*, July 20, 2014. http://www.theguardian.com/lifeandstyle/2014/jul/20/loneliness-britains-silent-plague-hurts-young-people-most.
[19] Chambliss, Dan, and Takacs, Christopher. *How College Works*. Cambridge, MA: Harvard University Press, 2014.
[20] Boss, Pauline. *Ambiguous Loss: Learning to Live with Unresolved Grief*. Cambridge, MA: Harvard University Press, 1999.
[21] Ibid.
[22] American Psychological Association. "Recognizing the Signs of Bipolar." Retrieved November 15, 2016. http://www.apa.org/helpcenter/recognizing-bipolar.aspx.

9. 适应回巢子女

[1] http://www.aarp.org/home-family/friends-family/info-2016/millennials-living-at-home-mq.html.
[2] Livesey, C. M. W., and Rostain, A. L. "Involving Parents/Family in Treatment During the Transition from Late Adolescence to Young Adult hood." *Child Adolescent Psychiatric Clinic of North America* 26 (2017): 199—216.
[3] https://www.law.yale.edu/amy-chua.
[4] Mohapatra, D. "Expressed Emotion in Psychiatric Disorders: A Review." https://www.academia.edu/4041130/Expressed.
[5] Baronet, A. M. "Factors Associated with Caregiver Burden in Mental Illness: A Critical Review of the Research Literature." *Clinical Psychology Review* 19 (1999): 819–841. http://www.sciencedirect.com/science/article/pii/S0272735898000762.
[6] Martin, J., Padierna, A., van Wijngaarden, B., Aguirre, U., Anton, A., Munoz, P., and Quintana, J. "Caregivers Consequences of Care Among Patients with Eating Disorders, Depression, or Schizophrenia." *BMC Psychiatry* 15 (2015): 124. doi:10.1186/s12888-015-0507-9. https://www.ncbi.nlm.nih.gov/pmc/articles/PMC4459460/.

[7] Brown, G. W. "The Discovery of Expressed Emotion: Induction or Deduction?" In *Expressed Emotion in Families,* edited by J. Leff and C. Vaugh. New York: Guilford Press, 1985. 7–25.

[8] 《不堪重负》(*Overwhelmed*) 作者 Brigid Schulte 指出, 很多母亲迫于刻板的家庭和文化期望, 主动承担了大量家务。

[9] Martin et al. "Caregivers."

[10] Urbano, R. C., and Hodapp, R. M. "Divorce in Families of Children with Down Syndrome: A Population-Based Study." *American Journal on Mental Retardation* 112, no. 4 (2007): 261–274. https://www.ncbi.nlm.nih.gov/pubmed/17559293.

[11] Ibid.

[12] 经同意引用。

[13] Hayes, S. A., and Watson, S. "The Impact of Parenting Stress: A MetaAnalysis Comparing the Experience of Parenting Stress in Parents of Children with and without Autism Spectrum Disorder." *Journal of Autism and Developmental Disorders* 43, no. 3 (2013): 629–642. http://cds.web.unc.edu/files/2015/09/parentingstressandASD.pdf.

[14] 无论初婚还是再婚, 如果家有长期经历情绪问题或发展障碍的青少年或初成年人, 夫妻都面临更高更长期的离婚风险。这类家庭离婚风险在孩子童年期、青春期、成年初期都一直居于高位; 而相比之下, 普通家庭通常会有两个离婚高峰期 (孩子 5～7 岁和 18～20 岁), 正好对应儿童早期和青春期的高需求, 中间相隔一个持续数年的缓和期。

[15] Esbensen, A. J., and Seltzer, M. M. "Accounting for the 'Down Syndrome Advantage.'" *American Journal on Intellectual and Developmental Disabilities* 116, no. 1 (2011)): 3–15. doi:10.1352/1944-7558-116.1.3.

[16] Urbano and Hodapp. "Divorce in Families."

[17] 该数字非精确, 可随教育水平、结婚年龄、婚姻存续时间、宗教民族背景, 乃至居住地域而变化。

[18] Ibid.

[19] Gaspard, T. "Timing Is Everything When It Comes to Marriage Counseling." 2015. https://www.gottman.com/blog/timing-is-everything-when-it-comes-to-marriage-counseling/.

[20] Pinker, Susan. "The Perilous Aftermath of a Simple Concussion." *Wall Street Journal,* April 6, 2016. http://www.wsj.com/articles/the-perilous-aftermath-of-a-simple-concussion-1459963724.

[21] Fralick, M., Thiruchelvam, D., Tien, H. C., and Redelmeier, D. "Risk of Suicide After a Concussion." *Canadian Medical Association Journal* 188, no. 7 (2016): 497–504. doi:10.1503/cmaj.150790.

[22. 为保护隐私, 罗卡家案例为拼接合成, 所有可指向真实人物的细节均已改动, 但 "路" 的叙述真实来自某位个人, 经授权使用。

[23] "苏" 的文字经个人允许使用。

[24] Korb, Alex. *The Upward Spiral.* Oakland, CA: New Harbinger Publications, 2015.

[25] Lopez, Shane J. *Making Hope Happen.* New York: Simon & Schuster, 2013.

[26] Bernstein, Elizabeth. "An Emotion We All Need More of." *Wall Street Journal,* March 21,

2016. http://www.wsj.com/articles/an-emotion-we-all-need-more-of-1458581680.

[27] Scioli, Anthony, and Biller, Henry. *The Power of Hope*. Deerfield Beach, FL: Health Communications Inc., 2010.

[28] Stathopoulou, G., Powers, M. B., Berry, A. C., Jasper, A. J., and Otto, M. W. "Exercise Interventions for Mental Health: A Quantitative and Qualitative Review." *Clinical Psychology Science and Practice* 13, no. 2 (2006). http://dx.doi.org/10.1111/j.1468-2850.2006.00021.x.

[29] Roberts, L. R., and Neece, C. I. "Feasibility of Mindfulness-Based Stress Reduction Intervention for Parents of Children with Developmental Delays." *Issues in Mental Health Nursing* 36 (2015): 592–602. http://dx.doi.org/10.3109/01612840.2015.1017063.

[30] Denial, anger, bargaining, depression, and acceptance are classic stages of grief as conceptualized by Elisabeth Kübler-Ross.

[31] Allison, Marcella. "Sisyphus and the Seed." http://www.nami.org/Blogs/NAMI-Blog/May-2016/Sisyphus-and-the-Seed.

[32] 经授权使用，为保护隐私使用化名。

10. 从康复到再出发

[1] Lebowitz, Eli R., Leckman, J., Silverman, W., and Feldman, R. "Cross Generational Influences on Childhood Anxiety Disorders: Pathways and Mechanisms." *Journal of Neural Transmission* 123, no. 9 (2016): 1053–1067.

[2] Malagon, A. "Hikkikomori: A New Diagnosis or a Syndrome Associated with a Psychiatric Diagnosis?" *International Journal of Social Psychiatry* 56, no. 5 (2010): 558–559.

[3] Yarrow, A. L. "Millennial Men's Failure to Launch Is a Problem for Us All." *San Francisco Chronicle*, June 5, 2015. http://www.sfchronicle.com/opinion/article/Millennial-men-s-failure-to-launch-is-a-problem-6305817.php.

[4] Ibid.

[5] Lebowitz, E. R. "Failure to Launch: Shaping Interventions for Highly Dependent Adult Children." *Journal of Child & Adolescent Psychiatry* 55, no. 2 (2016): 89–90.

[6] Lebowitz, E., Dolberger, D., Nortov, E., and Omer, H. "Parent Training in Nonviolent Resistance for Adult Entitled Dependence." *Family Process* https://www.researchgate.net/publication/221721416_Parent_Training_in_Nonviolent_Resistance_for_Adult_Entitled_Dependence.

[7] Dell'Atonia, K. J. "The Families That Can't Afford Summer." *New York Times*, June 5, 2016, 4. http://www.nytimes.com/2016/06/05/sunday-review/the-families-that-cant-afford-summer.html.

[8] Lebowitz, E. http://podcasts.elsevierhealth.com/jaac/jaac_pc_55_2.mp3.

[9] Granic, I., Lobel, A., and Engels, R. C. "The Benefits of Playing Video Games." *American Psychologist* 69, no. 1 (2014): 66–78.

[10] Pinker, Susan. "To Beat the Blues, Visits Must Be Real, Not Virtual," *Wall Street Journal*, June 2, 2016. http://www.wsj.com/articles/to-beat-the-blues-visits-must-be-real-not-virtual-1464899707.

[11] Van Orden, K. A., Lynam, M. E., Hollar, D., and Joiner, T. E., Jr. "Perceived Burdensomeness as an Indicator of Suicidal Symptoms." *Cognitive Therapy and Research* 30 (2006): 457–467.

[12] These few examples are excerpted from: *School Interventions to Prevent Youth Suicide* (Los Angeles: Center for Mental Health in Schools, 2000), 23–28. 13. Veale, David. "Behavioral Activation for Depression." *Advances in Psychiatric Treatment* 14, no.1 (2008): 29–36. http://apt.rcpsych.org/content/14/1/29.

[14] Ferster, C. B. "A Functional Analysis of Depression." *American Psychologist* 28 (1973): 857–870.

[15] Martell, C. R., Addis, M. E., and Jacobson, N. S. *Depression in Context: Strategies for Guided Action*. New York: Norton, 2001. Image reprinted with permission from Rachel C Leonard, Ph.D., published by Medscape Drugs & Diseases (https://emedicine.medscape.com/), Cognitive Behavioral Therapy for Depression, 2017, available at https://emedicine.medscape.com/article/2094696-overview.

[16] 案例经拼接合成处理，但尤利西斯契约真实来自某位个人和家庭，经授权引用。

[17] 经该生授权引用。

[18] "Tobacco Use Among Adults with Mental Illness and Substance Use Disorders." CDC. http://www.cdc.gov/tobacco/disparities/mental-illness-substance-use/index.htm.

11. 重撒安全网

[1] http://www.thecampusprogram.org/learn-about-campusprogram.

[2] http://www.thecampusprogram.org/framework-for-success.

[3] Task Force Report, University of Pennsylvania Almanac Supplement. February 17, 2015. http://www.upenn.edu/almanac.

[4] Zimmerman, J. "High Anxiety: How Can We Save Our Students from Themselves?" *Chronicle of Higher Education,*

[5] Field, K. "Stretched to Capacity: What Campus Counseling Centers Are Doing to Meet Rising Demand." *Chronicle of Higher Education,* November 6, 2016.

[6] Kadison, R., and DiGeronimo, T. F. *College of the Overwhelmed: The Campus Mental Health Crisis and What to Do About It*. San Francisco: Jossey-Bass, 2004.

[7] https://www.paloaltoonline.com/news/2018/05/18/lawsuit-stanford-violated-students-rights-in-mental-health-response.

[8] Bower, K., and Schwartz, V. "Legal and Ethical Issues in College Mental Health." In *Mental Health Care in the College Community,* edited by Jerald Kay and Victor Schwartz. New York: John Wiley & Sons, 2010. 129—132.

[9] Ibid., 132—133.

致 谢

本书的问世,可以说是一个多次脱胎的过程。第一次成形,是作为一本回忆录,作家丽比·莫热参与了其过程。丽比与B.珍妮特·希布斯是布林莫尔学院的校友,结识后很快成为朋友。丽比给出了很有见地的指导建议,让人深受启发。接下来,获奖记者、作家布里吉特·舒尔特慷慨热情地推荐了她独具慧眼的出版代理人——盖尔·罗斯。盖尔迅速捕捉到了这本书的内核,于是充满智慧地构思并主导了本书的概念演化,并就如何贴近目标读者提供了很多重要想法。盖尔的优秀团队成员安娜·斯普劳尔和黛拉·凯伊,在立项论证阶段进行了精彩的评述。后来,盖尔又向我们介绍了另一位写作者阿伦·法罗,一个既聪明、热忱,又充满魅力的人,他帮我们将很多学术化的词句段落,巧妙地转化成通俗易懂的语言。B.珍妮特·希布斯的姐姐葛雯·希布斯,在本书整个写作过程当中作出了宝贵的贡献,充当了值得信赖的资料查询助手、评阅者、审稿人。

承蒙圣马丁出版社欣然接受本书的出版工作。非常感谢执行编辑詹妮弗·韦斯,在我们长时间创作本书的过程中,以从不动摇的信任支撑着我们坚持到底。韦斯女士对书稿提出了犀利、睿智、坦诚的指正意见,而编辑希尔梵·克里克默亦以其深厚的功力,指导我们对书稿做了很多缜密而关键的修订。希尔梵也是圣马丁团队中的感情线担当，热情回应我们的各种问题和要求。同样感谢圣马丁团队的其他优秀成员，包括萨莉·洛兹、劳拉·克拉克、布朗特·简维、埃里克·C.梅耶、斯科蒂·鲍蒂奇、克洛伊·沃克韦恩、凯伦·马斯尼卡。感谢大卫·洛特斯坦匠心独运地为书设计了护封，使之传神地捕捉到了大学时代的精神。

我们也特别感谢一些曾经共事的同仁，在听闻我们的著述想法后大力鼓动我们将其实现。杰德基金会首席医疗官维克多·舒华兹博士，以及积极心灵组织创始人、负责人艾莉森·马尔蒙，都热烈支持我们直接针对大学生家长和家庭开展精神卫生教育的做法。他们不仅热情地对我们的愿景和理念提出了真诚的反馈，而且提供了许多重要的技术资料让我们使用。还有希普利学校校长史蒂夫·皮尔奇、宾大公共安全部副部长莫琳·拉什、宾大咨询与心理服务中心前负责人比尔·亚历山大、宾大招生办公室主任埃里克·福尔达，他们都对大学阶段的方方面面提供了可靠而深刻的见解，也慷慨接受采访并同意我们在书中引用他们的话。

在此特别感谢一些学生、家长、校长、高校教育者他们以其亲身经历和个人访谈，生动诠释了大学时代的各种压力和所需要的修复力。感谢科学领导力学院（SLA）校长克里斯·雷曼，他以其远见卓识的领导，激励了许多心怀理想的青少年；感谢"畅所欲言"组织（SPEAKUP!）的学生和家长，该组织创始人玛缇·吉琳与主席玛缇·伯尼克为促进青少年和家长畅所欲言、敞开倾听付出了大量努力。玛缇·吉琳对本书使命寄予热切的信念，并将其推荐给全国知名的精神健康倡导者帕特里克·J.肯尼迪，后者为本书做了重要宣传。肯尼迪精神卫生政策与研究中心主任葛兰达·任恩，也及时阅读并大力推荐了本书。在本书最终编辑阶段，丽萨·乔伊·塔特尔还向我们提供了深思熟虑的建议。

杰西卡·伯温德与乔安娜·伯温德十分赞赏本书对社会情感学习的

强调，因为这正好与她们基金会的青少年发展使命相吻合。她们积极主动地对本书进行了推广宣传。非常感谢热忱无私的伯温德团队成员。凯瑟琳·墨菲对书中共同的希望和愿景给予了无条件的支持。她的同事西姆兰·西杜、劳拉·麦克修、席德妮·巴特尔，在"弹簧尖合作伙伴"（Spring Point Partners）总部的蜂巢共享空间热情接待了我们，并就大学适应期的挑战发起了一番深入的交流。

最后，特别向我们多年职业生涯中的各位患者及家庭表示感谢。我们从他们身上所学甚多，没有他们，本书的全部工作便是无根之水、无本之木，完全无从谈起。

图书在版编目（CIP）数据

高压年代：如何帮助孩子在大学渡过难关、顺利成人 /（美）B.珍妮特·希布斯 (B. Janet Hibbs),（美）安东尼·罗斯坦 (Anthony Rostain) 著；成丽苹译. —上海：上海社会科学院出版社，2023
书名原文：The Stressed Years of Their Lives: Helping Your Kid Survive and Thrive During Their College Years
ISBN 978-7-5520-3868-2

Ⅰ.①高… Ⅱ.① B… ②安… ③成… Ⅲ.①大学生—心理健康—健康教育—研究 Ⅳ.① G444

中国版本图书馆 CIP 数据核字 (2022) 第 045458 号

Copyright © 2019 by B. Janet Hibbs & Anthony Rostain.
Published by arrangement with The Ross Yoon Agency, through The Grayhawk Agency Ltd.

上海市版权局著作权合同登记号：图字 09-2022-0127 号

高压年代：如何帮助孩子在大学渡过难关、顺利成人

著　　者：	［美］B.珍妮特·希布斯　安东尼·罗斯坦
译　　者：	成丽苹
责任编辑：	杜颖颖
特约编辑：	黄珊珊
封面设计：	知行兆远
出版发行：	上海社会科学院出版社
	上海市顺昌路 622 号　　邮编 200025
	电话总机 021-63315947　销售热线 021-53063735
	http://www.sassp.cn　　E-mail: sassp@sassp.cn
印　　刷：	天津旭丰源印刷有限公司
开　　本：	710 毫米 × 1000 毫米　1/16
印　　张：	21
字　　数：	250 千
版　　次：	2023 年 7 月第 1 版　2023 年 7 月第 1 次印刷

ISBN 978-7-5520-3868-2/G·1180　　　　　　　定价：59.80 元

版权所有　翻印必究